开在心上的一朵花

每个孩子都是开在父母心中的一朵花，不可替代，不可重来，不可怠慢。需要我们用一生的爱去陪伴，与其一起坚持成长！

郭淑珍 著

文化发展出版社
Cultural Development Press

·北京·

图书在版编目（CIP）数据

开在心上的一朵花 / 郭淑珍著 . — 北京：文化发展出版社，2023.5
ISBN 978-7-5142-3724-5

Ⅰ．①开… Ⅱ．①郭… Ⅲ．①家庭教育 Ⅳ．① G78

中国版本图书馆 CIP 数据核字（2022）第 233841 号

开在心上的一朵花

著　　者　郭淑珍

出 版 人：宋　娜
责任编辑：孙　烨　　　　　　责任校对：候　娜
责任印制：邓辉明　　　　　　装帧设计：隐园文化
出版发行：文化发展出版社（北京市翠微路 2 号　邮编：100036）
网　　址：www.wenhuafazhan.com
经　　销：全国新华书店
印　　刷：唐山楠萍印务有限公司

开　本：710mm×1000mm　1/16
印　张：21.5
字　数：310 千字
版　次：2023 年 11 月第 1 版
印　次：2023 年 11 月第 1 次印刷

定　价：89.80 元
ＩＳＢＮ：978-7-5142-3724-5

◆ 如有印装质量问题，请电话联系：13121110935

最是情深润书香（序一）

◎朱亚宗

　　看完《开在心上的一朵花》这本亲子教育成长手记时，莫名感动，脑海中突出冒出一句，最是情深润书香。因为，温暖有爱的母亲写出情深意切的手记，在字里行间缓缓流淌，滋润着这一隅书香。

　　早期教育是人类在任何时代都面临的永恒课题。

　　农耕文明时代，中国确立了士、农、工、商的价值阶梯，从农耕之家上升为耕读之家，成为家庭升迁的主渠道。与之相应，中国创建了家教、私塾与书院为主的教育体制，积累了异常丰富的早期教育经验与文献。除《三字经》《弟子规》《龙文鞭影》等启蒙读物之外，诗文读本与历代家书中针对早期教育的内容汗牛充栋，颜氏家训、诸葛亮诫子书、梁简文帝教子书、郑板桥家书、曾国藩家书、左宗棠家书等，更是脍炙人口。其中许多精华，不仅是中华优秀传统文化的瑰宝，而且仍在深刻地影响着当代的早期教育。

　　工业文明时代，西方最早创造出与大规模工业化生产相适应的近现代早期教育体制，建立起私塾与书院无法相比的大规模近现代学校，与批量化产品生产相似，批量化地培养各种人才。虽然在培养数量、专业分工、科技教育等方面取得了巨大成就，但在因材施教、全面发展、个性化培养方面，不仅远未达到马克思关于人的自由而全面发展的培养目标，甚至常常不及中国农耕文明时代的某些家庭、私塾与书院式教育。

　　如控制论的创立者维纳，出身于书香门第，父亲是著名语言学家。维纳曾回忆自己悲喜交集、五味杂陈的早期经历，出版了自传体的《昔日神童》一书。维纳天赋异禀，其父也十分注重早期教育，在专业训练方面确实取得了骄人的成绩，9岁开始学习大学课程，18岁获得博士学位。但是，维纳并没有在心理、品格等方面全面协调成长。15岁大学毕业时，"面对未来，他茫然不知所措，不知自己该做些什么，成功的希望又有多大。维纳的这种迷茫是有内外两重原因的。他虽然以优等生的成绩毕业，却未能当选为美国大学优秀生联谊会的会员，这令自我评价颇高的他极为沮丧……早年严格的家庭教育使强烈的自负感和更强烈的自卑感在他身上交织起来，如今的挫折无疑又加重了这种矛盾冲突……比普通儿童多了一个痛苦的成长阶段"（李旭辉《昔日神童》，哈尔滨工业大学出版社，2018年，第32—34页）维纳经历痛苦的磨炼后最终走出了精神的困境，而另一位与维纳同时进入哈佛大学且年龄更小的神童西迪斯，在家庭教育中也因受到不少误导，在昙花一现之后，半途而废。维纳认为，"西迪斯的失败在很大程度上要归咎于其父母"。（李旭辉：《昔日神童》，哈尔滨工业大学出版社，2018年，第39页）

中国当代的学校与家庭教育，正在向信息化时代发展，但这需要一个相当长的摸索与创新过程，当前的早期教育还受到工业文明时代教育方式的深刻影响。作家郭淑珍的著作《开在心上的一朵花》是全面记录和分析早期教育的成功案例，是中国早期教育实践的林中的一支响箭，一缕希望的曙光，是永恒课题探索长河中不可或缺的重要环节。

早期教育最合理、最科学的途径与方法是家校相融。

翻开作者记录女儿18年成长的手记《开在心上的一朵花》，一种迥异于中国农耕时代与近现代工业化早期教育的清新气息扑面而来。它不是一本传授知识的教本，也不是一本记录成长过程的流水账，而是一本实践探索与理性升华交织辉映的早期教育力作，它为从工业文明时代早期教育向信息文明时代早期教育的过渡与创新，提供了务实而富有启发性的完整案例。

早期教育领域有两条极端的路径：一是完全脱离学校教育的家庭培养；二是缺乏家庭关爱和支持，彻底地依赖学校教育。前者如爱因斯坦的挚友——物理学家埃伦费斯特,早年受过学校教育的严重伤害。爱因斯坦评论说:"无知和自私的教师对青少年的心灵的摧残所引起的屈辱和精神压抑,是永不能解脱的,而且常常使以后的生活受到有害的影响。就埃伦费斯特来说,这种经历的强烈……他不肯把他心爱的孩子送进任何学校。"(许良英、李宝恒、赵中立等译,《爱因斯坦文集》,第一卷,商务印书馆,1977年,第326页)。

走这一极端路径的,虽有成功的教育,但也不免产生许多负面效应。另一种完全依赖学校的极端路径,多因家庭文化条件所限,近年培训班的流行,使这类家庭又多了一重依赖。

本书作者所取的早期教育路径,是家校相融这条最合理、最科学、最基本、最普遍的教育路径。作者所述的具体做法,值得广大家长参考:"在孩子6岁之前,我只陪他/她两件事,一是读书,二是运动。6—12岁的家长,我建议选择不超过2个兴趣培养,把足够的时间留出来阅读,阅读,阅读……孩子大一点她会对自己的兴趣爱好有更明确的选择,而且会学得更快。"

采取家校相融的教育路径,作者引导女儿尊重学校教育的规则,但不是被动地适应规则,而是主动地驾驭规则。如在中考时,女儿成绩是5A1B,因语文是千分之一的优异成绩,按录取规则,顺利进入长沙四大名校。这是全面努力加发挥特长的学习战略的成功,是主动驾驭升学规则的成功,也是在争取高分与培养能力的复杂关系中,智慧选择的成功。

作者在悉心照料女儿生活和学习的同时,尽量争取老师的帮助和指导。在中高考学习的关键阶段,作者主动与任课老师沟通,听取了不少宝贵的建议:

"那天家长开会,我去找她的任课老师了。一个是英语罗老师……她建议要想提高英语成绩,还得从单词和阅读理解入手,加大阅读量。其实就和学语文是一样的。书读得多了,大意都可以猜测出来,做题也就不难了。一个是语文老师,解决了之前我一道纠结她作文得不到高分的问题。

老师的建议是，与其在这里纠结不如提升基础。因为一个选择题就是几分呀。"（第250页）

作者对女儿的教育，不仅体现在学业进步上，而且表达在心灵关照上。女儿中考未能直升，心理感觉受折，给妈妈发了一条信息："直升名单出来了，虽然早就知道没什么希望，我就是感觉，这么努力到头来还是没有用，比不过别人天生的脑子好。反正就是很难过……谁都看不出来我心里的感觉，他们面前我还得强颜欢笑地祝贺。"妈妈即刻给予抚慰："妈妈理解你的感受，其实你也很努力了，而且也非常优秀了，已经远远超过妈妈的预期，不能直升也许是给我们更好的一个历练机会，毕竟以后还有高考，也许你通过中考会有更好的选择也不一定哦。一时的难过是有的，但不是每个人都能成为第一名，还有许多人都和你一样，每走一步都是要靠自己的，爸爸妈妈会一直陪着你，为你加油的。我们期待6月的中考之战！"（第179页）

老师的提点更是铿锵有力："直升了的同学可喜可贺，起点更高，将来竞争也越激烈，戒骄戒躁！没有直升的孩子任重道远，决战中考，过程一样美好！中考的道路上我和每位老师都会陪孩子们共同努力！家长们也要端正心态，后面的路还很长。愿每位孩子都能收获精彩的人生！"（第179页）

正是家庭教育与学校教育的互补交融，使骋骋的身心学业向上向好，未来中考和高考的优秀成绩也如期而至。

孩子的全面发展是给予父母与时代的无价回馈。

骋骋父母，尤其是妈妈对女儿的深情关怀和倾心照料，读来令人感动，同时也使我这样的年长一代无比愧疚。

《给三岁半骋骋女儿的一封信》，足足两千字，深情回忆了骋骋从出生到三岁半成长过程中的点点滴滴；

骋骋读小学一二年级，妈妈即注重培养其创作兴趣，女儿想写童话故事："我就带她坐在电脑旁，听她一边说一边帮助她打出来……那个暑假，骋骋小朋友写了1000多字的童话故事《小橡皮历险记》……我觉得很有意思，帮她梳理了一下，投稿给《小学生阅读报》，没想到该报给她发了一个连载。这下极大激发了孩子的写作兴趣，不但很开心地完成老师布置的一些续写、改写的作文，得到了老师的肯定和表扬，后面还写了许多小童话、小故事，也陆续发表了。"（第 62 页）

骋骋进入初三后，几次考试成绩不理想，妈妈一方面"小心翼翼地维护着她那敏感的自尊心"，一方面又针对实际问题给予批评指导："多可怕的手机游戏加聊天微商，回来可以连续浪费 10 个小时以上。希望你好好反思，为什么迟迟没有进入初三备战状态，还在那里左右徘徊，还以为自己有多努力，付出了多少，要看到自己的差距，自己的成绩慢慢在退步，没有看到吗？不需要认真反思吗？定好自己的下一个目标吧，要学会追赶，做自己的学霸！孩子。"在爸爸妈妈的关心和引导下，骋骋以良好的心态和成绩进入了自己理想的高中。

骋骋不负所望，在高中阶段，独立进取，没有陪读，没有补课，没有租房，依靠自己的努力，成绩获得很大的提高。

得到如此关爱和指导的骋骋，不仅是时代的幸运儿，而且以全面的发展回馈挚爱自己的父母与恩赐丰厚的时代。

令父母欣慰的是，"虽然高考只考了 610 分稍有失利，但并不妨碍她求学上进，在大一第一个学期结束时，英语四级超过 200 分顺利通过，学业考了年级第一，参加几轮辩论赛获最佳辩手，成为入党积极分子，还成为学校报刊深度主题部的记者。"（第 294 页）

尤其值得称道的是，18 岁的骋骋已经看清未来发展方向，坚定走自己的路，高考第一志愿选定了东北师范大学，所报考学校的首选专业都是汉语言。妈妈问骋骋："你怎么决心这么坚定了呢？"骋骋的回答掷地有声："我从一开始觉得自己喜欢这个啊，只是你们说没有用。"妈妈还担心南方姑娘不适应东北的气候，骋骋安慰说："妈妈，没事，我什么都能适应的。"

骋骋坚定地走自己专业发展道路的优异表现，是难能可贵的，其价值远远超越常人的想象与理解。早年的杨振宁是学霸，以第二名考入西南联大物理系，以优异成绩获西南联大硕士学位，顺利通过留学研究生考试，蹉踌满志地进入芝加哥大学攻读博士学位。但是,聪明的杨振宁并不明确自己未来的专业发展方向,也不清楚自己在物理学领域中的优长与短板,以至于在艾里逊教授的实验室学习实验物理近20个月,结果不擅长实验的杨振宁事故不断,以致实验流传"哪里有爆炸,哪里就有杨振宁在场"的笑话。最终在导师泰勒的指点下,才放弃实验物理而专攻自己擅长的理论物理,并取得辉煌的成就。(朱亚宗:《诺贝尔奖获得者杨振宁》,《高等教育研究学报》,2022年第2期第57—58页)

　　可见,读书的智慧与选择专业方向的智慧并不一样。相对说来,读书比较单纯,只需掌握所学课程的知识与方法,而选择专业方向,需要另一种综合社会需求、未来发展与个人优长等多因素的智慧。许多读书种子,甚至神童的半途而废绝非偶然,而不少读书并不十分拔尖的人,却常常能准确选择专业方向并大展宏图。

　　骋骋基于全面发展的优异表现,令人惊赞。其给予父母与时代的回馈是无价的,并可以期待,前程将不知所止。

朱亚宗（国防科技大学教授,博士生导师,科技哲学与科技史领域专家）

2022年7月20日

平凡而又伟大（序二）

◎马丽华

这是一位平凡女性的伟大的作品。

18岁，一个女孩生命中最美好的年华；18年，一个女人生命中最宝贵的时光。作者用生命中的黄金18年做成了一件事：陪伴女儿成长。

孩子是上天赐予的最好礼物。可是，从古至今，有多少父母、多少家庭不经意间将这上天赐予的礼物玩坏了、弄丢了？尤其在经济高速发展的这些年，作为副产品的留守儿童，成长过程中演绎了多少不是危害社会危害他人，就是危害家人危害自己的人间悲剧？在急功近利的浮躁现实中，有多少望子成龙望女成凤的父母因为"爱"，爱残、爱废甚至爱没了自己的孩子？

"爱"就一个字，很简单，但要正确地、用心地去爱，很难。

真正的爱，应如他所是，而非如我们所想。通晓"己所不欲，勿施于人"者众，悟透"己所欲，亦勿施于人"者寡。

每个孩子的成长都是缓慢而美丽的。即便他不会拥有万人瞩目的成功，即便他不能成为那颗最闪亮的星星，但至少要让他感受到父母的爱，至少要让他拥有父母给予的自由与快乐。而作为父母，应当享受这个美丽的过程。

本书的作者既非育儿专家，亦非教育家、文学家，仅仅是一位初为人母、"行伍出身"（体育生）、半路出家的文学爱好者。这18年也是我见证她们母女共同成长的过程。母亲为了更好地陪伴孩子成长，积极学习儿童心理成长系列课程，考取国家二级心理咨询师，投入社区"关爱生命大讲堂"及稻花香读书会等公益活动。在这个过程中，她不仅成就了自己，而且成就了一个家的美好。

  诚如作者所言，她只是一个普通的母亲，培养出来的也只是寻常的孩子。但作者用满满的爱意、充盈的耐心，采用"流水账"似的日记体裁翔实记录了孩子的成长过程，从培养孩子的阅读兴趣、阅读能力入手，一路的陪伴、引领、包容、接纳、赏识最终成就了孩子健康快乐，积极向上，与人为善，孝敬长辈，关爱妹妹的优良品质。这样的孩子未来可期，往大可望长成参天大树国之栋梁，往小亦可作为幸福家庭书香家族的基石。

  作者一路前行，一路不停地回过头思考，也是为了在二娃的成长历程中少走或不走弯路，对初为父母、初为爷爷奶奶者有较好的借鉴作用。

  文字朴素，为人真诚，作品弥足珍贵！

马丽华（注册心理师，国家二级心理咨询师，国际情绪疗愈师、清华大学积极心理学认证指导师）

2022 年 7 月 12 日

独一无二的礼物（自序）

◎郭淑珍

写这本成长手记其实是很偶然的。在骋骋6岁之前的记录都是碎片化的，有时会因某一件事才会有所记录，保留最早的也就是3岁半时写给她的第一封信，再往前就都只是只字片言的记忆了。后面也不知道因为什么，断断续续地写了下来，再后来就想作为成人礼送给她，也算是爸爸妈妈陪伴她成长的一点心意，毕竟后面还有更长的路要靠她去走。

于是，有了这本手记。

骋骋在8个月大的时候就跟随我住在外婆家，周末才回自己的家，这样一住就是两年。外婆身体不好，所以骋骋两岁半就上幼儿园了。但她很聪明，外婆一直夸她，学唐诗，读两遍就会背了。可她胆子很小，也许是外婆性格内向，加之爸爸没有在身边的原因吧，而且当时的自己初为人母，没有经验，心绪也是不安的。骋骋6个月之前，我没有上班，一个人带着她，无趣又无味，关键她每天吵着要出门，那年冬天冷得不行，到哪里去找人玩呀，很是苦闷。后来住到外婆家，我记得很清楚，每天晚上骋骋总是不肯睡觉，我就会生气地说：再不睡，妈妈就不理你了。然后我转过身去，她吓得哇哇大哭，再不敢吭声了。所以说，孩子的情绪都是和母亲一体的。我不到10个月就断了奶，那时条件不好，什么牌子的奶粉都喝过，其中还有"著名"的三鹿奶粉。那时的我应该是极不称职的。

到了3岁半时，我思量了许久，觉得还是应该一家人在一起，于是骋骋转到自己家附近的小天使幼儿园。很小，但园长是熟人，对骋骋算是很照顾。记得骋骋还参加了不少活动，跳舞、珠心算、绘画等。那时也没有其他的早教观念，一切顺其自然，玩得开心就好。

每天披星戴月地上班、回家，回到家胡乱搞点吃的就该睡了。日子混沌着过，转眼骋骋上小学了。她班上有两个孩子已经可以读无拼音的书，意思就是识字量已经达到自主阅读的程度，而骋骋估摸着认识百把个字吧，差距是显而易见的。可后来慢慢地陪着她一路走，一路玩，一路学，我发现孩子也不至于太落后。

对骋骋的教育和我自己的成长经历以及原生家庭有关。我的父母对我一直很宽容，在学习上没有苛刻的要求，所以我的学习生涯基本是自由的，当然也导致我没能刻苦学习，高考一塌糊涂，却也养成了我独立自主的性格。所以我对骋骋的教育基本也是放养型的。受儿童心理成长学和周弘老师《赏识你的孩子》的影响，我基本以鼓励为主。简言之，求安稳，无大志，易满足。

本书分为四卷，基本按她的成长阶段来划分，每个阶段有个明显的特征与变化。第一卷，妈妈，不要走。讲她要上幼儿园了却哭着不想离开妈妈。第二卷，妈妈，吃饭了。讲她开始长大了懂事了，居然会做饭给妈妈吃了。第三卷，妈妈，知道了。讲她知道了自己耽误的是自己的青春与时间，耽误的是自己的明天与机遇。第四卷，妈妈，放心吧。讲她终于开始明白自己的需要，开始为自己的明天而努力拼搏！

小学的时候做得最多的事就是陪她阅读，鼓励她写作，带她做公益，让她学会感恩，鼓励她独立自主，做她力所能及的事。她的学习成绩一直晃悠悠的中等水平，一直到五年级上学期，人家都已经确定了升学目标，我们才开始思考何去何从的问题。

懵懵懂懂到了省重点初中，脱离了父母庇佑她依然成长适应得很好。那个阶段，我更多的就是鼓励了。初一、初二的时候基本是放养，鼓励她多参加社团活动，为班级为学校多作贡献，锻炼提升自己的综合能力。她的成绩不好不坏。到了初三她没能直升后，我更多地陪伴她安全度过这个心理波动期，她顺利完成中考，考入省重点高中（四大名校之一）。初中到高中感觉时间飞逝如电，到了高中基本全靠她自己了。我们能做的就是后勤，可我们家后勤保障也没能跟得上，但骋骋没有怨言，一如既往，独立自主，奋力求学。当然求学过程中也发生了许许多多的故事，有青春期的叛逆，有早恋，有自由散漫，我觉得都很正常，当然也会有担心。可就在我们的担心、陪伴、呵护、关爱中，她长大了，变得更独立，更睿智，更懂得自己的需要。是的，弹指一挥间，她就长到了18岁。

在整理书稿的时候，我仿佛又从她咿呀学语的时候陪着她重新成长了一次，有感动、有喜悦、有忧郁、有失落，但更多的是感恩，感恩她选择了我们成为她的父母，并让我们陪伴她一起成长，同时给予我们无限的欢乐与共同成长的机会，让我们更加懂得什么是爱与被爱。

更有意思的是，在骋骋初升高的关键时刻，妹妹诞生了，妹妹的到来给我们的家庭带来了更多的欢乐与福气。那一年，我们家双喜临门。骋骋以千分之一的语文优势被选入省重点高中。

在之后的记录中，又多了然然的身影与名字。

最后在统稿的过程中，发现关于骋骋3岁之前的文字不完整，我想把陪伴然然的过程融入进来。但孩子的成长境况不可复制。时过15年再次成为母亲，教育的理念当然也有了提升与变化，我也希望能通过自己20年的亲子陪伴与教育，能给广大家长一丝鼓励与安慰。

因为，每个普通妈妈，都可以带出来平凡却优秀的孩子。

于是，在每篇文字的后面，我加入了自己回过头来的思考，同时对比二娃的成长体验，希望能给读者和家长们带来点滴启示。

也非常感谢自己偶然的坚持，才有了今天的成果。其实，这本书应当是骋骋、她爸和我共同完成的，我只是花了点心思收集整理记录了下来，当然后面还有然然的助力。

同时，也感谢骋骋的大爱，同意并支持我出版这部书，毕竟是以她为原型写成的书，目的其一是给她这份独一无二的礼物，其二是将我们陪伴孩子的喜怒哀乐提供给更多的人借鉴。

每个孩子都是开在父母心中的一朵花，不可替代，不可重来，不可怠慢，需要我们用一生的爱去陪伴，与其一起坚持成长。

　　最后，祝愿天下所有的孩子，都能健康快乐地成长，都能有懂他们、爱他们、永远支持他们的爸爸妈妈，长大了都能做自己喜欢的事，过自己喜欢的生活，做自己喜欢的那个你。

2022 年 6 月 30 日

目录 CONTENTS

你哭着拉着我的手说:"妈妈,妈妈,你不要走,不要走!"松手的瞬间,心酸与痛楚瞬间击倒了我。你绝望的眼神,迫使我落荒而逃,那一刻,妈妈觉得自己好残忍。

第一卷 (0—6岁)妈妈,不要走

01. 成长的脚印 …………………… 003
02. 如何舍得放开你的手 …………… 008
03. 无心的伤害 …………………… 011
04. 我那正在长大的孩子 …………… 015
05. 玫瑰太贵了呗 ………………… 019
06. 各种麻烦 ……………………… 023
07. 妈妈,节日快乐 ……………… 026
08. 我没有做到这样的爱你 ………… 029

房门一响，骋骋端个盘子站在我床边对我说："妈妈，吃饭了。"我一睁眼，她用勺子盛了一个饺子喂给我吃。我忙张嘴吃了。那个幸福哟，瞬间袭击了我。感谢自己所有的付出，所有的辛苦都是有意义的。

第二卷　（6—12岁）妈妈，吃饭了

09. 一挥手的感动 ······ 037
10. 孩子心中的妈妈 ······ 041
11. 平淡的爱 ······ 046
12. 陪孩子一起快乐成长 ······ 049
13. 圣诞老人的童话 ······ 054
14. 作文课 ······ 059
15. 晚归 ······ 064
16. 义卖玫瑰 ······ 068
17. 鸡蛋面 ······ 071
18. Barbara 老师 ······ 076
19. 好妈妈胜过好老师 ······ 080
20. 爱哭爱笑的骋骋 ······ 083
21. 小黄豆长大了 ······ 086
22. 书香故事 ······ 089
23. 青春期预防针 ······ 094
24. 生命的意义 ······ 097
25. 焦虑 ······ 103
26. 生病 ······ 106
27. 提前上岸 ······ 110
28. 瘦腿霜风波 ······ 113
29. 女儿心中的爸爸 ······ 117
30. 谢谢你，爸爸 ······ 122
31. 开在心上的一朵花 ······ 125

第三卷 （12—15岁）妈妈，我知道了

32. 新的征程 …………………………… 131
33. 想娃的人 …………………………… 134
34. 自述 ………………………………… 138
35. 妈妈，你是我的偶像 ……………… 141
36. 致我亲爱的妈妈 …………………… 144
37. 带着梦想前行 ……………………… 149
38. 陪孩子走过人生的一段旅程 ……… 152
39. 丰富假期活动 ……………………… 156
40. 在成长中领悟亲情 ………………… 159
41. 小小的分离 ………………………… 162
42. 日记本 ……………………………… 165
43. 天空有点灰暗 ……………………… 169
44. 按捺不住 …………………………… 172
45. 月考成绩 …………………………… 175
46. 失落 ………………………………… 178
47. 青春波动 …………………………… 183
48. 千分之一 …………………………… 186
49. 姐妹第一次见面 …………………… 189

"妈妈，我数学没有A了。"我一惊，问为什么。"因为我后面的大题没有做出来，前面的压轴选择题也错了。"

我轻叹一声，算了，别多想了。

"惨了惨了，没有全A了，只能看语文拿千分之一了。"

我说："美了你。"

对着骈骈教室里的名校录取分数排名表,我说你想好读什么专业了吗?中文吧。中文,排第一的当然是北大。我说,人大、北师大都不错的。说实话能考进第一列我都会心花怒放、心满意足了。

第四卷 （15—18岁）妈妈,放心吧

50. 以此为起点 …… 195
51. 手机之断舍离 …… 198
52. 图书馆里的端午节 …… 202
53. 国庆风波 …… 206
54. 风云突起 …… 209
55. 《油漆未干》 …… 213
56. 保证书 …… 216
57. 情感纠葛 …… 219
58. 吐槽本 …… 222
59. 初尝酸楚 …… 227
60. 高效假期 …… 234
61. 促膝长谈 …… 238
62. 体验监考 …… 242
63. 生日礼物 …… 245
64. 短信交流 …… 248
65. 春暖花开,未来可期 …… 254
66. 终于开学 …… 258
67. 情绪起伏 …… 262
68. 强基计划 …… 266
69. 爱心送餐 …… 269
70. 热闹都是妈妈们的 …… 272
71. 要么孤独,要么平庸 …… 278
72. 提前出分 …… 281
73. 再出发 …… 289

附录

爱上阅读是孩子一生的财富……………293
耕读园的幸福生活……………………299

书评

一部叙说爱传递爱的个人化史诗…………307
原来最好的学习是在家里………………310
《开在心上的一朵花》读后感　…………313
见证小马驹的成长………………………315

后记

师友夹持成就此书………………………319

A ge[①] 0—6 岁
第一卷

你哭着拉着我的手说："妈妈，妈妈，你不要走，不要走！"松手的瞬间，心酸与痛楚瞬间击倒了我。你绝望的眼神，迫使我落荒而逃，那一刻，妈妈觉得自己好残忍。

妈妈，不要走

0—6岁的孩子，在这个阶段，父母就是他的一切，就是他的天和地，他从和母亲融为一体中，从一片混沌中，一点一滴成长起来，在这个阶段，他最需要的就是父母的陪伴与呵护。

在这个阶段，再苦再难，孩子也要和父母在一起，父母也要给孩子构建足够的爱与安全感，这样后面的日子你才不会因亲子关系的问题而后悔。

---

① 年龄

成长的脚印

2006 年 2 月 12 日

新年伊始,我看着越来越可爱的孩子,突然有一种冲动,有许多话想要对她说,于是有了这封信的诞生。

成长的脚印
—— 给三岁半女儿骋骋的一封信

骋骋宝贝:

我是妈妈。这是妈妈给你写的第一封信。也许当你能看懂这封信时,已是多年以后。但妈妈仍然想在此刻把心里的话用信的方式与你交流。

2002 年 8 月 6 日凌晨 4 点,爸爸妈妈怀着无比喜悦的心情迎接你的到来。你用第一声响亮的哭声尽情表达你对这个久违世界的欢呼,这也让在场所有人松了一口气;你的第一次吸奶,让妈妈产时的疼痛被油然而生的骄傲与自豪代替,因为你赋予了我真正成为母亲的权利;你的第一次微笑,让大家欣喜不已;你的第一句"爸爸",

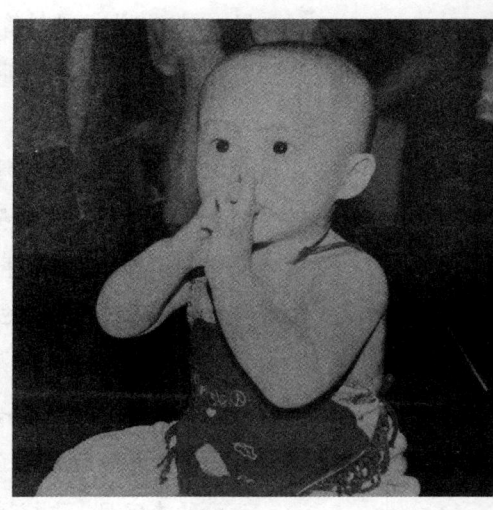

也许有的家长会以孩子走得早为骄傲,其实不然。爬行才是孩子调动大脑,支配四肢,全身锻炼,智力发展最有效的方式。

让你爸爸的眼睛里浮起薄雾；你成长的一点一滴、一举一动、一颦一笑、一哭一闹都牵动着爸爸妈妈的心，都如岁月的印痕深深地刻在爸爸妈妈的心里，让我们猛然间领悟出父母赋予我们的不能承受、无法报答的爱。

记得你九个月大的时候，参加你爸单位组织的幼儿爬行比赛，你身穿漂亮的红肚兜，顶个光头溜溜（你的头发到了一岁半才长了一点点）趴在一个乒乓球台上，旁若无人地、勇敢地向前爬，第一次博得众人的欢呼与喝彩。那一刻，你让妈妈相信，无论以后人生的道路如何艰难，你一定会找准自己的方向，勇敢前行。那天的你还获得了你人生的第一张奖状——"健康宝宝"和第一份奖品——台灯。多少次妈妈深夜打开它给睡觉不安分的你盖被子，多少次妈妈挑灯夜战记录生活里的点点滴滴，多少次黑夜里妈妈对着沉睡的你说："骋骋宝贝，快快长大，你一定会比妈妈强！"

在你一岁多时，几次半夜发烧呕吐，抱到医院打头皮吊针时，你的爸爸走到门外不忍看，而我则抱着你的头，用脸贴着你的小脸蛋安慰着你，可你撕心裂肺的哭声还是让妈妈的心碎了一地。妈妈责怪自己没有照顾好你，让你这么小就忍受如此痛苦，妈妈恨自己无法替代你。痛定思痛，让妈妈欣慰的是你一天一天长大了。

亲爱的乖宝贝，你知道吗？今天妈妈写这封信的时候正是你入园整整一年的日子。这是你迈入人生第一个课堂的一年，也是让妈妈感到无比幸福的一年。

2004年的元宵节那天，我们不可避免迎来了你上幼儿园的第一天。由于外婆身体多病难以再带你，我们提前给只有两岁半、尚不懂事的你做了许多思想工作，陪着你一起来到幼儿园。可胆小的你，一到陌生环境里就紧紧地躲在妈妈身后，哭着拉着我的手说："妈妈，妈妈，你不要走，不要走！"松手的瞬间，心酸与痛楚瞬间击倒了我。你绝望的眼神，迫使我落荒而逃，那一刻，妈妈觉得自己好残忍。

可就是这样一个你，在幼儿园这个大家庭的熏陶里发生了惊人的变化。现在的你已经会说会唱会跳了，会大方地把幼儿园里学的东西表演得惟妙惟肖，逗得我们哈哈大笑；会流利地吐出一长串银铃般的《诗经》、歌谣、儿歌，让大人小孩们目瞪口呆。我想象不出园里的老师是如何花费心思，把枯燥无味的优秀传统文化演绎得如此精彩，让目不识丁的你居然能够记住，甚至能够理解。有一次下大雨，你居然对我说，那是雷公爷爷和雨伯奶奶生气了。我差点没叫出来，因为我知道《笠翁对韵》里有一句：雨伯对雷公。还有一天晚上，我给你讲完了一个故事后，你居然在黑暗里竖起大拇指对我说："Good, good, very good, 大拇指送给你。"虽然只是那简简单单的一句话，却给了妈妈一份莫大的惊喜与快乐。除夕宴上，你举起杯，俨然大人一样，说出新年快乐、乐而忘返、繁荣昌盛、盛世康年、年年有余、鱼米之乡、相亲相爱、爱我中华、花好月圆、源远流长、长命百岁、岁岁平安一大串的贺词，迷倒了所有亲朋好友。孩子的伯伯从美国打来了电话，特意嘱咐我：别让你老跟着我的意志走，让你尽情享受你的童年。我委屈地说，这可都是幼儿园教的啊！

三年的时间，不长不短，可我的宝贝——你却给了爸爸妈妈太多太多的惊喜与欢乐，不管你长大后会怎么样，爸爸妈妈都想要告诉你，你是爸爸妈妈今生的骄傲。爸妈今生最大的心愿就是你能够健康快乐地成长！有了健康的体魄你可以无畏地接受命运的挑战；有了快乐的心情你可以自信地笑对人生！宝贝，别忘了，妈妈永远爱你！

最后妈妈替你真心感谢幼儿园里启蒙老师的精心培养与关爱，让你在同龄儿童的成长道路里没有输在起跑线上。

最爱你的人：妈妈
2006年2月12日

回过头来的思考

现在看看这句话，感觉非常惭愧，看来我们家长的成长也是需要一个过程的，什么起跑线？要跑到哪个终点？要知道过程才是真正需要用心体会和感受的啊，更重要的还是你健康快乐地成长着。

　　建议有兴趣的家长可以试着也写一封信给这个阶段的孩子，方便随时提醒自己，唯愿孩子健康快乐之初心。

　　3岁以前，父母给孩子的应该是无条件的爱，给孩子足够的安全感。最简单也是最好的方法就是父母自己亲力亲为地带娃。再往前8个月左右爬行的关键期，家长一定不可错过。

　　也许有的家长会以孩子走得早为骄傲，其实不然。爬行才是孩子调动大脑，支配四肢，全身锻炼，智力发展最有效的方式。其中，会爬与爬够又存在差别，一定要让孩子爬够。即在学会爬行一直到会走路前这个阶段，寻找和创造一切机会让孩子多爬，爬够了，孩子以后的专注力会强许多。

　　现在许多孩子上课出现多动、走神、分心等问题时，心理咨询师一般都会问到这个问题——8个月大的时候，孩子爬得怎么样？如果没爬，这就是一种代偿。

2020年8月15日

　　我对比了一下老二然然的这个阶段，第一次当母亲没有好好陪伴孩子，没有好好抓住孩子的记忆力黄金期，反倒是外婆带给她一些唐诗儿歌的启蒙，也非常感谢幼儿园日积月累的浸染与熏陶，让骋骋能够快乐地成长。

　　二娃是从1岁10个月开始加入社区知行读书会的，从2019年5月到2021年2月，不足两年时间，也正是和姐姐当初年龄差不多。但我粗略统计了一下，我们读书会已经学完了40多首唐诗，过关15首唐诗识字（300字左右），小古文学习了《读书要三到》等20余篇，还有《三字经》已经学了四分之三。不算不知道，一算有点吓一跳的感觉，而且我还一直压着学习的进度。看到这里，我想我没有理由不为他们点赞。

　　当然我不是说妹妹就会比姐姐聪明优秀，我只是想表达，父母的觉醒与成长太重要啦。在教育初期，贵在父母的坚持。你给孩子输入什么，孩子就会输出什么。

如果你的孩子正好在这个阶段，而你又看到了我的分享，而且你愿意陪孩子一起学习成长，也许我们可以一路同行。

2021 年 2 月 24 日

只不过是一年的时间，但这一年对于我们参加耕读园读书的每个家长、每个孩子的冲击与实在是太大了。三言两语，无法言尽，有机会想专就读书宝宝的培养再写个集子，但我想说的是，背诵经典要趁早。还有一句话，身教胜过一切。

然然小朋友以及耕读班的孩子们在 2022 年的春天，已经在近百首古诗词反复诵读的陪伴下，突破两千识字关，走在了自主阅读的路上。而我们，已经成了同学。

这些孩子，假以时日，未来可期。

2022 年 3 月 8 日

02. 如何舍得放开你的手

2006年7月12日

今天出门,孩子总要牵着我的手,即使双手提满东西,也要勾着我的小指头。然后,我一边听着她奶声奶气地问:"妈妈,你提这么多东西累不累?"一边看着来来往往的车流,形形色色的人,想着什么时候舍得放开你的手,放心让你一个人走……

我不知道,每个长大的孩子,第一天独自背着书包、跨上车门,汽车开动的刹那,孩子的母亲是如何祈祷的。她一定是在祈祷汽车你慢慢地开,稳稳地开,要把我的孩子高兴地送走,平安地带回来;一定是在祈祷着孩子在横过马路的时候,飞驰而过的司机们可不可以稍稍放慢速度,让我独自出门的孩子安全通过;一定是在祈祷世上好心人再多点、再多点……

有个外国故事一直让我感动着。一个任性的孩子在深秋游玩回家的路上,不顾家人反对,执意要独自游过一

可不管长多大,孩子永远是父母掌心里的宝。即使她找到了属于自己的天空与依靠,父母牵挂的眼神永远会穿越一切时空聚焦在孩子的身旁。

条小河。快到岸的时候，他实在游不动了，岸边的家人拼命地呐喊加油并示意是否需要救生圈。坚强的他憋了一口气，终于成功靠岸，猛回头却看见了头顶着他的干衣服，一直偷偷游在他身后的父亲。

如何舍得放开你的手？我也曾试着让孩子独自去买她自己喜欢的东西，远远地望着她三步两回头地走，看着她无助地围在摊贩前，求援似的看着爸爸妈妈，即使只有几米的距离，我却始终不敢移开期盼牵挂的眼神。

记得有一天，我在家里特意让她给在学校体育馆训练的爸爸送水喝。她转身出门的刹那，看似平静的心却跟着她远走的脚步开始飘旋，从窗口远望着她的背影消失，我飞快地下了楼，偷偷地远远地跟在她的身后，直到她安全地走进馆内。我松了一口气，返身回到家。不料没过一会，门口却响起了奶声奶气的声音："妈妈，我回来了"。

"啊，宝贝，你怎么就回来了？爸爸没有送你吗？"看着孩子身后空无一人，我惊奇地问。

"没有啊，我一个人回来的。"

这时，爸爸寻人的电话也响了起来，传来焦虑的声音在问："骋骋回来了吗？一转眼就不见人了，害我好找。"

放下电话，我情不自禁地抱住我的骋骋狠狠地亲了一口，耶，不经意间，我的孩子开始长大了。

可不管长多大，孩子永远是父母掌心里的宝。即使她在一天一天变化、一天一天长大；即使她已经学会了自强自立，独立生活；即使她长好了翅膀，向着她的理想飞去；即使她找到了属于自己的天空与依靠，父母牵挂的眼神永远会穿越一切时空聚焦在孩子的身旁。

回过头来的思考

这其实是许多家长面临的一个问题——不愿放开孩子的手。也有可能说不敢放开孩子的手。不愿意是舍不得，不敢是害怕孩子受到伤害，不管是哪一种，到最后我们终将放开。记得骋骋上初中寄宿的第一天晚上，群里的家长们基本一夜无眠，都是在焦虑与不安中度过的，反倒是孩子们觉得一切新鲜好玩，就寝时叽叽喳喳说个不停，丝毫没有远离父母的愁苦。

　　有没有觉得，不是孩子离不开我们，而是我们离不开孩子。所以说，与其到后面不得不放开，不如早些培养孩子的独立、勇敢、自信、辨识的能力，让孩子在我们的陪伴下早日成长。父母也应该拥有自己的兴趣爱好与积极生活，那样才是真正地为孩子做榜样，而不是想去掌控孩子的一切，不愿放手。

2021年2月24日

　　最近老师给我们看了一个三岁萌娃倒果汁两次摔倒最后成功的视频，看后明白，家长的教育有多重要，放手越早，成长越好。

　　当然前提是，你得一个步骤一个步骤教会孩子。比如，果汁洒了，我们应该去拿抹布把地板擦干净，这样就不会滑了。第二次时我们应该更小心点。再摔倒时，哦，也许是我们没有擦干净，就继续再擦干净，再小心点。

　　最后一次倒果汁时，孩子不停地说，生活就是如此，生活就是如此！你不得不佩服人家的教育就是这么简单而深刻！

　　可以让孩子悟道，生活就是如此，摔倒再重来，清理所有的障碍，我们就可以继续尝试，直至成功。

　　这样的成功，一次，足以让孩子体验心智极度快感！足以让孩子树立强大的自信！

　　当然，这样成功的前提是，你得放手放心让孩子一次次地去尝试，并体验失败，再从失败中去总结，然后最终获得成功！

2022年6月8日

无心的伤害

2006 年 9 月 22 日

今天我下班很晚,走了近半个小时的路接孩子回家,然后坐了近50分钟的公交车,看着五彩斑斓的霓虹灯一点点亮起来后下了车,双手还提着晚餐桌上用来填饱肚子的下锅菜。下车后这段看似不远,却需走约10分钟的路也是我最难熬的一段路,又累又饿都不足以形容那种身心疲惫的感觉。

在骋骋没出生前,我很痛恨那些动辄打骂孩子的父母亲,认为那简直不懂得什么是教育,自以为自己读懂了周弘的那本《赏识你的孩子》便可以通过赏识,把自己的孩子赏识成一个聪明懂事的天才,却不知道孩子有孩子的天性,尤其是一个刚满四岁已经会用语言表达自己思想的孩子,面对孩子的顽皮与固执,信誓旦旦的我也变成了一个被自己痛恨的人。

对于一个四岁的孩子而言,妈妈可以说是她的整个世界。妈妈笑,她也

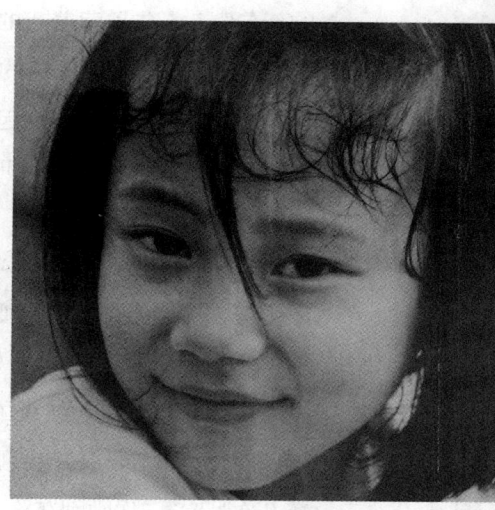

在孩子的心中,妈妈的位置是无可替代的。虽然孩子不会像大人一样用漂亮的语言表达自己的爱,但当夜幕降临的时刻,孩子的声声呼唤不就是对父母最好的爱的表达方式吗?

笑；妈妈骂，她会哭；妈妈说不要你了，她会以为这句话是真的。孩子是每个母亲掌心里的宝，永远舍不得放手。可是在1460个日日夜夜的纠缠与吵闹里，妈妈像一条承载不了的河床，突然有一天将满肚的苦水倾泻了出来。

"乖，你自己走好吗？看妈妈都提不动了。"孩子牵扯着我的手让我的步履更加缓慢，我心急地说。"那我帮你提包好吗？"孩子平时最喜欢穿我的鞋子、拎我的背包、摆弄我的饰品。"那你要小心点哟，这可是妈妈买的新包呢！"孩子背着我的包一摇一摆像只笨小鸭，真可爱。突然我看见孩子蹲了下来，把我漂亮的新包放在黄泥土路上，我立马尖叫起来："我的包！"我立马把我的包捡起来，一边拍一边心疼地说："你干什么呢，不是说让你好好拿着吗？真是的！"傻孩子还想伸手过来拿我的包，我一边甩开她的手一边生气地说，"走开，走开，你离我远点！"孩子的脸顿时沮丧起来，眼泪在眶里打转。我这才意识到自己说话的语气太重了，是工作的压力与生活的无奈让自己变得如此狂躁与陌生了吗？我不知道。我换了语气，轻声说："骋骋，算了，妈妈原谅你了。"

事情到这我以为结束了，可接下来孩子的一句话问得我一身冷汗。"妈妈，你永远都不要离开我啊。"孩子怯怯地说。我一惊，忙答："妈妈怎么会离开你呢？""你刚刚在路上说了要我离你远一点，妈妈，我把包放在地上，是因为我想把鞋带弄好了再走。"孩子委屈地说。我的心猛地一痛，慢慢地蹲下身来，拉着孩子的手说："妈妈知道了，妈妈对不起，妈妈太凶了，明天你再帮妈妈提包好吗？"孩子破涕而笑了。孩子轻轻地一笑，就这样轻易地原谅了一个做母亲无心的、野蛮的，甚至是粗暴的伤害。可作为母亲的我久久无法原谅自己。回到家我一直在反省着自己刚才犯的错。怎么能够把对工作点滴的不顺、对生活积累的不满从孩子这个缺口去释放与发泄？

母亲像一棵参天的大树，是孩子无忧的依靠；母亲像一叶温馨的小舟，让孩子无忌地嬉戏；母亲像一位美丽的天使，能满足孩子所有心愿；母亲更像一位神奇的守护者，让每一个孩子枕着自己的手臂安然入睡。因为，在孩子的心中，妈妈的位置是无可替代的。虽然孩子不会像大人一样用漂亮的语言表达自己的爱,但当夜幕降临的时刻,孩子的声声呼唤不是对父母最好的爱的表达方式吗?

我们还能伤害谁?无非是爱你的人罢了!当我想起这句话的时候,内心被深深的愧疚久久地包围着,无法平静。我之所以要把这件事记下来,是要告诫自己不要再犯同样的错,不要再去伤害身边那些深爱着我们的人,即使是无心的。

回过头来的思考

许多时候,我们都知道不应该打骂孩子,可有时你就会忍不住。当然这个不良情绪的源头有时根本不是孩子,只是你借机发泄情绪的一个导火索而已。

从孩子出生的那一刻起,母亲就被牢牢地"绑架",尤其是0—3岁这个阶段,孩子问题多,需要付出的时间与精力翻倍,而此时的妈妈特别需要爸爸的支持与安抚。有时即将爆发的"火山",一个温暖的拥抱,一句"妈妈辛苦了",一小会儿的安静与休息,也许就可以变得云淡风轻了。

拜托天下爸爸,多抱一抱那个为你生娃带娃的妈妈哦。

2021年2月24日

生活就是一地鸡毛,信不信每个人都差不多。

工作的压力、生活的琐碎、孩子的成长,哪一样不需要母亲操心呢?所以,世人都说母亲伟大。

一个优秀和伟大的母亲一定要懂得的事,是赏识自己的孩子。如果你想孩子变成什么样,你就怎么样对待他!如果你想他变笨,每天骂他笨就好了,你会发现他真的越来越笨了,而他自己也认为自己真的很笨。如果你想他变得聪明,每天夸他就好了,睁大眼睛拿着放大镜找优点,掐着自己大腿说漂亮话:呀,我家娃今天怎么起得这么早,比昨天早了五分钟(明明晚了十分钟）；我家娃被子怎么叠得这么好（明明乱七八糟）；我家娃读书声音怎么这么大（明明就心不在焉）……

但你会发现，夸一夸，他有时会立马快了起来，他会脸上带着光，他会努力朝着你指定的方向，前进，前进，前进进！

所以呢，你觉得是夸好还是夸好呢？！

2022年6月8日

我那正在长大的孩子

2006 年 11 月 24 日

今天饭后正在忙着收拾东西时,一个清脆的声音响了起来:

"长大真好,可以做只会唱歌的青蛙;长大真好,可以去找美丽的小花;长大真好,可以上学读书和画画;长大真好,可以帮妈妈擦桌把地扫;长大真好,可以自己洗脸、洗衣和洗脚;长大真好,会做的事儿可真不少!"

在孩子用稚嫩的声音抑扬顿挫表演完这首童谣后,我和老公两眼对视,然后不约而同地哈哈大笑起来。这是真正的开怀大笑,是为孩子拥有快乐单纯的童年而欣慰,是为孩子暂时没有长大的烦恼而庆幸,是为我们爱情的结晶茁壮成长而骄傲自豪。

孩子是父母掌心里的宝,更是父母的开心词典。在拖着劳累了一天的身体回到家,只恨不能立马懒懒躺在床板上休息时,孩子却生龙活虎、精力充沛,而且过早地懂得了珍惜与父

你是否知道,爸爸妈妈就像一棵你身旁的大树,累了可以歇歇,闲了可以靠靠,最重要的是,无论天晴雨湿,树下永远有属于你的一个温暖怀抱!

母相聚的短暂时光。回到家吃过饭后已到了八点时分，我只能在床上一边做睡前准备一边拗不过她的请求和她玩会游戏，玩着玩着，大人也会不知不觉地被她那份简单的快乐感染，一句幼稚的童言，一首好听的儿歌，一个简单的亲子游戏，都像汩汩清流冲涤着我们在钢筋水泥的城市中日益消沉的心灵，又如股股暖流让我们在这个家庭的神奇"加油站"里扫除阴霾，灌满动力，充满希望地迎接生活给予我们的考验与磨难。那一刻，所有工作上的厌倦疲惫都烟消云散，所有生活里的烦恼也因这一刻有了咀嚼的回味。

其实快乐真的很简单，只要你用心感受。

没有任何一件事能比得上孩子的健康成长让为人父母更快乐的事了。孩子明显长大了。孩子摇头晃脑认认真真地问爸爸："今天晚上我们三个人开开心心睡一晚，好吗？"我鼻子一酸，眼泪差点掉了下来。孩子三岁前一直住外婆家，周末才回自己家小住，也许是爸爸带得太少，或是没能适应她爸爸对她独特的疼爱方式（见面就死命地抱啊亲啊），孩子一直从心里抵触爸爸。不喜欢爸爸亲、不愿意爸爸抱、更不让爸爸带着睡，这让我对古话"崽黏娘，女黏爹"困惑不已，也让我对做父亲的他多了几许抱怨。现在倒好，她晚上一直缠着爸爸要做游戏、要玩牌、要下棋、要拼拼图比赛、要讲美女蜘蛛精故事，玩得不亦乐乎。她昨天还说了一句让人瞠目结舌的话：妈妈，长大了，我也要和爸爸结婚！

孩子长大了。有一次，我和先生发生口角时，我故意问崽崽："要是爸爸妈妈分开了，你和谁一起过啊？"孩子犹豫了一下说："跟妈妈。"先生在一旁接着说："那爸爸就一个人孤孤单单的算了。"孩子眼睛一下子红了，抱着我说："妈妈，我不想让爸爸一个人过。"我们一看情况不对，立马统一战线，而且三个人拥抱在一起以示和好如初，可孩子临睡前的一句话，仍然让做父母的我们心有余悸：妈妈，我们三个人永远都不要分开，好吗？多好、多乖、多可爱的孩子，可我有时还嫌她烦人、黏人、扰人，却不知孩子在我们的眼皮底下一天天长大了，懂事了。好孩子，妈妈答应你，在你长大成人之前，我们三个人每天都要开开心心地在一起。

孩子长大了。她会缠着我买漂亮的靴子和裙子，会嘟着小嘴说："我很久没穿那条裙子了，那条裙子会哭脸的呢"；会为了多吃一块饼干而狡辩说从来没吃过这种饼干；为我切菜伤了手而大叫："妈妈，你不会死吧"；会在她爸爸端走了我的饭碗不让我吃饭时，立马站了起来，绕过桌子给我把碗端回来，气得她爸干瞪眼，乐得她妈哈哈笑；会在生病做皮试时，一边含着眼泪一边笑着说："妈妈，我手上长了一个小馒头耶。"我可爱的女儿哟，你可知握紧你小手的妈妈在责怪自己粗心让你着凉感冒，你可知妈妈愧疚的心在为你的勇敢而喝彩！？

长大真好。妈妈真心地希望你能在不同的成长时期都能像今天这样，开心地哼着《长大真好》的童谣，在爸爸妈妈的守护下慢慢长大，从小女孩长成小姑娘长成大美人！即使长大了，你会有沉重的书包压在你的双肩，会有可气可恨的青春期带给你烦恼，会有意料之外的爱情闯进你的心灵，会有生存、竞争、社会发展带给你的无奈，会有一天像如今你老妈一样叨叨唠唠，会看着你亲爱的爸爸妈妈一天天变老。可我最最亲爱的宝贝，你是否知道？爸爸妈妈就像一棵你身旁的大树，累了可以歇歇，闲了可以靠靠，最重要的是，无论天晴下雨，树下永远有属于你的一个温暖怀抱！

回过头来的思考

亲子关系的矛盾有很大部分来源于夫妻关系。

夫妻关系好了，时不时地秀秀恩爱，潜移默化地让孩子懂得了什么是爱，什么是被爱，这是一种非常强大的能量。所以，夫妻在孩子早期教育的过程中应该保持高度一致，或者以某一位为主，在出现问题的时候，由一位解决，另一位选择回避，而不是当着孩子的面争吵，那样只会让孩子无所适从。

态度温柔而坚定，适合各类矛盾的解决。

2021 年 2 月 24 日

长大真好，可以做许多自己想做的事。其实，我们长大了就知道大人有更多的责任和压力，全然没有小时候无忧和纯粹的快乐。

　　骋骋经常看见疯闹的妹妹就会说，我好想回到从前呀，我还是个小孩子。

　　其实，不是小就不自由，也不是大就可以更自由。而是我们在每一个阶段都有人生需要去经历的事情，承担的责任。

　　当然，做好自己，享受当下，陪伴孩子成长每一天！无比幸福！

　　因为，孩子长得太快啦！

2022 年 6 月 8 日

玫瑰太贵了呗

2006 年 12 月 13 日

明天是骋爸生日,可我手心里紧紧攥着的只有三张十元,四张一元的皱巴巴纸币。我牵着孩子的手在夜幕降临的街上走来走去,想为明天的特殊日子买点什么,也很想给他一个惊喜。因为前几天看了一篇文章说,婚姻会让人变得懒惰,如果每个人都懒得讲话、懒得倾听、懒得制造惊喜、懒得温柔体贴,那么夫妻或情人之间,又怎么不会渐行渐远渐无声呢?

所以,有活力的爱情,需要适度殷勤灌溉,更需要双方用心地呵护与保鲜。

可拮据的困境让我在这一刻茫然失措。

其实我很爱花,也很喜欢自己摆弄与修剪花,因为那样弄出来的花不但自己有成就感,而且可以很便宜地买到自己需要的花。我好不容易找到了一家开门的花店,仔细看了看那些包扎精美、价格昂贵,却支离破碎的

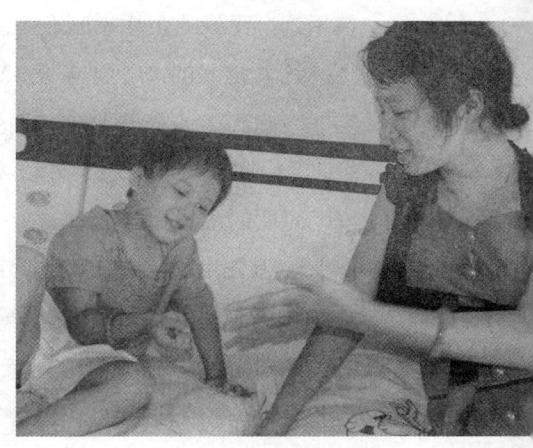

一束花,一张卡片,一条短信,一个视频,一张话剧票,一件小礼物……带给家人的绝不仅仅是一次惊喜,而是给孩子传递着爱与能量。让我们的孩子在爱与被爱中长大。而这一切,与金钱无关。

花，心疼地叹了一口气。我也想买一把艳丽而饱含祝福的爱情之花，可现实不允许。而骋骋倒是特别喜欢，一边闹腾着，一边这里摸摸那里闻闻，我极力安抚着她要把花儿带回家的激动心情，脑子里却飞速搜索着有没有别的替代爱心传递的方法。

有了。骋骋，要不咱们买个小蛋糕给爸爸吧。我弯下身来和她商量。她想了想，点头同意了。蛋糕一定很好吃。只是她不懂我心里却在想着如何用这个平淡的蛋糕来制造一份意外的惊喜！

拎着挑好的 8 寸打八折 32 元钱的蛋糕，我俩一起满心欢喜地往回走，突然我想到了一个好主意，让孩子来主演这次节目。我俯在她耳边说："宝贝，咱们回家把蛋糕……噢，如果这样，就可以给爸爸惊喜了是吗？真是一个聪明的宝贝！"

晚上先生回家进了门，看到骋骋望着他偷偷地笑，孩子端坐在床头像是守护着什么，看见爸爸她一下蹦了起来，使劲地叫，你别过来，你别过来，你别看，你别看床底下。先生莫名其妙，别看什么？我赶紧端了杯水来给骋骋喝，然后轻轻地对着她的耳朵说了些话，孩子又咯咯咯地笑了起来。先生感到很惊奇，正想问个究竟，我忙说，我们累了，明天还要赶早呢，早点休息吧。

先生一头雾水闷闷地走到外屋，躺到自己的床上。环顾四周，狭小的房间和压抑的空间里透露出一种年近四十的无奈。唉，他也叹了一口气，却来不及太多的思考，已沉沉地进入了梦乡。

我一边细心地哄着骋骋睡下，一边调好闹钟，一夜无眠。

清晨，一阵清脆的音乐把我从朦胧的睡意里惊醒。我迅速起来披上衣服，唤醒孩子。到底是孩子，眼睛没睁就问："妈妈，这么早起来干吗？""嘘，别吵醒了爸爸。你忘了昨天妈妈和你说的话了吗？"懂事的孩子一下爬了起来。

窗外，黎明前夜幕灰沉，先生正打着均匀的鼾声。突然感觉眼前产生了一丝微弱的亮光，先生潜意识在想我们家的灯又坏了啊？可隐隐约约的人影和稚嫩甜美的歌声让他不得不从梦境中醒来。"祝你生日快乐,祝你生日快乐……"骋骋颤颤地端着点满蜡烛的蛋糕,站在他的床前,在为他的生日祝福!我则一脸得意地站在孩子身后。

先生一脸感动与惊喜,将我们一起拥在怀里。谢谢宝贝!谢谢老婆!

我笑着说,对不起,没能给你买什么礼物。先生摇摇头:"傻瓜,还要买什么啊?"没想到骋骋说话了:"妈妈还想要买玫瑰花的。"

"啊,那为什么没买呢?"

"因为太贵了呗!"

伴着骋骋天真无邪的话语,我和先生相视大笑起来。笑声里有辛酸、有无奈、有苦楚、有迷茫,但更多的是有关爱、有温情、有甜蜜、有执着,这份柔情是那束没买到的玫瑰永远也无法替代的。

回过头来的思考

都说夫妻关系或夫妻感情是直接影响孩子成长的关键因素。年轻夫妻不懂得经营婚姻,不懂营造生活的仪式感。仪式感,也是近几年比较火的一个词。生活的艰辛也无法阻挡我们对生活的激情与热爱,这才是生活的真谛。

如何让平淡的生活增添些许情趣,这值得我们围城人一辈子认真学习和研究。

一束花,一张卡片,一条短信,一个视频,一张话剧票,一件小礼物……带给家人的绝不仅仅是一次惊喜,而是给孩子传递着爱与能量。让我们的孩子在爱与被爱中长大。

而这一切,与金钱无关。

2021 年 2 月 25 日

金钱与玫瑰,你会选择哪样?有如鱼与熊掌不可得兼,你会不会舍金钱而取玫瑰呢？现在已经不再是缺钱少物的年代，但我们的激情与浪漫正日渐消失。这是我们成年人的悲哀。

  仿佛，一个微信红包可以解决全部问题。但问题是，我们这样的简单直接，教会了孩子什么？

  值得我们思考。

2022 年 6 月 8 日

各种麻烦

06.

2007年6月18日

早上还没睁开眼睛,只听见骋骋说:"妈妈,我不想去幼儿园。""怎么了?幼儿园有人欺负你了吗?"

"没有。"

"那为什么不愿意去呢?是因为放了两天假,和爸爸妈妈在一起太开心了,就不想去了吗?那幼儿园下次可能不放假了。因为放了假小朋友就不愿意来了呀。"

"那……那还是去吧。"

好不容易做通这个工作,挑衣穿衣又是一个难题。

这个不好看,那个不舒服。拿了好几套给她选,可骋骋还是一脸不高兴。

我耐着性子说:"那你自己挑好吗?"

"不行,就不行,要妈妈给我挑。"

这折腾几次,我的火就上来了。爱穿不穿。弄得一早不愉快。

其实,不能全怪她。我给骋骋买的衣服,大多是打折时买的,码数有时

有时孩子的无理取闹只是为了求得你的关注。也许一个温暖的拥抱就可以解决一切问题。

买得大点，觉得可以多穿一些时日，其实大错特错，穿的时候不合身，再过一个年度又小了，感觉她就没有穿过特别合身的衣服。

难怪她左右都不满意了。

前几天听朋友说自己的娃也是这样，带孩子去做运动，结果孩子要穿带蝴蝶的裙子，最后协商不成，给孩子胡乱套了件衣服。可孩子气哄哄地居然把身上的衣服用剪刀在领口处剪出一道长口来。这下可把妈妈气坏了，拉进房间一顿暴打。

这么小的孩子自己敢动剪刀剪衣服，既危险又后怕。这应该是这位妈妈生气的真正原因。最后冷静下来，孩子伤心得不得了，还想要用胶布把衣服粘起来弥补。

想到这，我再次用温柔的声音对骋骋说，麻烦抓紧穿好衣服，要不然等会儿就迟到了。

终于糊弄过去。

这都不算什么，等到晚上回来时，她对桌子上的几道菜都不满意。平时，我还是会如她所愿，加个炒蛋什么的。可我今天一看，几道菜挺好呀，蘑菇肉末、土豆丝、香干炒肉。我知道她这是故意在挑剔了，可还是一心软去给她加了炒蛋。她开心地笑了。我知道这是赢了的感觉。

其实带娃的最大的苦是陪睡。因为，孩子不停地要你讲故事给她听，在肚子上爬来爬去，许多时候，她还没睡着，我却睡得呼呼作响了。

今天又是熬到快10点，我嘴里一边讲着小兔子，一边说材料还没写完，怎么办。骋骋一头雾水，叫着："妈妈，你在说什么呀？"

我一惊，原来在说梦话了。

我拍了拍她的背，说，快睡吧，不知疲倦的小宝贝。

回过头来的思考

放假后不想去幼儿园、挑衣服、挑食、晚睡、买玩具零食等种种麻烦，怕是家长们的家常便饭了。其实现在想想，不都是家长惯出来的毛病吗？

有了第一次退步就会有第二次，温柔而坚定，这个词值得我们慢慢去咀嚼，细细去品味。

无理取闹。一次就够，一次就得让孩子知道，你这是无理取闹，如昨天买了一个玩具，今天还要买一个，不买就不走，没有任何道理，你怎么哭闹也不可能达到你的目的。如此，孩子闹过之后便知道，没有用，下次也不会再犯。

倘若他一次哭闹就能实现他的愿望，那下次他一定会故技重施。

等到孩子长大了，我们突然觉得不能再满足他的无理要求时，那就不是赖地打滚可以解决的了。

喂饭问题。这个是爷爷奶奶们的专利，当然我们也有。只是长辈们用得更多，因为担心吃得不好，其实一边玩一边追着喂，一边看电视一边吃，一边看手机一边吃的孩子，吃是吃进去了，对于他的消化与吸收却是毫无益处的。

要知道，孩子不吃饭只有一个原因，那就是不饿。

要知道，孩子晚睡只有一个原因，那就是运动太少。

爱的抱抱。有时孩子的无理取闹只是为了求得你的关注，也许一个温暖的拥抱就可以解决一切问题。

绘本《小怪兽，不见了》里面记录着一个时常出现的小怪兽，就是我们每个人的情绪，当他出来时，我们可以看到他。当小孩子用尽办法也哄不好时，他最后却说："要不你抱抱我吧。"

果然，被抱过之后的小怪兽，和孩子一起玩得非常开心，但也慢慢变淡，消失不见了。

所以，陪伴孩子的过程中，我们不仅要关注自己的情绪，同时也要看到孩子情绪背后的需求。

2022 年 6 月 29 日

07. 妈妈，节日快乐

2008年3月8日

今天"三八"妇女节放假半天，我早早地站在路边接孩子回家。我搬回自己的家住快一个月了，真切感受到累，很累。但我甘愿累，因为我很满足、很快乐。

在娘家住了三年，母亲给我带孩子累得生了病，父亲操劳得白了头，而我却每天心安理得地下班回家，端起碗吃饭，放下筷子看电视，完了带孩子睡觉。我早上起来早点已经做好，吃完擦擦嘴上班。一千多个日日夜夜就这样混混沌沌过来了。为人妻，为人母，我几乎没有费什么神、操什么心，依然享受着做女儿的幸福生活。可母亲突如其来的病让我茫然失措，让我心有不安，让我惭愧不已。

64岁的母亲，年轻时受过太多的苦，天天把红薯当饭吃，还要出工干活，生二哥的头天还在山上砍柴呢。过度劳作落下的病根到了这个时候一股

> 为人妻，为人母，我几乎没有费什么神、操什么心，依然享受着做女儿的幸福生活。

脑儿全爆发出来，瘦弱的身体自然要抗议了。送妈妈住院时，我在心底对自己说，再也不能让妈妈为我操心了，该我为母亲做点什么了。我毅然搬回自己的家，承担起妈妈住院的起居饮食；同时，改变了接送孩子入园的路线，值得欣慰的是孩子居然很快适应早起晚归的生活变化。

和爸爸妈妈在一起生活，无疑是一个孩子最幸福的事。阳光、灿烂和开心一起环绕在她的身旁。虽然每天要多坐一个多小时的车，虽然不能回家吃到香甜可口的饭菜，虽然她也很想爷爷奶奶，但这些都不足以抵挡家对孩子的诱惑。那天孩子问我："妈妈，我们好久没到爷爷奶奶那里去了哦？"可若是说回去住，她却不同意。因为她害怕到了爷爷奶奶那里我们不回来了。四五岁的孩子本该是在父母膝下撒娇嬉戏的年龄啊！可我们为了工作、为了省事、为了自乐而生生剥夺了她的这种权利。

现在我才深深地感受到，给孩子一个温馨的家、一份完整的爱是多么重要。现在孩子不再只黏着我，也学会了跟在她爸爸的屁股后面，学会了自己独立外出去玩耍，独立去买东西，更学会了在家耍无赖。因为她知道爸爸妈妈都非常非常爱她，爸爸妈妈这里才是她真正的家，她可以肆无忌惮地疯玩傻闹。还有什么比让孩子开心快乐更重要？还有什么比看到自己的孩子健康快乐更幸福？所以，即使有时很累很晚回来，只要看到她甜甜的笑脸，从内心深处涌出的一股温暖的感觉立马驱散了所有的烦恼、疲惫。

今天，我等了她近三十分钟了，怎么还没有来？心中的焦虑终于在孩子出现在我视线里的那一刻烟消云散。她的脸上挂着笑，手里拿着一朵小红花向我走来。"老师奖了你一朵小红花啊？真棒！""不，老师说是送给妈妈的，祝妈妈节日快乐！"看着那稚嫩的小手递过来的那朵小花，感动与满足又溢满了我的心头。

多好，生活赋予了我这么多美好的小确幸。我不再为房子太小而烦恼，不再为上班路途遥远而郁闷，不再为孩子老念叨着回家看爸爸而揪心地痛。阳春三月的这天，我在心底对我日渐康复的妈妈说一声：妈妈，节日快乐！

回过头来的思考

　　一晃十几年过去了。父母也在2020年相继离我而去。父亲在病床上躺了五六年，终于得到解脱。母亲离开的时候，我一直就在身边，那种目睹亲人眼神游离，一点点暗淡下去，无论你怎么声嘶力竭地呼唤，她也不会再睁开眼时，那种痛是无法描述也无法承受的。母亲在时，我总是会嫌她床上乱摆放东西，吃饭用筷子剔牙，上厕所不冲水，喝水的杯子永远脏兮兮，新衣服永远收起来，零散卫生纸收一袋子，浑身风油精的味道，嘴巴永远碎碎念……

　　可母亲走了后，我在很长一段时间没有办法适应。我的耳朵突然神经性耳鸣耳聋，总觉得什么声音在耳边呼呼作响，整晚整晚无法入睡，总觉得母亲的身影还坐在那个熟悉的位置，或读书或唱歌或种菜或晒衣服或和二娃嬉戏。父母永远是我们的精神支柱，是儿女的避风港，轰然倒塌时，顿觉自己精气神全无了。

　　人生最大悲哀莫过于，子欲养而亲不待……

　　但愿我们每个人都能好好珍惜和年迈父母相守的每一天。

2021年2月24日

　　和爸爸妈妈在一起生活，无疑是一个孩子最幸福的事。所以无论我们有多困难，两个三个，还是爷爷奶奶住乡下不方便等等原因，强烈建议0—6岁一定不要和孩子分开，尤其是0—3岁，是孩子安全感建立的关键期，连搬家非必要也是可以暂缓的。

　　安全感是人一生的底色。许多时候，我们图的是一时的方便与轻松，但后期必定有加倍的不方便与不轻松。说得再透彻点，就是这个阶段你不陪，以后花上数百倍的时间也不一定能陪好；这个阶段陪好了，孩子不会缺爱。而后面在亲子关系方面也必定会顺风顺水也顺心。

2022年3月8日

我没有做到
这样地爱你

2008年5月11日

夜已经深了,凝视着,此刻酣睡在我臂弯中的你的脸,内心久久无法平静。因为,你睡前一直咕哝着一句话:"妈妈,你今天又没有陪我一下。"是的,妈妈为了打球,把你一个人扔在了看台边,对你的呼喊置若罔闻,对你的抗议置之不理,对你的要求敷衍了事。然后,让你在抱怨中爬上床,在失望中嘟着嘴,在生气中进入梦乡。也许我真该好好地想想,我该如何用心地去爱你。

去年"六一"儿童节的时候,我很幸运地作为学生家长代表,站在了数百位家长的面前,庄重地带领大家宣誓:我永远爱我的孩子,给她一个幸福的家,每天陪她阅读15分钟,每天陪她交谈15分钟,每天陪她游戏15分钟,并经常对她说,宝贝,我爱你!当我念到最后一句话的时候,我感觉那是从我心底蹦出来的一个声音在呼喊,宝贝,我爱

宝贝,我爱你!这不是一句台词,也不是一句誓言,更不是一个承诺,那是发自内心肺腑的一个声音,是流淌在血浓于水的躯体里的呼唤,是铭刻在灵魂深处不变的初衷。

你！我会永远没有任何理由与借口地爱你！当时，我情不自禁地把身边的你抱了起来，我想，我会努力做到这样地爱你！

然后，过了一年的时光，我反思着自己，什么时候做到了每天陪你耐心地阅读、细心地与你交谈、开心地和你游戏15分钟，这样一种简单的方式爱你，没有，我没有做到这样的爱你。

我每天上班早出晚归，回来已是夜幕时分，匆匆地陪你吃完晚饭，收拾残局，就已到了洗漱的时间，偶尔心情好的时候，会给你讲个故事或做个游戏，大多的时候，我都是极不耐烦地催促着你早早入睡。我还记得有一天晚上，你闷闷不乐地对我说："妈妈，我在幼儿园里没有一个好朋友，没有一个人喜欢我。"我当时只是觉得好笑，怎么会呢？其实我何尝真正地倾听过你讲述你幼儿园里的有趣或无趣的故事，又何尝真正地去体会天真的你也会有孤单无助的时候，又何时细心地安慰稚嫩的你该如何去面对成长中必经的一些挫折。

总认为一切还太早，总认为一切还来得及，总认为我们还有许多许多的时间可以来爱你。人的一生短暂而又漫长，人的每一天简单而又重复，人的每一分钟匆忙而又无助。有多少时间，我们浪费在无聊的闲谈中；有多少时间，我们消耗在冗长的聚餐中；有多少时间，我们挥霍在虚幻的网络世界里；有多少时间，我们沉浸在自我的哀怨里，埋怨生活、埋怨命运、埋怨自己，却忘记了、遗漏了、丢失了用最简单的方式、最简短的时间去爱自己身边的人。也许那短短的三个15分钟对于我们虚度而言根本算不了什么，但足以温暖一颗幼小的心。

每天晚上，你黏着妈妈要我陪着你一起睡时，苛刻的我总是把你一个人赶到床上去，然后告诉你，今天应该是你自己睡的日子，你的嘴立马会噘得老高，眼睛霎时变得红红的，非要我把你的脸、额、鼻、唇、耳朵、手脚、屁股都吻遍才肯松手，然后会死命地抱着我的枕头，说是要闻妈妈的味道。若是到了妈妈陪你的这天，似乎就像是到了节日，你枕着我的手臂，头埋在我的胳肢窝里，手转过来紧紧地抱着我，然后会长舒一口气说，躺在妈妈的怀里真舒服啊,妈妈的怀抱就像太阳一样温暖。我真的诧异不足六岁的你,怎会有如此的语言天赋。心一酸,心想,就让她黏黏吧,还能黏几年呢,长大了,也许想她黏也不一定会黏你了。

看着你一天天长大,妈妈的心里无比欢欣。你是一个聪明的、乖巧的、可爱的天使。你会在开心的时候说我们的家就像一个开心乐园;会追问着,自己是不是勇敢、是不是坚强,能不能成为一名"地球小卫士",保护我们的地球;会在我晚归时打电话给外婆告状,还说让我的妈妈骂我;会为了赚分买你心爱的陀螺,一口气围着球场跑了十几圈,然后兴奋地大喊大叫;会在妈妈打开的电脑主页里,找到你最喜爱的给仙女化妆的游戏,会在我教会你查字典后就迷上了那本厚厚的"大砖头"。

看到你开心的笑脸,我的心情会自然地被你感染;看到你生气的模样,我的世界也随之变得灰暗,你的一举一动完全掌控了我思绪的阴晴。我曾说过,我只要你健康快乐。而健康是日常的点滴积累,但我却把快乐遗忘了,忘记了一个孩子母亲给予她的快乐是任何东西都无法替代的啊。我似乎太吝啬我的时间与快乐。我想起了和你经常做的一个游戏,唱歌词里有"爱"字的歌,你总是兴奋地一首接一首地快乐地欢唱着,小小的歌喉里飘荡出许多流行的、儿童的、民族的带"爱"字的歌曲,也许现在的你,根本无法理解"爱"这个字的含义,但你却知道在你开心快乐的时候,一定会抱着我说,妈妈,我爱你!"爱",其实就是一个字,太简单,但要真正地、用心地去爱,太难。

宝贝,我爱你!这不是一句台词,也不是一句誓言,更不是一个承诺,那是发自内心肺腑的一个声音,是流淌在血浓于水的躯体里的呼唤,是铭刻在灵魂深处不变的初衷。虽然妈妈现在没有用心地爱你,虽然妈妈现在没有做到像誓词里说的那样爱你,虽然妈妈曾不经意地伤害过你,但我依然想要对你说:"宝贝,妈妈愿意把我的快乐全部奉献给你,愿意把我生命里的时间、空间与你一起分享,愿意永远把你放在我的掌心里好好爱你!"

回过头来的思考

高质量的陪伴：每天陪她阅读 15 分钟，每天陪她交谈 15 分钟，每天陪她游戏 15 分钟，并经常对她说，宝贝，我爱你！

大家可以做一下对比，我们做到了吗？

虽然这么简单，但我敢肯定，我们绝大多数的家长是做不到这么高质量陪伴的。

当我再次看到"妈妈，我在幼儿园里没有一个好朋友，没有一个人喜欢我"这句话时，心中会猛地一痛。因为我当时确实没有思考过这个问题，孩子在一个陌生的环境中，除开老师外她会去选择信任谁、依赖谁，或者说谁是她的亲密伙伴。当然我也就更没有时间精力去为她营造一个互帮互助、共同成长的环境与氛围了。

其实，无论我们在哪个年龄阶段，朋友总是需要的，没有朋友的日子必定是孤独的。所以，我在二娃入园前就为她寻找到了一个好朋友，好伙伴，陪伴她走过入园初期这段令人忧虑的日子。

孩子的 6 年仿佛一眨眼就过去了。而这个学龄前的亲子陪伴黄金期也就意味着结束了。因为，孩子即将迈出他人生中真正的一大步——校园，他在那里将开启他全新的生活与成长，他会一天天长大、成熟，会交到自己心仪的小伙伴，会拥有自己的小秘密和小烦恼，会开始变得更有自己的思想与个性；而这一切，也是他们远离我们的第一步。

所以，如果孩子现在还处在学龄前的阶段，家长们一定要珍惜陪伴孩子成长的时间与点滴，好好陪伴好好爱。因为这一切都不可复制，也不可重来。

我在带二娃时发现，在这个阶段的家长，往往把孩子看得太重，什么都想让孩子学，英语的启蒙恨不得在两岁就开始，而忽略了传统国学、母语的学习与思考；五岁恨不得就学完小一的课程，变成全能的小金刚；周末时间学思维学逻辑学机器人学主持，仿佛不送孩子去学就落后了。而自从我接触到稻花香读书会的理念与学习模式后，我和几位志愿者一起在社区组织了一个读书会，一起快乐玩耍，快乐读书，快乐成长，我觉得所有的焦虑与问题都迎刃而解了。在这里，我们亲子陪伴，共读国学经典，开启文化之旅。更重要的是互帮互助，抱团成长。孩子有了亲密的小伙伴一起快乐成长，家长们也有了分享交流育儿心得体会的机会，孩子们有了展示的平台与机会，孩子们成长得棒极了。

要知道我们都是第一次当妈妈，我也是在后知后觉中才发现想要记录孩子成长的点点滴滴，所以骋骋这个阶段的陪伴与记录其实是苍白无力的。

希望看到上面这些文字的家长能汲取我的教训，好好珍惜和孩子相处的这段时间。

2021 年 2 月 25 日

当然经过这么多年的历练，我又得出了新的理念与观点，那就是书就是孩子最好的玩具，家长就是孩子最好的玩伴。所以，不管你陪他在做什么，孩子都是开心的。若是把陪伴的时间都用来读书，那就是最美好的双赢了。

故，再回首原来陪伴孩子的每天不过三个 15 分钟，而现在陪伴然然的读书、交流、游戏时间远远超过了几个小时。如此一来，一边读书，一边交谈，一边游戏，蓦然间发现，孩子已经可以轻松流畅地自主阅读了，不亦乐乎。

2022 年 3 月 8 日

第二卷
Age 6—12 岁

房门一响，骋骋端个盘子站在我床边对我说："妈妈，吃饭了。"

我一睁眼，她用勺子盛了一个饺子喂给我吃，我忙张嘴吃了。那个幸福哟，瞬间袭击了我。感谢自己所有的付出，所有的辛苦都是有意义的。

妈妈，吃饭了

6—12 岁的孩子，脱离了父母走向一个更大的集体——学校。在学校她会交到更多的伙伴，会有更多自己独立意识的形成。这个阶段，他会听老师的话胜过听爸妈的话，老师的话就是圣旨。

所以，如果你有什么想让孩子做的，不妨曲线救国。

一挥手的感动

2008 年 10 月 10 日

清晨,牵着孩子娇嫩的小手,穿过熙熙攘攘的人群,准备穿越一条清幽而狭长的地下通道,送她进学校,突然,孩子转过头来对我说:"妈妈,昨天我们走过这条路了,今天我会走了。"

我迟疑了片刻,点点头,松开了孩子的小手。

我静静地立在马路边,想象着我的孩子背着书包、独自行走的模样,默默地用眼神,在宽阔的马路上面一点一点地丈量着,计算着她那双小脚穿越通道的速度与距离。

不知过了多久,也许就是那么短短的三五分钟,却让一个母亲感觉是如此漫长。在我几乎有了一种想冲过马路去看个究竟的念头时,突然,一个身着略显宽松校服的身影从通道的那头出现了。今天是她第一次穿上她的校服去上学。是我的孩子

如果说我的笔能写出一篇篇能被称为作品的文字,那我的宝贝则是我要用整个生命去完成的一部伟大作品。随着时间的飞逝,这部作品还将带给我怎样的奇迹与感动?我用心期待着。

吗？我踮着脚尖，戴上眼镜，努力地张望着。

走出通道的那个小小身影，没有继续前行，她停了下来，向我这边的马路张望着。"妈……"一句清脆的声音隔着车流隐隐地传了过来，惊喜与慌乱顿时化成我脸上那团阳光下的笑靥。是的，是的，她就是我那最可爱的孩子。远远地，我看着她的小嘴一张一合，像在说着什么，小手对着我使劲挥舞着。我连忙给她打了一个大大的"V"形手势，目送着她走向新的道路。

那一刻，那只挥动的小手犹如一根神奇的魔棒，让我在那个瞬间哑语失声。她那信任的眼神是在告诉我，妈妈，我知道你一定会在马路的这边等着我、守着我、望着我；她那咕噜着的小嘴巴一定是在对我说，妈妈，我过来了，我过来了；她那挥舞的小手一定是想要告诉我，妈妈，你放心，我行，我能行，我一定行！

那一挥手所定格的画面，让我的心头一阵哽咽而溢满了莫名的感动。

还记得两年前，孩子在蹒跚走路、懵懵懂懂时，我写下的一篇文字《如何舍得放开你的手》，记录着在孩子第一次单独出家门时的情形。那时我是提着心、吊着胆、捏着汗，偷偷地跟在她的身后，远远地用眼神守护着她，直到她安全抵达目的地。那种怎么样也丢不开的感觉，一直延续到今天。

可是，她还是在我的眼皮底下不知不觉地一天一天长大了。这一刻，带给做母亲的我不仅仅是感动，更多的是欣喜与安慰。

都说女儿是妈妈贴心的小棉袄，可就是这么小的小棉袄给予母亲的爱与温暖却常常让我心存愧疚、感动无语。

记得有天，她问我："妈妈，你那天过生日的那个同学怎么不结婚啊？"我耐心地告诉她，同学结了婚又离婚了。为什么呢？因为两个人在一起不开心、不快乐啊！似懂非懂的她却问了一句让我两眼湿润的话："妈妈，那你快乐吗？"

早上，吃饺子时，厚厚的皮她不吃，最爱的是那香香的肉馅，我就把所有的肉馅都剥给了她，一不小心，有一个给掉在了地上，就随手捡起来放在了另一只碗里。我忍不住那诱人的香味，夹起那个肉馅吹了吹，一口吃掉了。先生笑着说："快看，快看，妈妈真不讲卫生，把你掉在地上的那个肉馅都吃了。"孩子不解地问："妈妈，你为什么要吃啊？""因为肉馅都被你这小馋猫吃了啊。""那，那……"孩子用筷子夹着碗里那个肉馅矛盾着。我看在眼里，忙说："你吃吧，妈妈不要。"可聪明的她，却将那个肉馅分成了两半，硬把一半塞进了我的嘴里。那一刻，我的心被女儿的温情所淹没了。

晚上，为了更好地与她交流，我给她在小纸片上留了言，并在她不熟悉的字上标上拼音，夹在一只可爱的鸟嘴夹上。然后看着她满脸喜悦地读着上面的话：宝贝，我是妈妈。今天很高兴能和你一起交谈，希望妈妈和你能成为很好很好的朋友，妈妈爱你。请让妈妈做你的加油站，好吗？

女儿一边读，一边吃吃地笑着，读完后脸上已是激动与羞怯一片，猛地搂上我的脖子响响地亲上一口。晚上睡觉时还会使劲地赖在我的胳肢窝里撒娇说："嗯，躺在妈妈的怀里真舒服啊！"

那一刻，充满信心坚决要培养她独立睡觉的我，不可抵挡地放弃了这个念头。让她娇，再让她娇一次吧。

如果说我的笔能写出一篇篇能被称为作品的文字，那我的宝贝则是我要用整个生命去完成的一部伟大作品。随着时间的飞逝，这部作品还将带给我怎样的奇迹与感动？我用心期待着。

也许，我只能替她完成生命里很小很小的一个章节、一个部分、一个段落，但我无怨无悔，因为，我注定要松开她那只渐渐长大的小手，让她那双颤颤的小脚一步一步向着她生命的道路前行！她的这部人生作品，不管是恢宏还是平实，不管是华丽还是淡然，不管是顺畅还是坎坷，我都会是这部作品里最生动的一个细节，最温暖的一个色彩，最宁静的一个港口。

因为，我有一个最最令人骄傲而又无可替代的名字，母亲！

回过头的思考

　　孩子从小到大带给我们的感动应该无处不在的，一次挥手，一次飞吻，一个拥抱，一句爱你，一个眼神，一杯温水……这些温暖的画面不管历经多久，都会刻在我们的脑海里。

　　让我们永远记得，初心的美好。我们爱孩子的初心。

　　当孩子出生的那一刻，我们爱孩子的初心唯有健康快乐！

　　可现在身边许多低年级孩子的家长，明显有两个很大的特征，一是焦虑，二是功利。焦虑是害怕孩子不够优秀，不够全面，恨不得再多学一点，每参加一个活动，都希望孩子飞速地吸收并成长，恨不得十八般武艺都会才好。

　　而浑然忘记了我们爱孩子的初心，忘记了遵循孩子爱玩的天性，遵循兴趣才是最好的老师这一基本准则，将孩子对世界的新奇之心、探索之心、挑战之心日渐消磨，直至平淡。

　　时间对我们每个人都是公平的，如果你被学这学那占据了大部分业余时间，而你必然会失去更多更快乐更容易成长的时间。比如阅读，我在后面还会谈到这个问题。

2021 年 3 月 24 日

孩子心中的妈妈

2009年6月10日

总以为她还只是个孩子,不料她已长大。

晚上,我和她做个亲子游戏,让她列举爸爸的优缺点。她列了之后,像模像样地召开"批判"大会,自编自演,缺点代言人小拉拉和优点代言人小美美闪亮登场,进行现场PK(挑战)。肚子都被她笑痛。不料她话锋一转,说还要进行妈妈的优缺点大比拼。顿时,我呆了一下,莫名地有了一丝怯意,害怕孩子会惦记着平日里妈妈凶她、骂她、管她的时候。

我也煞有介事地打开电脑,开始敲下对她的评价,当然多是爱劳动、爱学习、有爱心等赞赏的话。只听见隔壁的她在叨唠着:"哎呀,写了23条了,这里写不下了,怎么办呢……哎呀,对了,还可以写在外面……哎呀,已经有35条了……"听得我心花怒放又忐忑不安。这是一种期待而又渴望

我迫不及待地拿过她手中的这张纸,看着她像花儿一样的笑脸,一层层的花瓣,化作她的点点心语,汇聚成一朵盛满爱的怒放的花,而我正沉醉在纯净的花蕊里。

的感觉。

终于，她跑了过来，欣喜地告诉我："妈妈，我写完了，优点有 52 条，缺点有 3 条。""啊，你写那么多干吗呀？"直到此时，我仍然只是把这当作一个游戏。可接下来，我马上知道自己错了。

她拿着纸，固执地不给我看，要拿着小话筒，一条条念给我们听。优点：

1. 陪我睡觉；

2. 陪我玩；

3. 陪我看书；

4. 自己爱看书；

5. 做早中晚的饭；

6. 教我做作业；

7. 对我凶了后会说对不起；

8. 带我出去玩；

9. 教我写文章；

10. 自己会写文章；

11. 给我买书；

12. 给我买好吃的东西；

13. 我做的东西她会夸奖我；

14. 给我买鞋子；

15. 教我洗衣；

18. 帮我梳头；

19. 上厕所时，她帮我拿纸；

20. 帮我穿衣服；

21. 和我一起收拾房间；

22. 帮我提东西；

23. 给我烧水洗脚；

24. 只要有时间就陪我；

25．只要有理就会给我买东西；
26．做的菜很好吃；
27．帮我削笔；
28．教我骑单车；
29．来学校接我；
30．经常夹菜给我；
31．教我不懂的东西；
32．有问题一起想；
33．吃饭前要我洗手；
34．要我爱干净；
35．要我用剪刀时要小心；
36．不认识的字她教我查字典；
37．我生病了她会照顾我；
38．我有伤心事，会和我谈心；
39．我受伤了她会给我涂药；
40．把我的房间装扮得很美；
41．每天提醒我注意安全；
42．告诉我有好东西要分享；
43．回家有时会带个小礼物；
44．一般不和我吵架；
45．要我做淑女；
46．自己是个淑女；
47．我哭了她会安慰我；
48．文章上过报纸；
49．有东西拿不动帮我拿；
50．要我不要玩火；
51．要我不要碰电；

52. 要我认真学习。

听着听着，我眼睛竟然潮湿了。7岁多的孩子，硬是画了几十个圈，一条条把这些生活里的琐事记下来，而且记得这样清晰。和她细致的记录比起来，我空洞的描述是多么的苍白失色。当我以为她还小不懂事时，转眼间，她却给了我成长的惊喜。

此刻的她也许不会明白这52条意味着什么，但对于母亲而言，能让孩子感觉到我的深深浅浅的爱，这已足够。

我努力控制着自己的情感，听她继续念叨着我的三条缺点：一是有时写的文章里有错字，二是有时在电脑旁待太久，三是有时她不会的就会乱讲。我可爱的孩子，连这些都被你发现了，即使是我对你敷衍，你不理解，但你却懂得，是我在乱讲。最后，还做了一个伟大的结论：妈妈是世界上最好的妈妈！

她清脆的童音，天籁般润泽着我的心灵。那一脸的骄傲与满足，让我久久感动。我迫不及待地拿过她手中的这张纸，看着她像花儿一样的笑脸，一层层的花瓣，化作她的点点心语，汇聚成一朵盛满爱的怒放的花，而我正沉醉在纯净的花蕊里。

这一刻，我知道自己是世界上最幸福的母亲。我将这张爱的宣言紧紧地捂在胸口，好好珍藏着孩子对我的爱的评价，她会时刻激励着我用正确的方式去疼爱我的孩子，做她的知心好朋友，做她永远的好妈妈。

回过头来的思考

我觉得每个家庭都可以尝试一下这样的游戏（千万不要当成是作业），因为这样我们可以听到孩子内心真实的声音，以及对爸爸妈妈真实的看法。由此，发现我们自己的问题，及时纠正，更好地陪伴孩子成长。

回过头来，我们也可以认真思考，如何用心去发现孩子的优点与闪光点。

2021年3月24日

我一直认为写信是一种很好的交流方式，只可惜，信息时代已经完全取代了原来的家书抵万金。虽没有了"寄书家中否"的牵挂，但我们仍然可以通过纸条和便签来传达心中的爱与思考。

寥寥数语，传达的是爱是光是暖。

这样的冷静与从容，要比直接面对的火拼效果要好很多。

2022年6月8日

11. 平淡的爱

2010年1月5日

我接到孩子班主任的电话,让交一篇育儿心得。我挂上电话,不知所措。我从来不曾对我的孩子骋骋实施过某种特殊的教育方式,进行过某种特殊的训练,我只是以一种平淡的心、平淡的爱戴她,不望她成龙成凤,只要她健康快乐,她现在的天真无邪、烂漫无忧、嬉笑嗔闹、举手投足都已经让我这个平凡的母亲感到莫大的满足与快乐!!

看过一种曲梅,被园艺师或剪,或削,或折,或弯,或缠,或绑,形成了千奇百态,梅中奇葩,吸引了无数人惊叹的目光,无疑它是成功的。在现实生活中,每个孩子都是父母手中那枝珍贵的梅,用满心的疼爱把梅养育。可家长们出于望子成龙、望梅成葩的心态,让3岁孩子在幼儿园就开始学习小学的课程;让4岁的孩子练琴练得十指血

> 每个孩子都是天才,我相信。看到自己的孩子从只会哭闹任人摆布的小肉球变成一个会唱会跳、会读经诵诗的孩子,这难道不是奇迹吗?而这个奇迹的创造者就是孩子的爸爸妈妈。

痕斑斑；让5岁的孩子在新年的第一天坐在补习的课堂；让6岁的孩子被沉重的学业累得昏睡在台灯下。园艺师们的殷切希望与深厚寄托，早早地让我们的孩子背负心理和生理的压力。长此以往，梅不但没有成为范，反倒成了畸形。

我不是天才的园艺师，我也不愿这么去"疼爱"孩子！谁不愿自家有个聪明活泼、多才多艺的宝贝啊？可孩子不是随意捏造的橡皮泥玩具，孩子也不是我们父母对人炫耀的资本，孩子更不是父母一生赌注。我只想让我的孩子扎根土地、静静地成长，尽情地伸长自己的一枝一蔓，在属于她的那片天空里暗香浮动，即使只是一朵平凡不过的蜡梅花。不管她什么时候开始成熟，什么时候开始拥有烦恼，什么时候不再把父母当做她唯一的依靠……

很喜欢周弘老师的那本书《赏识你的孩子》，令我印象深刻的有几个经典例子。老师伸出手让孩子数数有几个手指，孩子怯怯地数来数去，小声说3个。老师大叫一声，太棒了，我的宝贝，你只少数了2个。一个孩子做数学题10道只对了1道，爸爸高兴地竖起大拇指，真了不起，这么难的题居然对了一道，爸爸小时候比你差远了。这样的教育方式不得不让我们叹服、不得不让我们做父母的愧疚。

每个孩子都是天才，我相信。看到自己的孩子从看不清咫尺精彩世界、只会哭闹任人摆布的小肉球变成了一个会唱会跳、会读经诵诗，会流利地从1数到100的孩子，甚至会说一些让大人们大吃一惊的话，试问我们做父母的，有谁能在两年时间内自学精通一门外国语言？这难道不是奇迹吗？而这个奇迹的创造者就是孩子的爸爸妈妈。因为那时的爸妈对孩子点点滴滴的变化与进步给予正面的反馈，甚至一声含糊不清的"啊"都会被我们误认为是叫"妈"，而让我们欣喜不已。教孩子走路、说话，我想每个父母都不曾失去过信心，因为知道，我们的孩子能行，一定行。

可孩子长大了，入学了，父母也看不到孩子的优点了。那是因为父母对孩子的爱从无私变得苛刻，从没有任何条件的爱变成有期望值的爱了。

孩子在父母声声：怎么这么笨、蠢货、没出息等恨铁不成钢的叹息中一点一点被扼杀了天分。

我庆幸，我已读了这本书，且读懂了这本书。我知道，自己一生都会以平淡的爱来爱我的孩子、赏识我的孩子。即使她不会拥有万人瞩目的成功，即使她不能成为那颗最闪亮的星星，至少她仍然拥有我的爱，至少拥有着我给予她的自由与快乐！！

回过头来的思考

直到今天《赏识你的孩子》这本书对我的影响也是非常大的。五个手指少数了两个，还太棒啦，估计我们是火冒三丈了。

因为最近二娃总是抱怨："妈妈，为什么你回家总是骂我呢？"弄得我一头雾水。原来，我们所谓的说教，在孩子的眼里都会成为一种批评和责骂。于是，我加大了表扬力度。大拇指时不时地竖起来，在她的额头上点赞，加分，然后时不时地说："哎呀，你读书速度怎么越来越快了呢？你是怎么变得这么厉害的呢？"

从心理学的角度来讲，这其实就是一种暗示。你说孩子笨，孩子潜意识会认为自己天生就是笨的。如果你说孩子聪明（当然表扬是越具体越好的），孩子自然会越来越聪明。

总之一句话，你想让孩子变成什么样，你就说他是什么样。

2021 年 3 月 24 日

陪孩子一起快乐成长

2010 年 3 月 30 日

晚上 8 点多,我照例把孩子安排上床看书,做好睡前准备。我转身准备到书房上网时,孩子小声地叫住了我:"妈妈,你又要写东西吗?为什么你这么忙啊?你能陪我一会吗?"我回过头,一眼望见她的渴望与可怜,心一疼,可仍然硬着心肠说:"妈妈还有许多事要做呢,宝贝自己看看书,早点睡。明天还要上学呢。"

孩子撇撇嘴,低下头。突然,她把书一扔,说,没意思,每天就是上学、回家、吃饭、读书、睡觉。真没意思。说完,竟哇哇大哭起来。我一愣,连忙安慰她:"不哭,不哭,妈妈陪你看会书,妈妈明天带你去玩,好吗?"容易满足的她,很快安静下来,听我给她念故事。可她却没有想到,她那句简单的、有口无心的"没意思",深深地刺痛了我的心。

其实,我经常反省,在孩子成长的

每个孩子的成长都是缓慢而美丽的过程,作为父母应当享受这个美丽过程。

道路上，父母到底扮演一个什么样的角色？想当然地认为，教授知识是学校老师的事，学会独立是她自己迟早要面对的事。而她成长中的快乐呢？我们是在构筑还是在剥夺？她的老师有句话说得很好，每个孩子的成长都是缓慢而美丽的过程，作为父母应当享受这个美丽过程。而我，现在是在逃避这一缓慢过程。

孩子需要的并不多，有时只是一句关心的话，有时只是一个温暖的拥抱，有时只是陪她看一会书，有时只是陪她玩个小游戏，有时只是听她啰唆几句小朋友的不是，有时只是在她床头静静地待五分钟，而这些足以让她们感受幸福的环绕。可就是连这些小小的简单的愿望，我们都会以工作为由，忽略到让孩子感觉"没意思"。

有个很经典的小故事，给大家分享。一位5岁小男孩对他匆忙回家的爸爸说："爸爸，你回来了，你可以陪我玩个游戏吗？"爸爸拎着包抱歉地对他说："好宝宝，爸爸今天晚上还得加班呢。"小男孩失望地看着父亲走了。小男孩又长大些，还是央求爸爸陪他玩，可爸爸不是今天要开会，就是明天要陪领导。小男孩仰着头看着爸爸，心想："什么时候我也能变得和爸爸一样优秀而繁忙呢？"

日子就这样流水般滑过，男孩渐渐长大了，上大学了。而父亲没那么忙了。父亲有了时间，打电话给男孩，让男孩回家看看，男孩接了电话，嗯了半天，说："爸，我刚谈了个女朋友，周末想陪陪她。"父亲放下电话，有点失落。不久，父亲退休了，更闲了，却更想孩子了。又打电话叫男孩回家陪他吃饭，男孩大声对父亲说："爸爸，我刚参加工作，许多事情要学，忙着呢。""啪"，电话挂了。电话这头的父亲终于明白，这时的男孩已成为当年那个忙碌的他了。

父亲的悲哀在于，此时的男孩已经长大，已经不再需要他了。

我曾经把这个故事说给哥哥听，哥哥是一个建筑集团公司的副总，也是日理万机，脚不沾地的，而且是对工作特认真特执着的人。创业之初，他几乎没有陪过孩子，现在孩子已有十几岁了，公认的挑剔大王。哥哥听了这个故事后，许久都没有吭声。可自此，一有时间，他便放下一切公务，推开应酬，关掉手机，带着老婆，陪着孩子去游山玩水，用他的经历、言行引导孩子的成长。孩子渐渐懂事多了，而哥哥却仍经常感叹："我还没来得及准备，孩子就已经长大了，现在就是想和他睡一晚，也得说上许多好话了。"但他庆幸自己醒悟得早，还能享受得到陪他成长的快乐。

前几天，我连续开了几天夜车，身体熬不住，感冒了。可工作的活一点也不见少，这不，主任又在我们办公室安排工作了。我一边"嗯"着，一边顶着裂开的头。正说着，主任电话响了，是他爸爸叫他回家吃饭。而主任说："爸，对不起，有个部长要来，在做接待方案呢。"我轻轻地笑了，忽地就想起了这个故事。于是，我说给他听。主任听了开玩笑说："你别说得我要哭了。我爸爸知道我最爱吃卤牛肉，特意做了叫我回去吃，见我没时间就让我带回去吃，我已经有两个月没回家了……"

听了，我也半晌无语。活生生的例子，竟是如此惊人的相似。

我们都是从孩子长大的，我们长大了，而父母却老了。父母老了，却也只是想着孩子能常回家陪他们吃顿饭而已，又或是生病时的几句问候。

有次母亲生病几天了，我才知道，忙打电话慰问，母亲一边咳着，一边说，没事，已经输了几天液了，等会还要去。我说，要爸爸陪你去吧。母亲说，父亲要在家做饭。我猛地想起六十多岁的母亲，独自坐在门诊里输液的场景，愧疚不已。

后来，从不喜欢麻烦子女的母亲说了一句，我身体好时，也不需要你们来管，可我病了，你们也不要弄得我像无儿无女似的，连个慰问都没有。一番话说得我们兄妹几个低下了头。

我们长大了，能为父母做的，竟然是连几句简单的关心与问候也会是如此困难。

只因，我们此刻的爱都在自己的孩子身上，所有亲情的爱都是向下行的。父母无私地爱我们，我们也在无私爱着我们的孩子。

心理专家研究，做父母有三种层次：第一层是生孩子，生完孩子就完成了义务。第二层是养孩子，把孩子养大成人就好。第三层是陪孩子一起学习成长。不用多说，我们当然知道，第三层的父母才是真正伟大的父母。我们为孩子提供最好的学习条件、最好的饮食、最好的环境，甚至是最好的庇护。谁能说我们不爱孩子呢。是的，这一切好的环境条件都是我们花费了大量心血创造而来的。可我们扪心自问，除了这些，我们还给了孩子什么？孩子需要什么？我们有真正地陪着她一起学习一起长大吗？

这其实是值得每个父母深思的问题。

难道，我们还是愿意放弃现在陪伴他们成长的机会，等着我们老了的时候，想孩子的时候，打电话给他们，奢望他们回家看望我们的时候，听着他们说"爸、妈，我工作忙，回不来"，再去后悔？

不知道有没有人算过，我们能拥有孩子多少年？3岁，孩子上幼儿园了，离别了一天，会感到心酸。6岁，上学了，爱上了读书，有了自己的朋友。12岁，上初中了，渐渐不再依赖我们，甚至开始叛逆，开始对帮忙的你说："妈妈，我自己来吧。"这时，失落的感觉会开始蔓延。18岁，她上大学了，一年就回几次，回来就是忙着聚会，不回来吃饭就成了口头禅。毕业后、结婚后，孩子离你更远了，回来更少了，也许一年回来一次，也许几年也不回来……这时，陪孩子成长的片段就成了我们咀嚼的回忆。如果片段太少，那回忆必定是晦涩的，若是部完整电影，那我们可以守着回忆温暖度日。

做父母的，天天盼着孩子长大，可孩子长大了，却不再需要我们的陪伴。

所以，趁着孩子还小，舍弃一次和朋友的聚会吧，婉拒一次陪领导的应酬吧，推开一次手中的工作吧，放下一次心中的包袱吧，少逼孩子学一些她不爱学的特长吧，携着爱的呼唤、爱的等待、爱的企盼，陪着孩子一起静静地成长吧。哪怕是在春天，牵着她的小手散散步，听她嘻嘻哈哈的笑声；哪怕是在夏天，搂着她的肩膀吃冰激凌，看她咯吱咯吱的馋样；哪怕是在秋天，坐在她的床头讲故事，任她依恋在你的怀抱；哪怕是在冬天，陪她抱着娃娃烤着火，嘟哝着她的"烦恼"……

要知道，这个陪伴成长美丽而烦琐的过程，不会赐予我们太长时间，而且只有一次，仅有一次，而唯有现在属于我们。过去将来都不会再有。

回过头来的思考

最近网上有一段比较流行的话：孩子6岁前，家是全部；7—15岁，家是晚上；15—18岁，家是周末；18—23岁，家是寒暑假；23岁以后，家就只有春节了。

有点心酸。但和我当初的想法是一致的。我们陪伴孩子的时间是有限的，甚至是短暂的。所以我们更应该在孩子最需要我们陪伴的阶段，尽最大的努力好好陪伴好好爱。不要等到孩子突然之间长大了，才去懊悔，时间都去哪儿啦？

2021年3月25日

"六一"刚过完，老师发话了，说我们是不是对孩子太好了。一个儿童节值得我们这么大张旗鼓，大肆铺张吗？有没有为自己的父母举行过如此隆重的庆祝活动呢？

这话说得大家都很惭愧。

确实，爱往下行的同时，不要忘了，常回家看看。

孝，你做到了。孩子自然做得到。

2022年6月8日

圣诞老人的童话

2010年12月25日

昨天是平安夜,骋骋早早问:"妈妈,我的圣诞袜是今天晚上挂吗?"我说是的。我问:"你想圣诞老人送什么样的礼物啊?""我想要冒险小虎队的书。"

骋骋今年8岁了,许多8岁的孩子早已不再相信,会有真正的圣诞老人,因为圣诞节是西方的神话。圣诞老人是一个善良的、驾着雪橇飞奔而来的、专给小朋友送礼物的神秘使者。可骋骋现在依然是进入12月就会非常期待圣诞老人的到来,期待圣诞老人带给她的惊喜。她的童心期待,她的真心盼望,来自她5岁时,真正见到圣诞老人的那一刻。

3年前,我们一起在家准备圣诞节,还买了一些松枝准备自己做一棵圣诞树,骋骋爸爸还特意买来了一套圣诞老人的衣服,我们对懵懂可爱的她说,圣诞老人等会儿可能会来送礼物。然后爸爸说出去买点东西。

当初和孩子玩这个游戏的时候,我只想要孩子能多一点时间拥有童心。

童心对于一个人而言,是拥有对世界的新奇,对世界的探索,对所有美好生活期盼的一种能力。

接下来，奇迹发生了。不一会儿我们听见了敲门声，骋骋打开门一看，是圣诞老人！我笑歪了，真像！圣诞老人手里拿着一把红包，装模作样地对她说："你是骋骋小朋友吗？我是圣诞老人，来送礼物给你。礼物都藏在这些红包里了，你自己去找吧。祝你快乐！"天，亏他想得出。

骋骋兴奋得一脸通红，羞涩地说："谢谢圣诞老人，谢谢你！"

每个红包里有个小纸条，比如，请翻开你的小枕头，看看下面有什么。看看你的床底下躲着什么。看看你的书包里还有什么。我们像捉迷藏一样，找来找去，找到了帽子、袜子、仙女棒、《皮皮鲁全集》等等。孩子笑傻了，她高兴地告诉回家的爸爸，圣诞老人真的来我们家了，真的，真的，还送了许多许多礼物呢！

也许是5岁的孩子不足有辨明真假的能力，从此以后，她坚信圣诞老人一定存在，坚信圣诞老人每年都会送礼物给她。

而保持一个孩子的童真是多么的重要，我们当然愿意为她扮演这个理想中的圣诞老人。

于是，每年平安夜她都会将两个大大的袜子挂在床头，然后早早地睡下，甜甜地期待着圣诞老人的到来。去年的圣诞节，忙得忘了去买礼物，但我怎么忍心看到孩子失望的眼神，于是等她睡下，我溜了出来，跑到门口商店，挑了一些她爱吃的好东西，可没有她心仪的礼物。于是，我想了个好办法，就是写信。我找了支彩笔，认真地写着，骋骋小朋友，我是圣诞老人，我是专门送快乐给小朋友的。因为刚刚步入学校的她总是在烦恼着自己没有朋友，每天没有什么开心的事。

于是，她真的相信圣诞老人来看过她，并给予她快乐的种子。她激动地说："肯定是圣诞老人写的，因为这支笔的颜色和我家里的一模一样。"呵，我天真可爱的宝贝。后来，虽然她有时还会伤心，仍会生气，但她知道，她也是快乐的天使。

可她毕竟一天天长大了，她也在不断质疑，真的有圣诞老人吗？圣诞老人是怎么进我家来送礼物的？晚上睡觉时，她赌气说，我一定要定好闹钟，半夜起来看看圣诞老人是怎么进来的。我连忙说，你要真调好，说不定圣诞老人会被你吓跑的。

于是，她郑重地挂上她的两个大大的圣诞袜，甜甜地睡下了。玩了一晚上，累了的她一下就进入了梦乡。这时，该是圣诞老人登场的时候了。我把白天买来藏好的礼物一一拿出来，有她说的小虎队的书，有她爱吃的巧克力，有可爱的粉袜，有精致的对熊……然后小心地溜进她的房间，取下袜子，再仔细地把这些礼物塞了进去。

然后我又找了一支笔，写下了这样一封信。

骋骋小朋友：

你好，我是圣诞老人，我又来给你送礼物了。去年送你的快乐收藏好了吗？要记得少些抱怨与生气哟（长大了，脾气也见长）。

今年看到你长高又长大了，很开心。知道你喜欢读小虎队的书，特意买来送给你（差点露馅了，骋骋说买的啊，我说不买，圣诞老人去偷吗？呵呵）。还有两只可爱的小熊，我想你下次有什么心事、心愿都可以告诉他们哟，他们会像你的爸爸妈妈一样爱你的。是你的好朋友，说不定哪天会有魔法呀（她在写一只小熊突然有一天有了魔法的故事）！

哎呀，我还要告诉你一件重大秘密，你不要轻易告诉别人哟。就是这些年，我发现了一个天才少年，居然就是你。

你自己对照一下看看是不是：

1. 看一本书只需要2—3天〔她抢白我说她看这本书只两个小时就over（结束）了〕；

2. 已经发表过五篇童话故事（她发表七篇了）；

3. 有自己的梦想与追求，并能坚持（她床头贴着我要上清华，还有一个想当童话作家的梦）；

4. 每次考试都在90分以上；

5. 早睡早起，大声朗读。

如果你都达到了，就证明这是真的（本来就是为她量身定做的啊）。我会一直等着你，看着你梦想成真的那一天，相信你不会让我失望的哟。

你的爸爸是个好爸爸，他很爱妈妈和你，如果他们曾有过什么错，你也应该学会原谅大人啊（她一直对爸爸有偏见）。

你的笔很漂亮。我累了，我得去休息了。明年再见。

圣诞老人

第二天早晨，睡得迷迷糊糊的我听到骋骋地大叫，妈妈，快过来。我知道她是看到礼物了。我故意装作什么也不知道的样子问，圣诞老人送礼物来了吗？妈妈，圣诞老人真的送了小虎队的书给我了，快来看啊。我跑过去，看到她摆满一床的礼物，分享着她的快乐。

而此时的她已经将其中的一本书看得差不多了。真是超级无敌读书小明星。

我在网上也看到了许多圣诞老人的故事，大多是良苦用心的父母心甘情愿地为孩子们扮演着这个可以实现愿望的圣诞老人。这个圣诞老人的礼物里，饱含的是浓浓的爱子之心。但正是因为这些真诚的爱心演绎出无数美丽的童话。愿我们的孩子在成长的过程中，伴随着这些童话，保持纯真的心、善良的心、梦想的心。

回过头来的思考

当初和孩子玩这个游戏的时候，我只想要孩子能多一点时间拥有童心。

童心对于一个人而言，是拥有对世界的新奇，对世界的探索，对所有美好生活期盼的一种能力。事实证明，孩子在"圣诞老人"的陪伴与鼓励下健康成长。孩子很多年后才意识到，这只是爸爸妈妈爱自己的一种表达方式。虽有遗憾，却很快乐。

时过多年，国家已经大力倡导中国人应该过自己的传统节日。于是，2020年在陪伴然然成长的过程中，我约了读书会的小伙伴把外国圣诞节变成了我们自己欢乐的国学玩乐节。圣诞老人有圣诞老人的故事，我们也有我们独特的庆祝方式。特别期盼中国能拥有自己特别的节日，能有特别的仪式感，能在一个特定的日子，穿上传统的汉服，古风长裙，珠花摇曳，成为街上一道流淌的风景。

我想我会为此努力。

2021年3月25日

如何面对困难

2010 年 12 月 25 日

今天是圣诞节,晚上办公室安排了会餐和 K 歌,可周六我们定好的要一起开沙龙。于是,吃了中饭,我把昊崽和乖崽叫下来,提前开始讨论。今天曦曦在我们家吃饭,所以和我们一起参加。

今天我们讨论的主题是"如何面对困难"。目的只有一个,让他们逐步树立坚定的信念,尤其是马上要参加高考的昊崽,不仅要有目标,而且要学会坚持。我先给他们讲了那个登山时半路遇暴雨,你会怎么办的故事。骋骋和昊崽选择继续上山,曦曦选择下山。上山也许会遇到更大的风暴,但下山却有可能遭遇泥石流失去生命。这也是告诉我们遇到困难时,与其逃避,不如勇往直前。

昊崽提了个问题,人其实不需要那么拼命地去做一件事。我不知道他所指的是什么样的事。如果不是不能

天空是那么的蔚蓝
星空是如何的浩瀚
因为曾经拼搏
道路才会如此的宽广
生命才会因拼搏而精彩

吃苦这个原因的话,我希望他是一个非常珍惜自己生命的人。台湾林靖娟老师舍身救孩子的事迹,感动了许多人,她是人们心中的英雄,可她却伤害了最亲最爱的亲人——她的母亲。她的母亲说:"你只想到了那些孩子,你为什么没有想到我?"

通过这些事例,我想告诉他们,没有什么比自己的存在更有价值。要好好珍惜自己的生命。

骋骋多次举手示意,于是,她也给我们讲了一个三兄弟出去寻宝的故事,每个人在路上都听到了可怕的叫声,前两个哥哥都害怕得忍不住想往回走,刚一回头就变成了一块巨石,而小弟弟则用棉花堵住了耳朵,勇往直前,心无旁骛,终于找到了宝贝。故事也是在告诉我们,遇到一些无法回避的困难,我们需要寻找解决的办法。

昊崽提出,生活中没有这样的事。我告诉他许多你以为你做不到的事,但努力尝试后,发现其实做到并不难。

我让他组织一个 50 人的团队,翻越 4.2 米的逃生墙,骋骋与曦曦就是这个团队成员之一。我让他们讨论并拿出可行方案,并派代表告诉我。

于是,好戏开始了。骋骋坚持自己的办法很好,昊崽当然会认为自己的方法更完善。我提醒他们,第一个人和最后一个人怎么上去?骋骋立马说,让倒数第二个人倒下来,抓住最后一个人,一起拉上去。她的思维反应让我感到吃惊。因为,我做这个项目的拓展训练时,没有想到这个细节。

然后曦曦对昊崽讲了一句,你的方法肯定不行,于是昊崽开始急躁起来,说她们不听他的。我笑着说,你比她们大这么多,你应该有办法让她们相信你。而让人信任你的办法,只有一个,你有足够的理由说服他。一个团队,必须要有团结协作的精神,需要集中大家的智慧,共同努力去完成同一个目标。之后他们的讨论顺利了许多。昊崽首先想到的是安全问题,这也可以证明,他是一个很有责任心的人。

我们讨论的主题就是如何面对困难。很可惜还没来得及分享,就要去开会了。昨天在办公室遇到了宁宁的爸爸,一个班级一个院子里的邻居,让我没想到的是他居然也是一位文学爱好者，而且为他的孩子宁宁写了许多可贵的成长日记。被他的日记所触动，我也想把骋骋成长中的点点滴滴用寥寥数语记录下来，为的是一份记忆，一份珍藏。

回到家里，桌上放着一首诗，诗的名字叫《生命因拼搏而精彩》。虽稚嫩，但仍然可以感受到昊崺要表达的内心的一种积极向上的情感。全文抄录如下。

生命因拼搏而精彩

流泪流血流汗
人生总有拼搏为伴
出鞘的利剑
怒斩迎面的波澜
不畏荆棘的迷茫
不惧人生的多坎
昂首向前展翅飞翔
就算遍体鳞伤
抬头仰望
天空是那么蔚蓝
星空是如何浩瀚
因为曾经拼搏
道路才会如此宽广
生命才会因拼搏而精彩

点评：着眼在于拼搏与精彩，描写生动（利剑），但缺乏节奏与韵律，整体能够很好地表达一种自强不息的精神，如能结合一些具体的表现，生活的实质，年轻人如何拼搏的细节来写，会更好！

今天就记到这吧。晚了，休息。好梦。

回过头来的思考

现在许多家长烦恼的事就是孩子不愿意写作文，或者说不知道怎么动笔。恨不得把笔吃了，可还是憋不出几个字。

我在骋骋一二年级的时候，就很注重她创作兴趣的培养。记得放暑假的时候，我问她想写什么，她说她想写童话故事，我说好呀。但孩子太小，写字很慢，我就带她坐在电脑旁，一边听她说一边帮她打出来（现在手机已经具备录音和转文字功能了），然后会发现孩子的想象力超乎我们的想象。但我们要注意的是在这个创作的过程中，不要去打断她，也不要去指责她不合理的地方，只需要因势利导，引导她把情节故事写清楚就好。那个暑假，骋骋小朋友写了个1000多字的童话故事《小橡皮历险记》，说的就是一个小橡皮从课桌上掉下来了，经历一系列故事。我觉得很有意思，帮她梳理了一下，投稿给《小学生阅读报》，没想到该报给她发了一个连载。

这下极大激发了孩子的写作兴趣，不但很开心地完成老师布置的一些续写、改写的作文，得到了老师的肯定与表扬。后面还写了许多小童话、小故事，也陆续发表了。我记得后来骋骋还写了有关班级的长篇童话故事，好像也写了几千字，可惜没有写完，也没有帮她去发表。

但孩子的写作兴趣与写作信心树立起来了，从小到大，骋骋的写作我是没有操过心的。最重要的是，她发表文章的5元稿费，到了过年的时候，我为她兑换了10个5角的纸币，包好红包，一个个送给了自己的爷爷奶奶、外公外婆和其他长辈们。大家的夸赞与感谢也是对孩子的一种极大的鼓励。

别人都说是继承了我的基因，其实不是。孩子在每一个阶段需要引导，需要鼓励，需要用不同的方式方法，不同的平台与环境。当然更需要每一个用心的爸爸妈妈。

当然，孩子会不会写，写得好不好，其关键是需要大量的阅读来支撑的。只有日积月累，才可能下笔有神。这种积累不仅来自书本，还来自生活，来自不同实践中的体验与感受。没有什么比写自己熟悉与经历的东西更为深刻和简单的了。所以,我宁愿花更多时间去陪孩子阅读,也不愿意把时间花在送孩子上各种培训班的路上。

写作,其实就是真实地写出自己内心的声音与想法,也是一种传递情绪,抒发感情的方式。

我笔写我心。

换到现在,我应该不会再为她选择画画,而是陪伴她去图书馆阅读。

2021 年 3 月 25 日

15.

这样处理不算很好，但至少让她知道，犯了错误会受到一些惩罚，但同时爸爸妈妈给她的永远是温暖的守候。

晚归

2011年1月5日

今天我在外面有事，5点多了发现骈骈没打电话给我，很奇怪，打电话问才知道是曦曦过来了。我留曦曦在我们家吃饭，她说她妈妈已经炖好汤了，要回去喝，我说好。

等到我晚上6点40回家时，才发现她们俩都不在家，打电话问，才知道曦曦妈妈带她们去吃牛排了。我问骈骈，今天不是过节不是周末，为什么又去吃牛排？为什么出门前不告诉妈妈？作业做完了吗？骈骈声音明显低了许多，说："以为曦曦妈妈和我说好了。"我说8点前回家可以吗？下不为例。她答应了。

晚上8点过10分，我没有见到骈骈的身影，打电话问，回答不知道时间。曦曦妈妈说已经吃完在做作业。平时，如果孩子不完成作业，我是不会带她出去玩的。因为，这是一个原则，所以，孩子知道回家就得做作业，要不然没得玩。还有先生定了个规矩是晚上 8 点半要睡觉。开始骋骋很不乐意，但其实她上床一会儿就睡着了，因为上了一天课，中午没有休息，确实是很辛苦。但是她早晨比我们起得都早，而且绝对是在看书。且不管她看什么书，但就她这种习惯，于她而言，是有益的。

晚上 8 点 35 分，9 点，我分别又打了电话，终于把她催回来了。她知道我们生气了，非常害怕，回家时硬拉着曦曦妈妈送她上楼。先生站在楼上喊，跑步上楼。她听了更加害怕。我一边提醒先生不要骂她，一边轻声叫她的名字，她听到我的声音，明显回答声大了许多。我下去接她上来，对她说："你不是和妈妈说曾子杀猪的故事吗？为什么你不守时守信呢？"我看到了她眼中的恐慌，于是我伸过手搂着她一起走，感觉她在发抖。

先生狠狠批评了她几句，让她赶紧上床睡觉。她如获大赦，跑了。我告诉她批评她的理由，一是外出没有经过妈妈允许；二是答应的时间没有按时回来；三是作业没有完成出去玩。同时，我对她说，不管你犯了什么错，爸爸妈妈不会打你，但会告诉你、批评你，因为，爸爸妈妈爱你。孩子哗哗的泪水终于停住了，说了句，知道了，妈妈。我提前放了热水袋在被子里，孩子告诉我，好暖和呀。

这样处理不算很好，但至少让她知道，犯了错误会受到一些惩罚，但同时爸爸妈妈给她的永远是温暖的守候。

又急又累，没多久，她沉沉地睡着了。

回过头来思考

孩子晚归，焦虑是难免的。我也感觉到了自己的严厉。可如果在这个时候，再去打骂孩子，也许真的会吓坏孩子。当然，原则性的东西我们也是不能退让的。比如，晚归。因为，我们有义务保护好他们。

这篇小文里我还提到了三个原则：一是早睡早起，二是回家做作业，三是睡前阅读。这几条原则，如果能坚持很好，在小学阶段，家长和孩子都是受益的。因为早睡必然会早起，而早起一则可以精神好，二则有更多的时间来做其他的事。而回家做作业则是我们完成基础学业的一个根本，也是我们跟上班级进度的一个保障，更重要的是，妈妈们不用揪心地守着孩子作业。同样，完成了作业后才会有更多的时间来阅读或玩耍。睡前的阅读，可以是孩子读，可以是家长读，也可以是共读，只要坚持阅读，培养出孩子良好的阅读兴趣，我想孩子的成绩根本不是我们担心的问题。

我把2011年11月18日在骋骋家长会上有关培养孩子学习兴趣及良好习惯的分享附在这里，供大家一起参考。

陪孩子一起成长

一是尽早为孩子立规矩。孩子6—12岁是立规矩的关键期，从幼儿园开始成为小学生，所以一二年级是养成良好学习习惯的重要时期。比如放学回家后先把作业完成才能做其他事；比如一周的电脑时间控制在1—2小时之内；比如平常表现积分可以兑换一些奖励等，让孩子养成自觉学习的好习惯。孩子在做作业的时候，父母一般不要干涉，更不要陪伴，否则没有你的陪伴就将成为他拖延作业的理由。现在骋骋每天的作业基本不用我操心，每次都是比较积极主动完成，让平时晚归的我很省心。

二是尽心维护孩子的梦想。每个孩子都有自己的梦想，而且每个时期的梦想不一样。一会儿想当老师，一会儿想当蛋糕师，一会儿又想当作家。每次骋骋改变她的梦想时，我都会说：好！然后会接着问，如果你想当语文老师是不是要比别人懂得多？如果你想当作家是不是作文要写得更好？如果你想当蛋糕师是不是也要学好知识？有了理想和目标，当然要靠自己的行动去实现，这也就为他的学习找到了说服自己的理由，而不是为了父母和别人而读书。同时，爸爸妈妈一定要能够看到孩子的进步，能够及时倾听他的心声，孩子得了个五星、画了张画，都是孩子的成果，此时我们一定要及时恰当地给予肯定和鼓励，孩子的兴趣肯定能被激发出来。都说好孩子是夸出来的，值得我们家长试试。

三是尽量给孩子做榜样。孩子爱上阅读是他一生的财富。我们在尽可能的情况要言传身教，自己多亲近书，多读书，孩子在成长的同时，家长也需要成长。周末、节假日多带孩子逛书店，现在市图书馆、规划展览馆、新华书店都有免费借阅的服务，氛围非常好，也非常便捷，家长们可以慢慢引导，等孩子真正爱上阅读后，不用你说，不用你带，不用你教，他会一直阅读下去。大量的阅读会让我们的孩子变得非常聪慧，基础打得更坚实。骋骋经常告诉我一些百科全书里的知识，我会向她表示敬佩。我最近在图书馆借了一本《恰同学少年》，讲的是毛泽东在一师求学的故事，我在看的时候引起了骋骋的兴趣，我们母女俩抢着要看，厚厚的一大本书，我不敢相信她居然看完了。我相信"为中华之崛起而读书"的理念让她有了一些认知。

四是尽早放开孩子的手。现在独生子女都是父母的心头肉、掌中宝，不愿让他们受半点委屈。但心理学家指出，所有爱的目的是让大家聚拢，唯有父母对孩子的爱是分离。父母让孩子越早独立越早离开我们，这才是真正的成功的教育。即使我们不愿意这样，但我们必须这样。骋骋在二年级的时候就已经自己单独回家，而且现在会帮妈妈煮饭、煮面条，还会简单炒两个小菜。其实不是她有多聪明，是我们做父母的有让她去尝试的勇气。而不是在孩子刚有点做事的兴趣时，一句"去去去，只要你把学习搞好"把他的兴趣扼杀在摇篮里。叮嘱他保护自己的同时，找些机会放开孩子的手，因为总有一天他要离开我们，而我们现在所做的一切就是培养他离开我们之后独立生存的能力！

最后我想说，分数不是最重要的，但爱上阅读是必须的，让他养成良好的学习习惯和独立能力只会让我们做家长的更轻松，更好地打理自己的工作与生活。

祝愿所有的家长都能带着一颗坦然的心陪孩子一起成长，都能成为孩子的知心好友，都能爱孩子如他所是，而非如我们所想。

2021 年 3 月 25 日

义卖玫瑰

2011年2月15日

2月14日情人节，义工联组织了义卖玫瑰、爱心奉献的活动，我觉得这是一件很有意义的事，于是去领了10枝玫瑰回来，准备带着骋骋几个孩子一起去卖。我和他们一说，都非常高兴，吃晚饭时每个小朋友还演练了一番。我把我们办公室美女收到的玫瑰及兔子娃娃全部索了过来，准备好好义卖一把。

我们选择的地方是神农广场，到了那儿，才知道，事情没有我们想得那么简单。幸好有几个小朋友一起。骋骋和她的同学圣棋、若昕，还有小姐姐曦曦一起下了车，捧着花兴冲冲地走向广场。我们几个大人远远地跟着，看见她们站在了一块，开始有点不知所措。四个人瞎走一通后，开始分成两个人一组，分头行动。可是骋骋一直没敢主动向人售花。

我想我应该去指导一下他们，于

世界不是没有爱，而是缺乏发现爱的眼睛。这些活动很好地让孩子懂得了感恩、珍惜以及爱的力量。

是我把他们重新召集在一起。这时，许多人开始关注这几个头戴小红帽的孩子，后来我想想，这是个非常好的机会。一位50岁左右的伯伯还主动上前买了一朵花，是若昕卖出去的。骋骋这时开始主动说话了。如果我帮他们好好煽动一下，应该会引来一些买主。我当时想着让她自己去尝试，可没有想如果她没有品尝到第一次的成功，她的信心会否受到一定的伤害。

这时，音乐喷泉开始了，几个小朋友都跑到那边看喷泉，我把他们拉了回来。结果圣棋表现不错，开始独自把花卖出去了，骋骋吞吞吐吐鼓起勇气去卖花，结果第一朵花成交价为2元。晕。后来知道是那个人没有零钱，而骋骋也没有去解释义卖玫瑰可以给更多的人奉献我们的爱心。同事的一大捧花，她一口价，20元，把它卖掉了。正在一手交钱一手交货。我急了，冲过去说，这可是要卖20元一枝的啊。现在想想，真是不应该这么冲动。我应该更加温和地向买花的人作出解释，花卖20元没问题，是否再愿意为义卖捐助一些钱。如此，孩子也可以实现她的成就感，很遗憾我并没有这样做。

就这样，骋骋一连地挫败，她开始责怪起我们老是跟着她，老是打扰她。她气嘟嘟的样子让我又急又气，看着她怯怯地不敢去问，不敢去说的样子，恨不能去给她帮忙，而她也在盲目地寻找着她的目标。我发现如果别人没有看着她，她就不会去找人说。但幸运的是她转了一圈回来，终于把花卖出去了，我也舒了一口气。

后来，几个小朋友胆子越来越大，一人拉着一把，把所有的花都拆开来去卖。最后快9点了，还剩下几枝花没有卖出去，我们让孩子们把这些花送给那些情侣或有爱心的人，祝他们节日快乐。虽然送出去的花有些人不接受或者不相信，但我始终坚信，这个社会，这个国家，好人总归是多的。

活动结束了，上了车，每个人开始数钱，都很开心。因为我答应了把同事的花卖掉再以她的名义捐出，所以让孩子们每个人捐了20元钱。

回家后我让他们三个人进行了分享，让他们说说通过这次活动感受到了什么，有的说活动有价值，有的说要学会讨价还价，有的还说自己很开心快乐，还知道了做什么事都不容易。

  我自己总结：一是应该引导帮助孩子们售出第一枝花，树立他们的自信心；二是不应该心急气躁，责怪孩子，孩子已经非常了不起；三是没有告诉他们可以团队协作；四是世界不是没有爱，而是缺乏发现爱的眼睛。

  总之，活动很好，很有意义。孩子和家长们都有很大的收获。我为他们的执着和爱心而感动着。

回过头来的思考

  记得在骋骋小时候我会时常带她去参加一些社会实践活动。如去敬老院包饺子，看望寄养孤儿，为贫困孩子捐书等，这些活动很好地让孩子懂得了感恩、珍惜及爱的力量。

  那时，也是有一个专门做义工的团体，一起策划，一起组织，一起成长。

  我省却孩子上培训班的时间去参加这些更有意义的活动，孩子阅读多了，感受体悟多了，内心想法多了，写起东西来也就是水到渠成的事了。

  所谓的写作，也不过是真实的表达。如此而已。

  到了初高中后孩子顺利而大方地组织着各种实践、义卖、义捐等活动，成绩斐然，也许这就是早期锻炼的结果吧。

2021 年 3 月 30 日

鸡蛋面

17.

2011 年 7 月 11 日

　　一个周末的早晨,我正睡得懒洋洋的,一点也没有起来的意思。可骋骋却保持着旺盛的精力,每天准时 6 点多就起床了,此时的她早已在书桌旁忙活好一阵了。只见她跑到我的床上,大叫着:"懒妈妈,懒妈妈,还不起来给我做早饭。"

　　我迷迷糊糊地答应着:"你想吃什么啊?妈妈煮饺子给你吃好吗?"我满以为她会很高兴,可是她却说:"不,我想吃面条。"天,我实在是爬不起来,就说,那你自己去煮好吗?她高兴地叫了起来,好啊,好啊。

　　于是,我告诉了她煮面条的程序,水烧开,放两次水;用调料把碗配好,妈妈就上来做蛋汤。可她却固执地说,我来弄。

　　我说好。简单地告诉她,洗锅、放油、放盐、放水再打鸡蛋,水开了就差不多了。我想,她不会弄时肯定会叫我的。果然,不一会儿,她就叫:"妈妈,

世界上只有一种爱,就是对孩子的爱,是为了分离。尽早让孩子独立自主,开始他们新的生活,我们对孩子的爱永远要为了这一目的而努力。

配碗要放些什么呀？"我闭着眼睛说，放盐、麻油、味精、酱油、葱。

我一直等着她叫我帮她弄蛋汤。可是等了半天也没有动静。我竟迷糊着又睡着了。不知道过了多久，听到骋骋在叫，妈妈，快上来吃早饭了。

我一边答应着，一边赶紧起来，上了楼，看到餐桌上摆着两碗鸡蛋面。清清爽爽，面条煮得恰到好处，鸡蛋还是鸡蛋花，还真放了点葱。我目瞪口呆。我回头看了看灶边，只见一把凳子放在灶边，原来她还是怕油星炸，所以倒水的时候站在凳上弄的。鸡蛋打在碗里，搅拌后，倒进锅里的，我心里佩服不已。

我迫不及待地尝了尝骋骋第一次做的鸡蛋面，天，味道居然很不错。关键是盐味很好，淡淡的味道不错，我三口两下就把面条吃光了，一边吃一边称赞，超好，超厉害，超棒！！

我一直认为，孩子的创造力是非常强的。但她的独立性与操作性这么强，我还是没有料到。看来，是家长过度地关注孩子、害怕孩子受到某些我们认为的伤害，会不由自主地压制孩子的创造力，所以才会出现，夏令营的孩子不会剥鸡蛋的情况。

许多时候孩子是行的，可爸爸妈妈、爷爷奶奶硬说不行，这个你不能做，那个你不能碰，所以，孩子也越来越不敢，越来越依赖家长。北京家庭教育家卢正华教授向家长提的那个问题非常好，孩子不愿意单独做作业、不愿意单独睡觉、不敢单独出门等问题，问问家长自己，你是怎么把孩子培养成这样的？

相信孩子自己一定会成长！这句话给我触动很大。因为，事实验证着这句话。周末有一天，她回家时问我："妈妈，我想明天坐公共汽车去同学家玩，可以吗？我们班同学好多都坐公共汽车去上学，好好玩呢。"我说："好啊，明天就给你去办张公交卡。"

于是，第二天，我送她到公共汽车站，告诉她在哪下，回家在哪上车之后，她就自己去了。第一次去的时候，不担心是不可能的，她快回来的时候，我偷偷跑到她要乘车的车站，准备看着她上车后再跟着。可等许久也不见她人，我想算了，让她自己回吧。于是，我就回家了。

可我回家后，等来等去，等到 11 点却还不见人，急了。骋爸开着车到处去找，没有找到，快 12 点钟的时候，骋骋终于到家了。原来，她回来时下错了车站，后面两站是走路回来的。吊着的心终于放了下来。当然孩子独自出行时，我们应该把一些可以预料到的事情提前告诉她，让她遇到难题时可以想办法去解决。比如放点零钱可以打电话。遇到意外事情的处理方法，在日常的生活里就可以慢慢地告诉她。

相信孩子一定会成长。不管你管与不管，不管你焦虑也好、坦然也罢，他都在以自己的方式在长大。父母要做的就是陪伴。世界上只有一种爱，就是对孩子的爱，是为了分离。尽早让孩子独立自主，开始他们新的生活，我们对孩子的爱永远要为了这一目的而努力。

回过头来的思考

努力培养孩子早一天独立自主，早一点放开牵着孩子的手。只要是孩子想做的事情，在保证孩子安全的前提下，放手让孩子去做。因为，这才是真正地促使孩子成长的正确的爱。

2021 年 3 月 30 日

2022 年 1 月 1 日《中华人民共和国家庭教育促进法》正式实施，将"生活技能"列为家庭教育的核心内容之一。5 月，教育部正式印发《义务教育课程方案和课程标准（2022 年版）》，将劳动课从原来的综合实践活动课程中完全独立出来，并发布《义务教育劳动课程标准(2022 年版)》。从 2022 年秋季开学起，劳动课将正式成为中小学的一门独立课程。其中关于让中小学生学会做饭等劳动课程的内容引发社会强烈关注，也迅速成为网络热点话题。

烹饪，这其实是我们生存的最基本生活技能，却又是家长忽视已久的家庭教育内容。

幸运的是，耕读园的孩子在老师的指引下，正逐步提高的责任意识，就是从承担家务开始。现在每天，然小妹承担了家中晚餐的洗碗，还有叠被子，收拾衣物和清洗自己的小件等。

我把专家整理出来的各阶段孩子可以承担的各种家务表附在后面，供各位家长参考。

误打误撞地把事情做对了。这和原生家庭父母对我的放养有关，父母没有那么多时间关注在我的身上，他们要忙生存的问题，而我们则自然而然需要帮助家里去分担一些。

看，"帮助"一词，用得不对。我们都是家庭成员，有责任有义务承担几项家务。如此而已。

2022年6月9日

上幼儿园前（3—4岁）

上幼儿园前是家长引入负责概念的好时机。爸爸妈妈可以像做游戏般引导孩子做简单的家务，多鼓励赞美孩子。

- 丢垃圾
- 收拾玩具
- 开始锻炼独立刷牙
- 学习叠衣服铺床
- 学习摆桌子
- 学习擦灰
- 选择要穿的衣服

幼儿园（4—7岁）

入幼儿园时孩子就可以做更多具体的任务了。爸妈做家务的过程中可以邀请孩子加入。这也是亲子互动的过程，

- 准备第二天要穿的衣服
- 饭前摆好碗筷
- 饭后收拾餐桌
- 按颜色把要洗的衣服分类
- 给自己穿衣服
- 在帮助下洗小手帕、小内裤等
- 收拾小书包
- 将用完的毛巾牙刷放整齐
- 擦桌子
- 学习清洗瓜果蔬菜

一年级（6—8岁）

孩子一年级的时候，爸爸妈妈应当放手让孩子独立做更多事情。

- 把要洗和要穿的衣服整理好
- 整理书包
- 自己整理穿戴
- 独自准备好上学
- 丢垃圾并学习垃圾分类
- 每周打扫一次房间
- 饭后收拾碗筷，并放入水槽
- 会摆桌子和椅子
- 在指导下把衣服放到衣柜里

二年级（7—9岁）

孩子二年级时，就可以在之前的家务基础上教孩子使用一些电器，当然最重要的还是要提醒孩子安全使用。

- 上学前整理好书包和穿戴
- 学习使用电饭煲煮饭
- 学习洗碗
- 会用吸尘器吸尘
- 会使用微波炉
- 收拾自己的房间
- 在妈妈帮助下做简单的早饭

三年级（8—10岁）

孩子三年级的时候，爸爸妈妈可以让孩子多参与家庭计划的制订，鼓励孩子提出自己的意见。

- 准备菜单
- 写采购清单
- 和爸妈一起做出行计划
- 会煮饭和做简单的菜
- 把衣服分类放进洗衣机清洗
- 叠衣服
- 把衣服放到衣柜里
- 保持自己的卧室整洁
- 帮助爸爸妈妈进行大扫除

Barbara 老师

2011 年 8 月 19 日

暑假过了大半，前段时间上了一个中美文化交流班，美国的小学老师把美国的课堂搬到了中国，作为一种文化的交流。本来说不去，后来觉得应该给她更多的体验，她自己也想要参加。结果，一发不可收。

每天回来，她会告诉我们，她的老师带着他们做了什么游戏啦，做了什么手工作品啦，唱了什么英文歌啦，游历了美国的什么州啦……那是一种对学习、对知识、对未来充满好奇的兴奋劲，这种感觉非常好。其实她告诉我，他们和 Barbara 老师基本没有语言上的交流，因为她听不懂，也不会说。但在第一次家长见面会上，我就明白他们在用情感交流，而在用情感交流的时候，你即使听不懂，也能明白她想要告诉你什么，然后你就会愿意追随着她一起走入，一起参与，一起经历。这点非常重要。

爱是没有国界的。语言不通，但情感的交流是相通的。

孩子的心真真切切是透明的，你给予了她什么，她就呈现出什么。

她得到了爱，她表达出来的就是无比的眷恋。

短短的 15 天，临近结束的时候，骋骋开始念叨着，Barbara 老师他们就要走了。我问："你是不是舍不得啊。"她说，是的。我安慰她说，也许他们明年还会来的。但骋骋睁大眼睛问我，那不是还要等一年？我一时无言以答。

骋骋培训班结束的那天，举行了毕业典礼。我下县了，车开得飞快，赶到的时候还是晚了点，颁发证书的场景错过了。骋骋告诉我："妈妈，我昨天晚上洗澡的时候哭了。"我心一疼，问为什么。她说："这两天别的孩子的妈妈都来陪她们，而我的妈妈没有。"我说奶奶不来了吗？她说不一样。我说妈妈工作也很要紧，请她原谅。看到我一头的汗，天真的她笑了。

跟着她回到教室，班主任老师很遗憾地告诉我，要是你上午来了，就能看到我们的教室被孩子们的作品环绕、包围的壮观了。现在课程结束了，孩子们把自己的作品都取下来了，准备带回家。Barbara 老师为每个孩子都准备了精致的小礼物，而骋骋也在头天晚上用彩纸精心做了一张卡片给老师。Barbara 老师很胖，但她的笑却很温暖。她用手势告诉我们，每个家庭都和她留张合影，她要把这美好的记忆也带到她的家乡。她和孩子在拥抱的时候，嘴里不停地小声念着："I love you, I miss you forever（我爱你，我会永远想你的）。"

突然，骋骋轻轻地对我说，Barbara 老师哭了。是的，那是一种真情的流露，是为孩子们的可爱洒下的。我看到骋骋一堆的作品中，有快乐天使的自画像，有自由女神的扮相，有手工做的平安符，有各种剪纸，还有卡片，我想象着这位异国老师带领着这群孩子在书中探险美国时，是怎样的情形。我后来看了一些视频资料，孩子在 Barbara 老师的课堂里，是开心的，自由的，快乐的。

她给了孩子们莫大的信心和勇气。她在骋骋的本子上写了一句话，大意是，你是一个很棒的孩子，老师很爱你！

活动结束了，我到楼下去搜寻一些照片，骋骋则和一个小朋友跑来跑去。我带她回家时，她深沉地对我说了一句："妈妈，我开始想 Barbara 老师了。我和宁宁在楼上看着 Barbara 老师离去的背影，我们伤心极了。我们俩一直在那望着，直到她们的背影渐渐变成小黑点，再也看不见。"

听着骋骋伤心的话，我也受到了感染。我知道孩子开始品尝到离别的滋味了。我安慰她说："你真像个诗人，说出来的话都像诗，回家写篇作文好好想念一下 Barbara 老师吧。"

连着几天，孩子都在念着这个 Barbara 老师。我在想是什么魔力让孩子们在短短的十几天里爱上了她。孩子的心真真切切是透明的，你给予了她什么，她就呈现出什么。她得到了爱，她表达出来的就是无比的眷恋。

感谢 Barbara 老师；

感谢 B3 班班主任宋老师及助教老师；

感谢此次活动的组织者；

感谢所有关心爱护骋骋的老师及朋友……

回过头来的思考

爱是没有国界的。语言不通，但情感的交流是相通的。

学习语言最好的就是环境，所以孩子从出生什么都不懂到 1 岁多不会说话但什么都能听懂，这就是语言环境带来的魔力。中国人学英语缺少的就是这种语言环境，而这短短的 15 天则给孩子们营造了或者是模拟了一个英语的学习与体验的环境。在这里，孩子们真实地感受到了学习英语的快乐与纯粹。

学习英语什么时候好呢？许多家长孩子在 3 岁不到就开始焦虑了，就开始为孩子报班。因为，不学就晚了呀。

诚然，孩子越小接触语言越容易，可也越容易混淆。心理学家不建议孩子 6 岁之前学习英语，因为，孩子在完全掌握母语后再去学习另一门语言是最好的。

近几年中文的地位也随着中国的强大而日益提高，学了十几年的英语也只不过是为了应付考试，其中花费的人力、物力与财力太不划算了。关键现实生活中的运用也是极少的，除了专业需要外。

在二娃的亲子教育当中，我只选择了读书、运动与责任的培养。母语都没有学好，中国几千年优秀传统文化的精髓都没能好好学习、诵读、传承，那岂不是暴殄天物吗？

国之大者，其优秀传统文化学习更为重要。

2021 年 3 月 30 日

19.

学习是很苦的事,能够让他们在今后的旅程里回想起这快乐的片段,能点燃丝丝亮光,这又是多么幸运。

好妈妈胜过好老师

2012年2月10日

骋骋开学了,她在日记中写道,马上就要开学了,既高兴又伤心。高兴的是,又可以发新书了,伤心的是每天又要做作业了。简单的一句话透露着孩子内心最真实的想法,那就是轻松快乐地学习。

我总是在想有没有这样一种办法,可以让孩子在学习中找到快乐。如果没有考试,如果没有分数,如果没有标准,那不论是老师、孩子还是家长都会是快乐的。当然,目前在中国,这只能是个如果。

我曾教了两个大学班的身心健康课程,经常会思索这个问题。当然这门课程不是主课,不是闭卷考,没有硬性指标,于是这门课于学生而言本身就是轻松。不过快乐还是需要营造的。每次我都会精心准备一些游戏,一些让同学们勇于参与、勇于表达的游戏,只有在一次次的破冰、一次次的交流中，人与人之间，才会更加融洽与亲密。在我的眼里，他们都是那么青春可爱，都是过去曾经的自己。可每周一次课，我都是来去匆匆，只和课代表联络多点。于是，第一个班结束，只有课代表和一个漂亮女生记住了我，但他们的活跃和开朗、创意和乐观感染着我，感动着我。第二班结束后，多了两个学生喜欢上了我，我很是得意。被人需要、被人信任的感觉是非常有成就感的。我总共给他们上了14次课，每次一个半小时，到结束，我记不全他们的名字。可让我惊讶与欣喜的是，那几个记住了我的学生，在每个节假日都会发上温馨的祝福与问候。偶尔说说自己的收获与困惑，这才是真正感动我的。

一个人的生命里会遇见多少人，会有多少人让你牵挂与记忆，想来是不会太多的。他们记住我，无非是认为我曾带给他们点点启发及快乐。学习是很苦的事，能够让他们在今后的旅程里回想起这快乐的片段，能点燃丝丝亮光，这又是多么幸运。

我说来说去说这么多，无非是想表达一个意思，孩子的感情是真实的，真正能让他们在枯燥的学习当中还能喜欢你，在严格的教学当中还能开心快乐，这样的老师才是真正的好老师。可现在的情况是，家长把高期望转嫁给学校，学校把升学率转嫁给老师，老师自然只能把分数转嫁给孩子了，孩子呢，孩子却用厌学逃学来糊弄爸妈，弄来弄去，自己害自己。

说白了，关键还在于家长。

不是有本书《好妈妈胜过好老师》，其实也就是说不要去苛刻要求老师了，毕竟是一对几十，而作为家长则是一对一，二对一，四对一，六对一，有足够的时间和精力让孩子既掌握知识又能快乐学习。而要做到这个不难，只有一条，把分数看淡，就成了。

想想怎么不是，如果不是为了分数，孩子不用拼命做作业刷题，家长不要那么辛苦陪读，不要那么辛苦念叨……

多好。

真想就这样。虽然现实那么残酷。可我对自己说，起码不要让孩子成为我们大人去炫耀的资本、去比较的对象、去实现自己梦想的一个替身吧!

有首儿歌唱得真好,爱我你就夸夸我,爱我你就抱抱我,爱我你就亲亲我,爱我你就陪陪我……

骋骋,就让妈妈这样简单地爱着你,陪着你长大吧!

回过头来的思考

好妈妈胜过好老师。这句话是真理。一个家庭一个优秀的妈妈可以影响几代人。最近在跟老师学习时,老师对妈妈们提出了更高的要求,让读书成为家族的基因。

人们都常说,基因强大。所以渗透到骨子里的书香,如果能在我们这辈浸润下去,从读书宝宝开始传承下去,再渐渐至书香家庭,再弘扬至书香世家,幸甚至哉。

2022 年 4 月 28 日

爱哭爱笑的骋骋

20.

2012 年 3 月 1 日

"妈妈,你怎么又不回来吃饭?"会还没开完,我就接到骋骋质问的电话。心一沉,不知道如何解释。"妈妈要加班,请骋骋理解一下。"话还没说完,只听到那头一阵抽泣,那一刻我既心疼又无奈。

单位经常加班不算,偶有应酬也是无法,加上自己兴趣爱好广泛,打球读书什么的都占去了一部分时间,留给孩子的时间确实不多,每次下班回来,顶多是陪她吃完饭,睡前陪她说说话。晚了,我还会催她,不让她多说。今天她说她特别想和我说话,说明天竞选班干部就出结果了,一定能当选宣传委员和生活委员。我说:"你能当两个吗?"她说:"能。"又问单元测试里"只要做一个诚实的人,就能怎么样"句子中的"只"是不是连词,我说是,她一下就哭了,说:"一单元学完好不容易有次测试,我一直想要

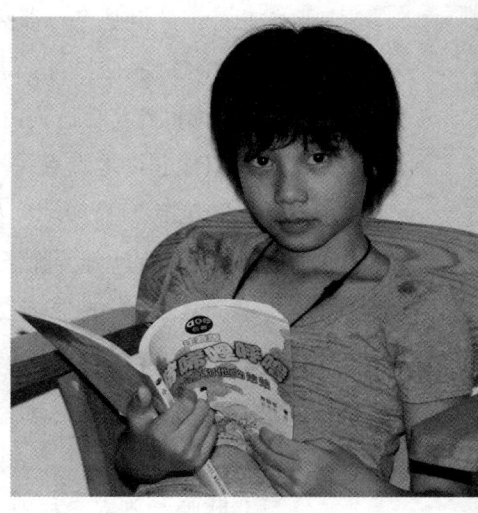

但所谓的用心陪伴从这篇日记中可以看出,所陪伴孩子的时间寥寥无几,虽然有工作原因,但更多的是自身原因。不管怎么样,孩子是优秀的,我们唯有感恩,庆幸。

考个高分，可这道题我做错了，最少要扣三分，作文扣两三分，其他再扣几分，也许我就上不了 90 分了。"我想笑又不敢笑，我说："没关系啊，你认真思考过了，如果再错，你下次肯定会记得牢牢的。"然后我又问："作文写的是什么啊？"她说："标题是：××我想对你说。"我一怔，马上明白了。"你写的谁啊？""张开妍。"然后她又开心地一笑说："张开妍说她写的也是我。"看见她终于笑了，我也笑了。我告诉她，人生不如意十之八九，我们要常想一二。就是多想那两件开心的事。比如你今天终于等到你想买的花边饺子，比如你征文小作得了 95 分，比如你的寒假读书记录卡被评为特等奖，比如你推荐了自己为白鹤读书人……

她似懂非懂地点点头。问床上为什么有两个热水袋，我说怕她冷，她用力抱着我说，妈妈万岁，妈妈真好，妈妈是世界上最好的好人。我拧了拧她的小脸蛋，提醒她要睡了。太晚，我没有让她再给圣诞老人写信。

骋骋从 2011 年 12 月 25 日起一直坚持给圣诞老人写信，基本没有间断过，哪怕是过年的时候，她都要向圣诞爷爷表示祝福与问候，一个日记本已经快写完了，我非常感动，并为之骄傲。抽空间我要好好整理她与圣诞爷爷的故事。

我昨晚加班弄个材料，太晚睡，早上实在起不来，他们爷俩起来做早饭，房门一响，骋骋端个盘子站在我床边对我说，妈妈，吃饭了。我一睁眼，她用勺子盛了一个饺子喂给我吃。我忙张嘴吃了。那个幸福哟，瞬间袭击了我。感谢自己所有的付出，所有的辛苦都是有意义的。

孩子长大了。

虽然你很爱哭，很爱笑，但这正是生活的丰富与精彩！不管艰难与困苦，妈妈会一直陪着你向前走！

回过头来的思考

都说娃娃的脸说变就变，前一秒还在哭，后一秒眼泪还没干也许就笑了。这是天性，也是自然。所以，家长们无须过多地焦虑。

  但所谓的用心陪伴从这篇日记中可以看出，我陪伴孩子的时间寥寥无几，虽然有工作原因，但更多的是自身原因。不管怎么样，孩子是优秀的，我们唯有感恩，庆幸。

  吃到嘴里的是饺子，甜在心里的是幸福。

2022 年 7 月 25 日

21.

一如情窦初开的早恋。本也是青春期的正常情感萌动，但却被大人视为洪水猛兽、如临大敌。试问，如果孩子在青春期没有对异性的好奇和向往，是不是件值得庆幸的事呢？

小黄豆长大了

2012 年 6 月 6 日

我有段时间没和骋骋一块洗澡了。前几天，当我进浴室看到她时，突然发现，她的小黄豆长大了。总以为女孩儿家家的事交流起来会不好意思，可没想到骋骋说，这又没事。我忙说，那当然没事，长大了，才证明是正常的。

许多妈妈都遇到过类似尴尬的问题，我是怎么生下来的？

幸好，她们的一本科学书上用图画的形式，告诉她们，一个人是怎么样来了。其实说这个越早说越好，因为，说的时候她不懂就不会羞怯。我问她："你知道人是怎么来的吗？"她说："知道啊，就是爸爸的精子和妈妈的卵子结合，然后就在妈妈的子宫里长大的呀。"她说得气定神闲的，我听得心惊肉跳的。还好，她没接着问下去。

每次我来月事时，她会指着卫生巾问："妈妈，你要用纸尿裤吗？"

我忍住笑含糊地说："嗯。"她接着

问,为什么要用啊?

我定下神,下决心早点告诉她是怎么回事。

我说,这是因为女人的子宫,就是以后怀宝宝她要住的地方,每个月都要脱落一些表皮,然后这些表皮就会从身体里排出来。

"那你下次让我看看好不?"

我说:"好。"

"噢,好恶心呀。"

"这有什么好恶心的。每个女孩子都会有的哦。"

天,终于把这难堪的一课上完了。

现在,骋骋马上就10岁了,不算是早熟,算是幸运了。为了让她提前了解和认知自己的成长,我特意从社区里拿了本《青春期》的书送给她。我说:"你马上就要到青春期了,快点看看吧。"

骋骋看得很认真,看了后还若有所思。

我问:"明白了吧。"

"明白了。女孩子青春期的表现就是来月经,男子会长喉结,还会遗精。"

呵呵,我笑了。没想到我想来这么尴尬的事,在孩子眼里其实是件很平常,也很简单的事。按理本来就是如此,是我们大人把简单的事情想复杂了。

一如情窦初开的早恋。本也是青春期的正常情感萌动,但却被大人视为洪水猛兽、如临大敌。试问,如果孩子在青春期没有对异性的好奇和向往,是不是件值得庆幸的事呢?

还是应了那句话,淡定,淡定。

人最重要的是掌控,当我们不知道什么情况会发生时,会茫然会恐惧会害怕,当我们知道是怎么回事时,相信会提前做好许多心理准备。

所以,我相信我的骋骋已经做好了充分的准备,迎接她的青春期了。

只是,我们做爸爸妈妈的做好心理准备了吗?准备好了接受一个乖孩子可能会变成喜怒无常、爱上叛逆、把你关在门外的孩子了吗?

回过头来的思考

  正是那句话，性教育越早越好。我是从哪里来的？怎么生出来的？男孩和女孩有什么区别呀？在陪然小妹成长的过程中，我们读书会邀请了专门的老师来普及性教育，3—10岁的孩子一起参加，大声读着阴道、卵巢、阴茎、睾丸……然后再用卡片组合配对，大点的孩子玩得不亦乐乎，小点的娃也一边翻着《我的身体》，一边拉扯着自己是怎么从妈妈肚子里出来的，一边看看男孩女孩到底哪里不一样，倒是站在一旁的家长一脸的尴尬。

  后来我们又陆续买了一批《小威，向前冲》《屁股》《乳房》《认识自己》等性教育绘本给大家一起交流学习，一边看的时候一边告诉孩子，哪些地方是隐私，是不能随便让人碰触的，我们也不能随便碰触别人的隐私部位。这样，孩子就不会因为好奇而受到伤害了。

  需要提醒的是，我们大多数的家长都是在告诉女孩要怎么保护自己，而很少有男孩子的妈妈教育孩子，要怎么尊重、保护女孩。

2021年9月17日

书香故事

2012 年 6 月 22 日

前段时间,我们家被评为学校的书香家庭,她被要求做了书香故事的分享,我也和家长们进行了一些交流,真切感受爱上阅读,无比幸福,特此收录。

拥抱书香,放飞梦想

亲爱的各位家长、老师、同学们:

大家好!我是52班的小书虫骋骋,今天我想要和大家分享我的书香故事,我演讲的主题是——拥抱书香,放飞梦想。

我喜欢读书,因为读书让我快乐,因为书香助我成长。很小很小的时候,妈妈就一字一句地读书给我听,书中白雪公主、葫芦娃的故事让我对快快长大充满了期待,期待自己能早一天读懂童话故事,希望自己有一天也能写出美丽梦幻的童话故事。上学后,我们亲爱的黄老师,手把手地牵着我

好庆幸,当年的自己还有能力坚持看书。也许就是这点能力影响着孩子,让她也爱上了阅读。

们一起亲近书香、走进书香、爱上书香，让我不知不觉感受到读书的快乐，让我在爸爸妈妈的陪伴下拥有亲子共读的乐趣，让我拥有了爱上阅读这一辈子的财富。

一般来说，我一天应该要读完一本书。有时读到深更半夜还没睡觉，气得妈妈直乱叫，我才会恋恋不舍地放下我的书。在学校中，我基本会抓紧一切休息时间来读书。有一次，在吃饭之前，我在读一本非常好看的书，同学们不知不觉都走了，只留下我还在教室里，不知道发生了什么事，一看钟，完了，早已过了吃饭时间，急得我一路狂奔而去。由于喜欢阅读，我同时也喜欢上了写童话、写文章，还在《小学生阅读报》上发表了我的第一篇连载童话故事《小橡皮历险记》呢。后来随着我看的书越来越多，积累的知识越来越多，参加的实践活动越来越多，在黄老师的精心指导下，我写的文章越来越棒了！作文大多在90分以上，还经常被拿来做范文读给大家听呢。后来我写的《逃家小小猫》《好俱乐龙卷风》等还发表在了《小学生阅读与写作》上，还有获奖证书呢。2011年，我和妈妈完成了亲子共读《青鸟》读后感，在白鹤学校的评选中，被评为一等奖。我自己也经常被班级推荐为读书小明星。今年，我又申请成为本地日报、晚报的小记者呢，还有我为校庆十周年征文写的作文就是写的我第一次借书的激动心情，老师给我打了95分。

最后，我想告诉大家一个小秘密，从去年的12月25日开始，我每天都在给圣诞爷爷写信呢，告诉圣诞爷爷我的喜怒哀乐，我的读书心得，我的成长故事，现在我已经写完了一个日记本了，总有一天，我会写出一本《一个女孩和圣诞爷爷的故事》的书。我现在还在写一个《班中暗战》连续故事喔。不过，写得有点慢，我想我会努力坚持写下去的。

因为，我想要在书香里放飞自己的梦想。

静待花开，真水无香

亲爱的各位家长、老师、同学们：

晚上好！我是骋骋的妈妈。说实话作为书香家庭代表和大家一起交流读书体会，我感到非常荣幸，特别激动，也感觉到诚惶诚恐。因为，我感觉自己做得并不够好，我只是一个简单的爱读书的妈妈，仅此而已，真正陪孩子亲子阅读，或共同讨论问题，还是太少。我只是用自己简单的行动在默默地影响着她。我谈一下我的几点感受。

一是坚持读书，坚持思考。我每天不管多晚，都会在睡前看会书，现在的我们都忙，都说没有时间，只能靠留点时间，挤点时间给读书。我的床头摆满了书，也有随手可拿的笔记本。非笔不读书，许多好的灵感与词句，需要我们通过进一步的理解与记忆去感受，这是我的一大体会。而看完每本书后，我都会思考一个问题，这本书给我带来了什么？并及时将思考结果记录下来。

二是读我所爱，读有所乐。周国平老师说，读书的首要是喜欢，一本书如果你喜欢，那这就是你所需要选择的书，而如果你不喜欢，这本书哪怕再好，也不属于你。所以说，读书是要有兴趣的。我们很庆幸，52班有黄老师这么一位优秀的老师，她通过许多方法，给我们写信，建立小荷博客、读书漂流等活动，引导家长和孩子们都拥有了爱上阅读这一生宝贵的财富。同时，我理解的读书有三个层次，一是知学，二是好学，三是乐学。即知道要学、喜欢读书和快乐读书三个境界。所以，我一直在努力追求快乐读书这样一个境界。也许会是精彩的小说，也许会是优美的散文，也许会是经典的传记，也许会是美丽的童话，这些都让我爱不释手，也会让我体会不同的人生，从而让自己更加从容快乐地面对生活。

三是行胜于言，意外之喜。许多我自己读的书，我看了之后，有时也会和骋骋一起交流，讨论这本书的精彩之处，发表一些感慨，却没想到激发了孩子的兴趣与好奇心。记得那次我读了《恰同学少年》这本写毛泽东的书，感受很深，一个人的成功是有原因的。毛泽东少年时候读书也是非常疯狂的，还组织了年轻人的读书会，让智慧与理想的火花在碰撞中升华。毛泽东的读书方法是，修学储能，先博后渊，刚柔并济，持之以恒。放到我们现在，仍然是值得我们借鉴与学习的。我读了后和骋骋聊了聊，没想到她非常感兴趣，更让我惊讶的是，她居然两天就把这本厚厚的十几万字看完了，让我不得不佩服孩子的潜能。还有基于自己对历史的匮乏，我借了本《白话二十六史》，慢慢研读了近大半年，终于看完了，一边看也一边和孩子分享里面的历史故事，结果孩子非常感兴趣，硬是抱着书不让我还，还带到学校里去看，让我大为惊叹。过了两天，她告诉我："妈妈，我看到春秋战国部分了，还真是乱悠悠呢。"

四是静待花开，真水无香。许多时候，我们应该向孩子们学习，学习他们的坚持，学习他们的热情，学习他们的想象力和创造力。她经常会有一些稀奇的想法，比如要写长篇童话，我也非常支持她，比如她要当校长，要当画家，要当作家，我都会鼓励她、肯定她、赞扬她。因为，一个人有了自己的理想，就会拥有学习的无穷动力。我们需要的就是耐心等待。从上学开始，我一直有意识地培养着她的写作能力，她在书香的熏陶下，慢慢地成长着，发表了一些小作，有了一些收获，更重要的是树立了她面对学习的信心。

如今，遇到有写作或征文时，骋骋会很骄傲地对我说："看我的，小意思。"

我很欣慰，让孩子爱上阅读，爱上写作，拥有自信，我想这就是一种学习的能力，无论什么时候，无论成绩好坏，无论梦想在哪，她都会带着这样一种真水无香的姿态，开心快乐充盈地在人生道路上前行。

我想这也是我作为一个母亲最大的快乐。

还有一个想和大家分享的就是，我从去年开始，给孩子写成长日记，已经写了20余篇，我感觉到孩子带给我们太多的快乐，我也通过文字与图片见证了她的成长,我想说的是,不管家长们会不会写,喜不喜欢写,只要你写了,多年以后,都将是孩子和我们最珍贵最快乐最幸福的记忆。

谢谢大家。

回过头来的思考

很庆幸,当年的自己还有能力坚持看书。也许就是这点能力影响着孩子,让她也爱上了阅读。十几年过去了,再次看到每天自己都会坚持看点书这句话时,心里很惭愧。因为十几年智能手机的出现几乎占据了我们全部的八小时外的时间。可悲可叹。

但不可否认,身教是最好的教育方式。孩子或多或少都在我们的潜移默化下成长着。所以,有了小书虫的宣言。

我最近在老师的敲打下重拾纸质书后,在研读《曾国藩家训》中看到,曾国藩之所以能成功,除了自己愿意死记硬背下笨功夫外,就是爱读书。而读书必须要有志、有识和有恒。无论是当京官还是行军打仗时,还是自己奄奄一息的时候,他始终没有停止的就是读书。临终时眼睛已经无法阅看,那就默诵。

所以,知学,好学,乐学都好,最重要的还是有恒啊。

因为,有恒,则断无不成之事。

2022 年 4 月 28 日

23. 青春期预防针

2012 年 11 月 9 日

看着骋骋的体检报告，158 厘米，43 公斤，我既喜又忧。不觉间，她已经出落成一个大姑娘了。身材高挑，眉清目秀，单纯可爱。伯伯、姑姑们每见一次，都说又长大了，然后就会在私底下提醒我们，这个阶段的妈最不好当了，你要加倍用心，带好骋骋啊。

我说这个妈就没有好当的时候啊。

3 岁之前只知道哇哇大叫，又哭又闹，没睡过一个好觉。3 岁到 6 岁又是一个多病时期，又急又躁，从来不敢让她独自乱跑。6 岁到了，上学了，基础一定要打牢，陪读陪睡还得赔笑，哄着学习，哄着开心。好不容易到了 10 岁，自理能力强点了，能独自上学了，还会下个面条煎个鸡蛋招待自己了，麻烦事——青春期也随之要来了。想想这个当妈的头发能不白吗？

昨天晚上睡觉前，我认真地对骋骋说："妈妈要交代你两件事。第一件，

骋骋一转背，大声哭了起来："我没有长大，我没有长大，妈妈不老，妈妈永远都不老。"我又好气又好笑："妈妈不老，妈妈的心永远年轻着。"

你现在越长越大了，也越来越漂亮了，以后喜欢你的男孩子或你喜欢的男孩子也会越来越多，这是一件非常正常的事。如果有，你可以告诉妈妈，妈妈帮你想想办法，出出点子。还有就是长大了，更要学会保护自己。遇上坏人时，要大声呼救，要往人多的地方跑，随时随地找电话打给爸妈，遇到什么人欺负你，回家一定要告诉妈妈。"

骋骋听得一身发抖："妈妈，我怕。"有点矫枉过正了哈。"怕什么，光天化日之下，还怕坏人？"骋骋又问："妈妈，你今天为什么和我说这个啊，是不是你觉得自己老了，我长大了？"我一愣，说："是啊。"

结果，骋骋一转背，大声哭了起来："我没有长大，我没有长大，妈妈不老，妈妈永远都不老。"我又好气又好笑："妈妈不老，妈妈的心永远年轻着。"骋骋一把捂着我的嘴说，妈妈不要说："这么悲伤的话啦。"

我连忙说第二个问题，我说，一个女孩子，一定要讲卫生，爱干净。头发要洗得干干净净，脸上手上洗了后要抹点香，洗澡时要用沐浴露，自己的小短裤洗后要闻闻，带点皂香才行。她说："知道了，知道了。我还没长大呢。妈妈帮我呢。妈妈最爱最爱我了，妈妈是我最好最好的朋友。"

知道就好。

宝贝，妈妈在你需要的时候一定会在你的身边。一定。

回过头来的思考

这个场景感觉是如此熟悉。因为养女儿的家长最担心的也不过如此。又怕孩子不懂保护自己，又怕孩子因为好奇涉足早恋。

但女孩的自我保护意识必须早早地树立和不断地强化。

还好，一切可以从书中找到答案。我给然小妹买了孩子自我保护的一套书，其中有《不要和陌生人讲话》《不要随便摸我》等，很有教育意义。而孩子也愿意反复去读，去问，为什么呀？那就不行，那就应该大叫，住手，不可以！

昨天，然小妹对我说，他们幼儿园一个小男孩总是想要看女孩子的小短裤，我说，那可不行。对于这种好奇，老师和家长应该及时进行引导，要告诉孩子们，这是属于每个人的隐私，不应该去窥视，这是不礼貌的行为。

　　还是那句话，教育里，更需要多引导男孩怎么尊重、保护女孩。

2022 年 4 月 28 日

生命的意义

24.

2013年4月16日

上个星期,骋骋回家告诉我,他们班的一个同学跳楼。我"啊"了一声,以为不过是玩笑。我问:"怎么回事?"骋骋说:"我也不知道怎么回事,上课的时候,只见那位周同学爬上同学的书桌,从窗户翻了出去,然后一条腿跨在了栏杆上,好危险啊。然后同学一窝蜂地叫的叫,扯的扯,抱的抱,后来,老师、校长很快就来了,把周同学带走了。"

我问:"那你呢?你做了些什么?"

"我?我还没反应过来呢,傻傻地坐着。"

"周同学是什么原因要跳楼呢?"

"听说,是因为前面的同学老是笑话他,他实在受不了,就想去跳楼。"

天,现在的孩子脆弱到了什么程度?

据我了解,这个周同学的成绩一直非常好,在老师眼里也是受宠者。不知道学校和老师又要为这件事操多少

是我们对孩子的关注度太高了,还是我们忽略了孩子内心的需求,这值得我们每个家长去思考。

当孩子和你说话时,请你一定要放下手中的任何一切,用心倾听,认真感受他的欢乐或忧伤。

心了。

　　果不其然，老师的家校通跟着过来了，要求家长和孩子深入沟通一次，谈谈对生死的看法，谈谈生命的价值与意义。每个孩子自己写一段对这件事的看法。

　　到现在我才真正正视这件事。我想老师、校长、家长一定忙坏了也吓坏了吧。哪怕只是一时的冲动，哪怕只是个小小的玩笑，也极有可能酿成悲剧。

　　正如班主任所言：昨天发生的事情，没有亲眼看到，没有感同身受，无法体会到它给班级带来的影响，会觉得老师在小题大做，甚至危言耸听。一整天都在调查、处理这件事情，安抚、教育同学们。我晚上读到柴静调查双城连续服毒事件的故事，心理专家介入此事时说：这个年纪的孩子，特点就是以伙伴的价值观和情感为中心。我觉得更加有种力量催促自己去关注孩子的心灵成长，而班级的建设，更是任重而道远的事情。

　　关于心灵成长，这个阶段的孩子的成长可以说时刻受同学、老师的影响，同学的一句玩笑，也许自尊心会受到伤害，老师的一句鼓励，也许会激发孩子的斗志。

　　我问："骋骋，那你怎么看这件事？"

　　"无聊。"

　　"无聊？"

　　"是啊，没事跳什么楼啊？还不是想引起老师的注意罢了。"

　　或许，这句话是对的。是我们对孩子的关注度太高了，还是我们忽略了孩子内心的需求，这值得我们每个家长去思考。

　　因为，我们现在都只有一个孩子，都希望他能成材成人，几个大人陪伴着他的成长，这无形中也成了孩子最大的压力。尤其是，在注重成绩、应试教育的体制下，成绩好，什么都好说，成绩不好，一切免谈，父母成为剥夺孩子快乐童年的最大帮手；由于关注成绩方面太多，而对于一些孩子真正的想法与需求，我们却无视着。比如早熟的孩子，青春期的萌动；比如和同学关系的处理；比如面对挫折的表现等。我想，在这个过程中，我们真的应该停下手中的事，放下正在玩弄的手机，好好倾听孩子内心的感受。

许多心理专家说过这样一句话：当孩子和你说话时，请你一定要放下手中的任何一切，用心倾听，认真感受他的欢乐或忧伤。

骋骋，妈妈也许做得不好，但我愿意为之努力。

我喜欢和你聊天，听你讲故事，听你说学校有趣的事、无聊的事、生气的事，以及你想和我说的任何事。

这件事对于他们班的学生触动很大，我摘录了部分同学的感受：

生命是什么？易同学写道：在今日之前我没有思考过，但今天班级发生的一件事情，让我懂得了，生命是渺小的，就像大海中的一粒细沙；生命又是伟大的，就像一颗璀璨的夜明珠。因此，我要珍惜生命。

生命的价值何在？毛同学写道：人生在世，该给世界创造些什么，人都不在了，又能给世界带来什么呢？无非弄出一条新闻。一段时间后，人们就忘记了这件事、这个人。

生命是脆弱的。朱同学写道：花凋零了，可待春风之际再盛开；草枯了，可待春雨滋润再重生；而人却不可能死而复生……

如果我们不珍惜自己的生命，结果如何呢？

罗同学说：如果真的死了，人们会悲伤一阵子，时间会冲淡一切，谁能想到，他的死只是因为同学之间的一点小矛盾呢？

易同学也这样认为：如果他真的死了，会怎么样呢？我们会悲伤一段时间，然后开始新的生活，他的脸庞在我们的记忆中将会冲淡，最后，我们将彻底遗忘这个人。

王同学则认为：古人云"身体发肤受之于父母"，为了区区小事就自杀，这是对父母的不孝。

朱同学静坐在座位上，突然觉得：他是多么自私。他有没有想过这一跳将会给父母、给家庭带来多大的伤痛。

面对挫折、伤痛，我们该怎么办？毛同学这样说：想一想吧，贝多芬双耳失聪还把一生投入音乐中,海伦双目失明,仍写出了不少作品,我们的这点挫折又算得了什么呢?

易同学写,妈妈常说:学会打开眼睛看世界。让我们一起打开自己的眼睛,打开自己的心灵,调控好自己,去寻找世界上最美、最值得自己用心呵护的东西。

大家的围观和起哄是个什么局面呢?陈同学观察道:班级男生几乎全部出动,拉的拉,推的推,拽的拽,扯的扯,还有人在外面蹦得老高,大呼小叫,窗外一片大乱。张校长来了,不知谁一声大呼,除了周和刘,其他人如受惊的雀儿,飞般窜逃进了教室。教室里座位东倒西歪,一片嘈杂,Miss 彭不知喊了多少声安静,可大家仍在窃窃私语。我的心也乱了,久久不能平静。

在围观和起哄的后面,到底隐藏着什么?谭同学体会到:在如潮水般涌向走廊的人中,有哪些是真心想安抚他的人呢?更多的人只是混杂在人群里,抱着看热闹的心理,趁机捣乱罢了。

陈同学则认为:我们为什么要起哄呢?为什么要讥讽他人呢?因为我们的心不能够沉静下来,我们的耳朵总在寻找不安分的声音。

起哄和围观会带来什么?罗同学说:有人围观,造成大轰动,这正是他想要的效果,可是围观也可能导致他假戏真做啊!……

陈同学也认为:他并不打算真正跳,只是想以这种方式告诉大家他此时的心情,我们一窝蜂地看热闹,反而使这件事情恶化。

骋骋同学写道:人固有一死,或重于泰山,或重于鸿毛,我们应该要好好珍爱自己的生命……

孩子们很懂事,甚至比我们想象的要懂事得多。

看到宁宁爸爸给宁宁的信上说:

宁宁,你给自己的博客起了个名字,"开开心心的小草",我觉得很好。爸爸妈妈不要求你一定要长成参天大树,不要求你成为闪亮的明星,不要求你考高分、上名校,能当一棵坚韧、茁壮、开心的小草,扎根大地,沐浴阳光，能经风雨，并奉献自己的一份绿，爸爸妈妈就满足了。

小草虽小，却有她的品格和精神，即使有巨石挤压，她也能勇敢抗争，顽强生长。你就具有小草的精神，即使课业负担重，你任劳任怨，勤奋努力。爸爸妈妈希望你再开心点，我们不但要认真学习，还要开心学习。反正要做，不如开心去做。当然，我们不可能时时开心，就像天空不可能天天艳阳高照；但我们可以让自己每天多一点开心，少一点郁闷。

这段文字真的感动了我。

真的，孩子的开心快乐、健康成长，难道不比成绩、分数、名校更重要吗？

回过头来的思考

时间过去快20年了，所幸，现在社会对生命这一课题越来越重视。究其原因还是近几年青少年身心健康的问题越来越严重。每年中考、高考时期各地都会传来一些因压力、家庭教育、亲子关系等诸多问题导致孩子出走、自杀的现象，让痛定思痛的家长不得不停下追赶的脚步，问问自己，我们到底要将孩子变成什么样。孩子在我们的生命中到底是一个什么样的角色。

每天都害怕听到看到这些消息。

有的家长将全部的爱赋予孩子，却从来没有教过孩子应该懂得敬畏生命、孝顺与感恩，不懂得怎样才是真正地爱孩子；有的家长将全部的希望寄托在孩子的身上，期待他能成为自己想要成为的样子；有的家长不停地要求孩子学这学那，用爱的名义剥夺着孩子快乐的童年……

是时候，让我们这些利欲熏心的家长清醒了。

2021年3月30日

最近在陪然然小妹读一本哲理智慧书《我，是什么》，里面有一节关于父母的话，在然然的眼里变成了金句，"我们应该为爸爸妈妈做任何事，因为他们给了我们生命"。

　　再细看，问，如果你的爸爸妈妈把你关在一个笼子呢？

　　爸爸妈妈一左一右，一个可怜的小孩子待在一个笼子里。简单的几笔画，然然却看得很认真，她说："爸爸妈妈，你们会把我关起来吗？"

　　"怎么会呢？"

　　"这样没有天理的事情怎么可能？"

　　可夜晚反思时才发现，我们的父母有许多时候就是以爱的名义去囚禁孩子的呀。限制他们的自由，小到穿什么、吃什么、玩什么，大到为他们选择未来的路，做一些他们应该做的决定，甚至改变他们的人生。你说，这样，难道不就是控制孩子，不就是把孩子关在自己的身边，关在狭小的笼子里吗？

　　太可怕了。更可怕的是，我们的父母还毫无所知。

　　我绝不做这样的父母。

2022 年 5 月 9 日

焦虑

2013 年 10 月 30 日

四大名校真题卷终于买回来了。和骋骋好说歹说,让她每周做两套,第一周做了一套南雅的,总分 120,自己做自己批,得了 102.5 分,高兴得不得了,说忒容易了。我心想还行。可等我一看卷,都是计算错误!我说,错得太可惜了。

第二周做了一套长一的,做的时候就闹情绪,要看电视,要玩手机,结果马虎应对,最后两题还要求提示,结果可想而知,64 分。我心凉了半截。

反思了许久,是不是真的有那么大的差距。我和她一起对错题认真进行了分析,我以为是题目难度大,可她摇头说,不难,是陷阱多,而且自己审题不清。我要求她对照解题思路,弄懂弄明白,更正错误。可怜的,我对这些个题也是头大啊。

真是应了那句话,孩子啊,爸妈没本事,只能靠你自己了。

只有通过不断地训练,反复做题,才可能掌握一些容易忽略的问题,才可能看清一些陷阱。

那天本是约了一起去海青家吃海鲜的,我硬是唬着脸把她批了一通,结果小脸急白了,眼泪唰地流了下来,自己摇着头对我说:"妈妈,我不去了,我要更正题。"小拉拉在下面等着着急了。我只好又安慰她说:"算了,我们已经约好了,而且你已经找到自己问题的所在了,等会吃了饭回来再更正好吗?"

只有通过不断训练,反复做题,才可能掌握一些容易忽略的问题,才可能看清一些陷阱。

前不久去了长沙,有本书叫《陪孩子一起快乐6年》,里面提到了学奥数的问题。奥数并不是一门人人都可以学,并能学得好的学科,存在一定的难度。总之,还是因人而异。孩子硬是学不懂,学不进,又何必去强求。

我总觉得女孩子逻辑思维要逊于男生,所以,骋骋一直没有上奥数。但我有时听到她的数学解题思路还是蛮清晰的,暗赞,真是比我强多了。

我读书时什么都没有特色,语文、数学都一般般,成绩也是一般般,要说写作,也是大学后的事了,突然间就对写作有了兴趣,然后写着写着就有些样子了。但骋骋现在发展比较均衡,语数外都非常优秀,尤其语文,时有小作见报,自己也越来越自信。

说到底,在实际生活与运用当中,语文也是最最重要的。语言表达,沟通能力,文学底蕴,腹有诗书气自华,由此而来。

回过头来的思考

话说之前的意识也是对的,却没有如今这么深刻。若有诗书藏在心,岁月从不败美人。

跟着老师学习大半年了,懂得了要想让孩子成为读书明理的君子,其实只要三样足矣。第一是读书。读什么?优秀传统文化,古诗词、四书五经等。第二是锻炼。身体是一切的前提。亲子运动更是有利于增强彼此的感情。第三是责任。目前而言,针对每个阶段的孩子,应该让其承担相对应的家务。不是帮妈妈洗碗、扫地，而是因为你是家庭中的一分子，理应承担这份责任。

哈佛大学一项长达 20 年的研究表明，爱做家务的孩子跟不爱做家务的相比，就业率为 15：1，收入比后者高 20%，而且婚姻更幸福。

中国教育科学研究院对全国 2 万个小学生家庭进行的调查也表明，孩子做家务的家庭比不做家务的家庭，孩子成绩优秀的比例高了 27 倍。

还有很多实例证明，想要孩子成为精英，让他做家务是必不可少的。

之前没有这么强的意识，读书、运动是有的。参加公益活动算是责任的一种培养吧。

对比，然小妹现在不足 5 岁，现在已经每天除了读书、锻炼之处，开始承担洗碗、叠被子、收拾玩具、打扫卫生的工作了。

2022 年 4 月 28 日

生病

2013年11月3日

骈骈周五晚上为了看《爸爸去哪儿》，一直坚持到晚上快12点，我早早地躺在床上睡了，迷糊中我说："你自己安排睡啊。"骈骈笑着说，没问题。平时死缠着我要我陪她聊天、睡觉、倒水、亲吻、抱抱，最后还不肯松手，现在为了电视，什么都可以啊。算了幸亏明天没有其他活动安排，于是我放心睡大觉了。

半梦半醒中，终于听到骈骈轻轻地对我说："妈妈，我去睡了哦。"

我答应了一声。

到了半夜，我突然想起骈骈的被子有点薄，偷懒，不想起来，沉沉睡到天亮。早上6点多，讨厌的闹钟每隔5分钟就顽强地叫了起来，一种誓不罢休的状态。骈骈爬到了我的床上继续躺下，好不容易赖到8点，我不得不起床做早餐给骈骈吃。饿谁也不能饿我崽是不。

等到我把热气腾腾、亲手包的、骈骈最爱吃的馄饨端到床边时，骈骈

> 妈妈，你把衣服脱下来给我。我不耐烦地说，干什么？衣服甩给她。第二天一早起来，发现她把我的衣服围在她的枕边，我故作淡定地问，干吗把我的衣服弄在这，难道还想闻妈妈的味道吗？

却没有丝毫惊喜，面色苍白地对我说："妈妈，我刚拉肚子了，而且头好晕。"我暗道，糟了，肯定是昨晚着凉了。那床被子是单人被，骋骋睡觉喜欢滚来滚去，很容易就露胳膊露腿的，果然中招了。

我赶紧找了点药给她吃下。然后问："吃点东西不？"她平时看到馄饨就眼睛发亮，可这时却两眼无光，头直摇。我只好再熬点白米粥，让给她喝了一碗。我说肯定是昨晚睡晚了，又着了凉，上午好好补觉，过会儿就没事了。

可怜的娃。我安顿好骋骋，急急忙忙去加班，觉得自己很残忍，生病了还把她一个人扔在家里。我心神不宁地上到10点打电话问她情况，说肚子不拉了，只是头还是晕。到了11点，我提前回来给她做饭，结果还是什么都没胃口，炖了一上午的骨头汤一口都没喝，又只吃了一碗粥，但精神好多了。

我问，下午还去图书馆吗？她嗯了声。我请同同爸接她一起去图书馆，我说，坚持就是胜利。

骋骋在五年级下学期确定准备备考省重点中学后，每周都会选择去图书馆充电。特别好的一个习惯。

生病了不去又舍不得，去了实在也看不了。果然，她下午一连发了两条信息给我，头晕。

我想想也是，一天只喝了点粥，哪有力气啊？很久前她有点低血压，不知道现在是不是还是这种情况。我接了她去量了血压，果然还是有点偏低，老中医说，要多锻炼呢。

于是，我没拿医生推荐的药，早早带她回家喝了红糖水好好休息。

第二天，她终于好了。我看她好娇，于是没问她好了没，只问她中午在舅舅家吃了多少饭，她说吃了两碗。我笑了，能吃两碗还有什么问题。只不过，这也给我提了个醒，身体素质是多么重要，身体不好，别说升学就是上课也上不了。

前几天骋骋班上又开了一个紧急家长会，告知今年招生形势的变化，招生名额紧之又紧，这是大家都知道的，然而骋骋忽上忽下的成绩令人担忧。集训开始了，战争序幕已经拉开，家长们都在摩拳擦掌了。这个我倒是不急，因为，我们家的目前状况，根本就没有备战好。以前一直巴望着学校的冲刺，但学校是整体的行为，需要兼顾每个学生，所以不可能上太大难度与提快速。所以，学校最注重的是基础。

一个老师对应几十个学生，两个家长辅导一个孩子，所以老师呼吁家长要重视要关心要支持。是的，几次家长会，老师都提出一个要求，就是请家长要多关注孩子的学业。而我只是属于关心她做没做的问题，至于做得怎么样却是没有能力关注到了。尤其是数学这块。天生茫然。其实，对于12岁的小朋友来说，这么难的题真是为难她了。而她的表现是如此优秀。

真的，为她骄傲。

还好，病来得快去得也快，今天她又活蹦乱跳地去上学了，还后悔昨天那一大碗馄饨没有吃到。看到她撒娇开心的样子，妈妈的天空一下变得透亮起来。

骈骈，妈妈爱你。

妈妈希望你阳光健康成长。

注：

又一晚，我和衣昏睡，对骈骈说："妈妈累了，你自己吹干头发早点睡哈。"骈骈说："好。"过一会儿对我说："妈妈，你把衣服脱下来给我。"我不耐烦地说："干什么？"衣服甩给她。第二天一早起来，发现她把我的衣服围在她的枕边，我故作淡定地问："干吗把我的衣服弄在这，难道还想闻妈妈的味道吗？"

骈骈笑了。

回过头来的思考

有两个问题的存在，换到现在，老师会直接开骂的。第一，除了读书，还需要上什么样的特长呢？有了读书作基础，一切都是锦上添花，否则就是乌托邦。但我们现在的家长，除了不读书，什么特长都想要去学一下，英语、逻辑、绘画、音乐、街舞等，生生地走反了方向。第二，早起。现在我们把早睡作为最重要的事，晚上 9 点必须上床睡觉，而早起是第一要务。第三，家务。孩子每个阶段都应该承担一项或多项与他能力相当的家务。不是帮我们做事，是因为这是我们共同的家，我们都有责任来爱护他。

《曾国藩家训》第一封，老师说让我们作为传家宝，每天必读，而且必须读到孩子的心里、骨头里去。因为，金句太多呀。

余不愿做大官，但愿为读书明理之君子。

由俭入奢易，由奢返俭难。

勤苦俭约未有不兴，骄奢倦怠未有不败。

读书写字不可间断，早晨要早起。

凡富贵功名皆有命定，半由人力半由天事。唯学做圣贤全由自己作主。

举止端庄，言不妄发，则入德之基也。

尤其是"读书写字不可间断，早晨要早起"这句，孩子听了，懂了，所以，现在天微亮时分，然小妹会睁开眼睛对我说："妈妈，该起床了。"

早起的好处太多了，大把的时间运动与读书，大把的时间亲子交流，大把时间呼吸新鲜空气，不亦乐乎。

2022 年 4 月 28 日

27. 提前上岸

2013 年 11 月 15 日

这一天是值得庆贺的，值得高兴的，中午在阳台吃饭的时候，接到了老师的报喜电话，恭喜恭喜，恭喜骋骋获得长一的创新奖了。瞬间，我的心情一下变得复杂又激动起来。激动的是，孩子没有辜负老师以及父母的期望，用自己的行动证明了她的努力与付出。复杂的是，真的要将十一二岁的她送离自己的身旁吗？

随后，我忍不住与奶爸奶妈们分享我的喜悦和快乐。我们几个孩子都非常优秀，只是选择了不同方式陪伴，相信在后面的考试中，他们会用一张张入场券证明自己的实力。我下楼准备给长沙的哥姐打电话，没想到被先生抢先了一步。我眼一瞪，平时带崽没见你这么卖力呀，抢功倒是蛮厉害的。先生也只知道傻笑着，你说，我崽怎么就这么厉害呢？一考即中了。你不是还准备摩拳擦掌大干一场吗？

小升初堪比高考时的激烈，这不知道是什么样的驱动力让我们会乐此不疲。学习本就是循序渐进的过程，就如同比武过招，还在与初中水平过招时，就使了全力，那后面一级比一级强的较量中，如何打好持久战？

的确如此，我开了几个家长会，心都被揪得紧紧的。不管考哪都想让她尽量上一个自己满意和喜欢的学校。前几天和先生商量了，这两个月得一心一意陪骋骋备考名校了，不一定要考上，考上了不一定要去，但人必须得有一个目标。

是的，目标，世界会向有目标和远见的人让路。这是老师说过的话。一直记在心里。人活着就要给自己树立一个目标，那个目标就是明灯，就是希望，就是前进的动力和拼搏的方向。

在小升初这场战役中，许多时候，目标是我们家长比拼的目标，而不是孩子心中的所想，这是一个值得我们家长思考的问题。就算是取得了一张张入学门票，还是有许多家长们不满意，因为那不是自己的第一目标，于是让孩子一场接一场地继续考，继续学。我不知道这第一目标是不是孩子心里愿意的学校。她们还小，不明白择校的意义，但对于家长来说，我们的择校就真的有那么重要的意义吗？

累，真累。累的都是自己的心，家长的心。

小升初堪比高考时的激烈，这不知道是什么样的驱动力让我们会乐此不疲。学习本就是循序渐进的过程，就如同比武过招，还在与初中水平过招时，就使了全力，那后面一级比一级强的较量中，如何打好持久战？

所以，上岸后，我对孩子的学习放松了许多。按时按质完成作业就好。晚上的刷题统统免了，周末也有时间睡懒觉。更多的时候，我想的是如何让孩子找出问题，打牢基础，养好习惯，明白学习的意义与重要性，让她能够充满信心地沿着学习的道路，健康快乐地走下去……

回过头来的思考

相比较而言，那个时候我们家长的关注点还在于，上一个好学校，考一个好大学，而非做读书明理的君子。

孩子在小学的阅读量不能说没有，但远远不够。

因为，耕读园的孩子，大多不到5岁，已经读完《我爱阅读》蓝黄红系列，《鼠小弟爱数学》《数学帮帮忙》等书籍100多本了，现在正在读小学生必看书籍《小牛顿科学馆》《写给儿童看的中国历史》《儿童哲学智慧丛书》等等。可预见，他们入学后的阅读量必将远超于同时期的小伙伴。

虽然，我在那个假期有意识让骋骋多读书，但却没有高远的目标与志向做航灯，所以初中三年有所荒废。

幸好，骋骋直到现在上大学，也保持了爱读书的好习气，连续两个学期年级第一，还拿到了国奖第一名，甚慰。

2022年4月28日

瘦腿霜风波

2014年5月5日

自从进入微信时代,我也会经常将看到的好帖子转发给骋骋,比如说《这辈子一定要有个女儿》《创意无限的石头画》《简单口语283句》等,可她很少给我回应。我想,是懒得和我交流吧。结果昨天晚上,我和朋友去看电影,骋骋却拉着说,让我给她买什么瘦腿霜。我一愣,没有反应过来,我说:"你这么小,用瘦腿霜怕有副作用呀,等我回来再看吧。"

结果,电影开始了,而我的手机微信则开始不停闪烁。

妈,这个真的没副作用,这个商家人也好,昨晚聊的时候还让我早点睡,你看截图吧,有副作用她负责,你看看吧,我真的很想买。

然后,她把叫什么瘦腿霜姐姐的QQ聊天的截图发了一把过来,是网络上的直销。

这个世界上没有那么多坏人咯,

所有女孩的妈妈都是天生自带焦虑的。尤其是孩子越来越大、越来越漂亮的时候。

有好人的，我觉得这个商家姐姐人就不错啊。她又不催我，给我时间，还让我早点睡。

你信我咯，试试就知道了，没那么多黑心商家咯。

我真的腿粗，我自己知道啊，爱美是女生的天性啊，你就给我买咯。

一串哭脸发过来。

别老把事情想得那么坏，你就满足我一个心愿吧，就110元，包邮啊。

她没事骗一个小孩子的钱做什么。你仔细看看吧。

本产品无副作用！安全可靠孕妇可用！

……大段产品介绍。

我看晕了。还没明白她是如何找到并坚持自己的这个信念的。

这个其实是我在"百度知道"问别人我这样做运动瘦腿要多久才有效时，这个商家看到了，主动来找我的，这如果真的有副作用，她干吗还来找我一个学生呢？

算我求你了……

之前骋骋晚上把腿靠墙竖起来，说是瘦腿；还让我给她煮薏米水喝，说是减肥。女孩大了，爱美了，是好事，可我要怎么说，怎么做，才能让她接受并相信，爱美的最大意义是身心健康呢？

我回应她说，妈妈看到了，妈妈理解你的心情。问题是你腿不胖呀。

胖。

身材好，没烦恼。

买嘛……

你是不是问问同学意见，如果真没副作用，我考虑。

啊？

我还问同学，不被人笑死去。

你只问你腿胖不胖呀？要不，回来再商量。

本来就是为了不让同学笑话，还去问啊。

呜呜呜呜……

真的没副作用。我用不完你也可以用啊。洗澡后应该就可以啊，一物可多用啊。这个商家姐姐也很有耐心啊，人家是被我的人格魅力所打动的，才给我降价的。原价120元不包邮呢。人家小本生意本来就不容易啊，价格也不是特别贵啊。

瞧，这工作做的，我差点就要开口答应她了，想这姑娘家长大了，怎么得了，善良、爱美、容易相信别人……

我说："行，我回来看看，好吗？"

为啥不能买啊！总得给个理由啊！要不你回来和她谈谈？早点回。你能考虑一下不？给个答复，我安心啊。

短短的几分钟，她为了要买瘦腿霜和我聊了一大把，打字速度蛮快的。

等我回来，我用电脑和那个瘦腿霜姐姐聊了起来，我说我是她的妈妈，我的孩子只有12岁，165厘米高，50公斤不到，根本称不上胖，但她一定要买，我想如果你能劝劝她，也许她会转变观念。那个姑娘还不错，马上答应了。

于是，我又告诉骋骋，说瘦腿霜姐姐建议你年纪这么小不要买。不信，你自己聊。让我没想到的是，居然手机上的QQ聊天是和电脑同步的，晕，之前的聊天记录都可以看到的。好尴尬啊。

但骋骋还是勉强接受了瘦腿霜姐姐的建议。

我以为，这事就这样过去了。没想到第二天，骋骋回来一本正经地说："妈妈，我看了你们的聊天记录，你还是帮我买吧。我自己出钱。"

她有钱。我们每年给她100元压岁钱。可她从来舍不得用，都躺在钱包里休养呢。这次看来是横下心了，不动则已，一动大放血呀。

我想她一定是非常想拥有漂亮的长腿，一定是开始关注自己的身体发育与成长了，一定是对美有了憧憬与向往。我由衷感到高兴。我也不想用任何形式去打击她的这种美好愿望的种子。

于是，我采取了冷处理。

我收了她的钱，答应帮她买，以忙为由，拖了几天。每天睡前，她会对我说："妈妈，你什么时候帮我买呀？"我说等忙了这几天吧。

又过了几天，骋骋又开始问了，我知道躲不过去了。我回答她说："妈妈，实在是担心用这个东西会影响到你的身体发育。如果无效果那就是浪费，如果有效果，那在你身体不断长高的阶段，你的瘦腿怎么承受你的身体重量呢？还有，我问了一些我的同事、朋友、老师，她们都不支持小孩子用这个。真正的美来自健康，真正的美来自锻炼，真正的美来自心灵。"

骋骋半天不吭声。

到了晚上，她说："妈妈，我们聊聊。"

"聊什么？"

"聊聊瘦腿霜呀。"

哦，彻底晕倒。

回过头来的思考

所有女孩的妈妈都是天生自带焦虑的。尤其是孩子越来越大，越来越漂亮的时候。

可孩子总归是要长大的呀。所以，建议有关男孩女孩以及青春期的事件，越早让孩子清楚越好。让孩子不会因为好奇而做出出格的事。即使是早恋也需要明白，情窦初开是正常的，保护自己才是最重要的。

还有就是对自我的认识、对美的认知。家长有责任引导孩子做出正确的判断与选择。

2021 年 3 月 30 日

女儿心中的爸爸

2014年5月12日

一直以来,骋骋对爸爸就有一种距离感。这种距离感曾让我感到一些自责。因为,这种现象绝对是由我们引发的,因我而延伸的,所以,难辞其咎。等到我意识到想要弥补时,难度无疑是大的。但,我想,随着她的年龄慢慢增长,她会明白这种血浓于水的亲情与爱的。

前段时间,她有个作文题《XX的风采》,她问我写什么,我说:"你写你爸呗,写个《篮球教练的风采》吧。""怎么写呢?""可以写他训练时的严格与辛苦,比赛时的指挥与技巧呀。"于是,她洋洋洒洒写了1500余字,把我吓了一跳。第二天,老师给了个优,建议精减后,打印出来。我仔细读了她的文字,才知道,她去看过的为数不多的比赛却给她留下了深刻的印象,就连我忽略了的细节她都历历在目。我想,她是个善良而有爱的孩子,

走好人生的每一小步,就会有你前进一大步的一天!

爸爸日复一日地带学生训练感同身受,你的坚持会带给你人生更多的精彩,也会给爸妈更多的惊喜,谢谢爱息!

我的忧虑怕是多余了。爸爸在她的心中是伟大的，是被敬仰的，是优秀的。

把她的小文录下来，记之。

篮球教练的风采

骋骋

我的爸爸是个篮球教练，他的工作是训练学生打篮球，每天早出晚归。他的目标是打进市、省、全国的比赛，我经常去看他训练和打比赛，在这个过程中，我认识到了一个篮球教练的风采。

那是一场爸爸尤为看重的省比赛。离比赛开始还有一个月时间，爸爸训练得更严了。爸爸的篮球训练是学校里出了名的时间长、强度大，快比赛了那还了得？

周五，我去他那看他们训练，正值初春，天气仍很冷，我坐在旁边瑟瑟发抖，而队员们额头上那一颗颗豆大的汗珠已滚落下来，不一会儿便个个大汗淋漓了。而这仅仅是准备活动的开始。爸爸严肃地说了句：集合！队长一下子站出来整队报数，若不是身在篮球场，我还以为这是在军训呢。我不得不暗自佩服爸爸。

队长迅速归队后，爸爸用力吹起了口哨，大喝一声："开始训练！两人一组，一攻一防轮流交换！"队员们几乎在瞬间分好了组，熟练地开始了训练。爸爸站在篮筐下，注视着每个队员的表现，当发现一个矮个子球员喜欢下意识低头看球时，爸爸眉头一紧，把这个球员喊过来，给了他一副遮了一半镜框的空眼镜戴上，再继续训练时，那个队员低头看不到球就不再看了，结果球感更好了，反而赢了大个子球员。我知道这是爸爸特意从网上买来的训练道具。这样的训练一练就是3个多小时。爸爸几乎天天都泡在篮球馆里。

场上一分钟，场下多少功。转眼比赛就开始了。记得那场爸爸立志夺冠的全省冠亚军决赛时，对方实力强劲，引进了3名专业球员，平均身高2米多，但爸爸却显得胜券在握，队员们见教练如此淡定，也就充满了信心。

比赛开始了，我们的队员按照爸爸精心布置的阵型排好，我们的防守也仿佛罩了个钟罩一样，对方怎么也近不了球筐。见对手稍有松懈，我们便抢断成功，一个漂亮的扣篮进了本场的第一个球！场外一片叫好声。而一旁的教练，我的爸爸却只微动了嘴，仍是一副严肃的样子。我不禁有些疑惑。

而对方当然也是有两把刷子的。果然，他们很快还给了我们一个3分。而我方的一名主力球员却连连失误，比分一下子拉大了。爸爸皱着眉头，走向评委处申请了暂停。然后拉过这位主力球员，拿出一个水壶，神秘地说："这是我找来专治传球手滑，投篮手抖的秘方，喝了它，药到病除。"队员半信半疑地喝了水，爸爸拍他的肩膀说，加油啊。

我更加疑惑了。不过，那传说中的"秘方水"好像真的有用，那个队员的投篮命中率一下子上来了，短短的2分钟里，就得了8分，这让我们与对方的差距只有了5分之遥。在最后的一节比赛中，爸爸不断地叮嘱和鼓励队员，让他们充满信心，在最后的10秒里，我们的球队只赢了1分，这时的爸爸也有点激动起来，终于防住了对手，取得了最终的胜利。我方队员一齐欢呼，爸爸也被队员们高高地抬了起来。

比赛后，我把疑惑一一对爸爸说了，爸爸却笑了："开场才进第一个球，我们可不能随便就这样大意了；那个'秘方水'也只是普通的糖水而已，我只是给了他心理暗示，主要还得要靠他自己呀！"原来，当篮球教练还得懂这么多呀，我不由得对爸爸肃然起敬。

我坚信，我的爸爸拥有一个优秀篮球教练真正的风采。

周五单位安排我去县里参加红色传统教育，到农村去接地气，听民声，与村民同吃同住同劳动。于是，骋骋小学里最后一次家长会落在了爸爸身上。作为爸爸，一直很忙，忙于事业，这是每个男人的立身之本，可以理解。但因为特殊原因，他从外地匆忙赶回，一直到开完家长会，还没有吃晚饭，让我很感动。周六一早，又去训练的他给骋骋留了封信，写在小方块纸上，密密麻麻写了六七页，情深意浓，思维缜密，刮目相看。记之。

乖女儿：

　　早上好！

　　昨天爸爸参加了我人生第一次家长会，很受感动，也很受教育。

　　因为工作爸爸对你关心不够，但你丝毫未受影响，依然那么优秀！谢谢女儿的努力，我看到了我女儿靠自己的自觉、妈妈的引导，从幼儿园到小学取得的伟大成绩。正如欧阳老师所言，走好人生的每一小步，就会有你前进一大步的一天！爸爸日复一日地带学生训练感同身受，你的坚持会带给你人生更多的精彩，也会给爸妈更多的惊喜，谢谢爱意！

　　马上要成为一名中学生了，我把家长会上老师的忠告和我自己的体会总结如下，仅供参考。

　　1. 学无止境，感受其乐无穷。学习是没有尽头的，学习也是快乐的。我相信你一直在快乐地学习。

　　2. 博览群书，定能出类拔萃。腹有诗书气自华，知识能让我们打开无数个窗户，让我们看见外面的世界，让我们挺立在世界的每个角落。

　　3. 苦练口语，掌握一门技巧。英语是语言工具。能说一口流利的英语，能到世界各国去看一看，能与外国友人进行无障碍交流，这将是一件多么有趣的事。

　　4. 调整方法，加快思考速度。你现在已经懂得怎么样去找方法了，只要掌握了学习方法，不管遇到什么样的学习挑战，你将百战百胜！

　　5. 广交师友，树立远大目标。要找到能给你指引的老师，要找到志同道合的同学与朋友，虚心向他们求教学习，三人行，必有我师，要为自己目标不懈努力！

　　6. 大步向前，拥有坚强后盾。有爸妈时刻关心、关注保护你，没什么担心的，大步向前，开心学习，你的任何进步都是对爸妈的回报，都是对你自己辛苦付出的肯定！

今天爸爸要与山东队员进行谈判，早餐已经做好。香喷喷的米饭加咸蛋和肉末汤。请你品尝。

上午自由安排，注意别太累，作业一小时要到客厅里活动一下身体，保护你心灵的窗户！

爱你的爸爸
2014年5月11日

回过头来的思考

母爱如水，父爱如山。儿童教育专家的建议无论男孩还是女孩，3岁以后应该交给爸爸带。

如此想来，父亲的陪伴与母亲的陪伴同等重要，甚至更重要。只是在实际生活当中，诸多原因引起的父亲严重缺席，导致亲子关系的矛盾难以调和。

其实，父爱带给我们的是厚重是宽广是安全，更是一种洒脱从容与淡然。

从爸爸的文字上看，原来有时男人的文字会更细腻更周全。是否，每位孩子的爸爸也在用他的方式在从一个孩子极慢地成长为父亲。

2021年7月25日

谢谢你，爸爸

2014年6月17日

从北京回来候机的时候，骋骋还有一篇有关感动的作文没有写，她问我怎么写，我说："要不你写写爸爸吧，你看他这几天推了许多工作为我们留在北京，陪我们看大学，偷偷买书给你，为我们雨中送伞。"她想了想，说了句，好吧。

谢谢你，爸爸
骋骋

我的爸爸向来对我很严格，动不动就会批评我，因此我对他自然少不了埋怨。可在一次旅行中，我却彻底改变了对他的看法。

爸爸是个舍己为人的人。在回宾馆的路上，我们一家正在漫步，眼见天空已是乌云密布，身边已刮起了大风，我们才醒悟——要下大雨了。可是，我们没有伞。无奈之下，我们只能选择挤上人满为患的公交车。刚上车，天猛

爸爸就像一本书，书写浓浓关爱；就像一堵墙，遮挡无尽风雨；就像一盏灯，照亮似锦前程；就像一条河，流淌殷殷关切。回想起我之前对他的种种不满，我内疚极了。

地下起了雨，雨越下越大，狂风卷着树叶像在为雨呐喊助威。我不禁担心起来：下这么大的雨，车站离宾馆还有一段路，即使冲过去，也不免淋个落汤鸡。如果在车站躲着，那儿的人不仅多，而且还不知道要等到什么时候。这下可怎么办呢？爸爸和妈妈脸上也出现了愁云。没办法，一切只能听天由命了。

到了站，我们飞快地冲下车，朝车站奔去躲雨。在车站渺小的遮雨棚下，我们勉强能人挤人躲着。我郁闷地站着，想冲出去却又不敢，只好紧贴着妈妈发愣。过了一会儿，爸爸突然对我们说："这样下去不是办法。这样吧，我冲到宾馆去拿伞，再来接你们。这样，只会淋湿我一个人，你们就在这等我，我就回来。"话音未落，他便冲向了雨中。我和妈妈来不及阻止，只好干等着。才一会儿，爸爸就冲来了，把我们接回了宾馆。我看到爸爸的衣服全湿了，实在过意不去，同时心中也由衷地敬佩着。

爸爸不但舍己为人，而且勇于担当。我们准备坐地铁去机场的时候，因为地铁站离宾馆还有很长一段路要走，所以时间比较紧。而且我们那时还没有吃午饭。我们正准备一起回宾馆时，爸爸又开口了："现在时间比较紧，最好的方法是我一个人回宾馆拿行李，你们去吃饭。等我拿完行李，你们也吃完了饭，就可以走了。""那你在哪儿吃饭呢？"妈妈急忙问道。"总会有吃的嘛。"爸爸毫不在意地说道。随后，我们分别行动起来。我和妈妈吃着热腾腾的方便面，想起奔波在路上的爸爸，心中有无限的感动。

爸爸的几次举动使我非常感动。他总是无微不至地照顾我，总是在最困难的时候挺身而出。比如说他会做好吃的早饭留给我，会在时间晚了时候开车送我上学，会在我过马路的时候牵着我，会在我的本子上写一些提醒我的温馨的话……

爸爸就像一本书，书写浓浓关爱；就像一堵墙，遮挡无尽风雨；就像一盏灯，照亮似锦前程；就像一条河，流淌殷殷关切。回想起我之前对他的种种不满，我内疚极了。在这个父亲节，我想真诚地对爸爸说一声：谢谢你，爸爸！

2014年6月14日于北京返回长沙的机场完成

妈妈点评：父爱如山，有时他的批评会让你难过，但却是为了你好，仔细琢磨一下，你会发现那些确实是我们身上存在的问题，需要我们去克服，去改正。爸爸总是体贴细心地关心着我们的一切，而我们不应该把这一切当作是理所当然，今天看到你能如此思考，令妈妈非常感动。

爱你，宝贝！

2014年6月17日

回过头来的思考

北京，带孩子是必须去一趟的。天安门、故宫、人民大会堂、纪念堂自不用说，清华、北大两所学校是需要去观摩与体察的，起码让孩子感受国内一流的高等学府是什么样的。

先种下一颗梦想的种子再说。

初为人母，带娃辛苦，父亲一般忙碌在外，无暇顾及孩子与家务等，于是母亲多有怨言，这样不自觉地让孩子也感受到这种氛围，因为孩子的第一意识是要保护母亲的，从而导致孩子与父亲之间存在一些误解。这是新手妈妈的通病。

我有了二娃之后，在某一次亲子交流会上听一宝妈说起，她丈夫在外地工作，她一人带俩娃，却也带着悠然自得，更难能可贵的是，她会把许多给孩子买的玩具、绘本、衣物等，都说成是爸爸买的，让孩子无时无刻不感受到爸爸的温暖与爱。所以，孩子对爸爸无比亲昵与依赖。

我听了很受启发，回来之后进行效仿，效果很明显。过了很久也许你都不记得你是怎么和她说，可她却依然记得，而且一脸幸福与骄傲。

所以，现在的然小妹与爸爸是亲近的，虽然少有时间陪她，一旦爸爸回家，两个人必是疯疯癫癫闹得不可开交。

就是这样一种亲密无间的嬉闹，让人感到无比温暖。

2021年9月18日

开在心上的一朵花

2014 年 6 月 27 日

亲爱的骋骋:

写这封信的时候,正是你小学毕业的最后一天,明天就是你们的毕业考试,也是你们的毕业晚会了。所以说,妈妈已经为这封信拖欠了一段时间了。之所以会这样,是因为妈妈心里有许多许多的话想说,但突然之间仿佛又什么都说不出来。只想起了这句,开在心上的一朵花。

是的,你就是开在妈妈心上的一朵花。

眨眼间,你就长大了。翻开你儿时的照片,在原来我们家楼下,你用手做了一朵花的样子,笑容非常灿烂,天真的你就像一朵小小的盛开的水莲花,是那么的可爱。

渐渐地你长大了,上幼儿园的第一天,你哭着说,妈妈别走,那时的你像一朵小蔷薇正努力学着长大;上学的第一天,你穿着碎花小裙,像一朵小百合,开心地在教室里转来转去;一年级的时

那一刻,妈妈就知道你已经变成了一朵栀子花。栀子花开呀开,栀子花开呀开,淡淡的青春,纯纯的爱。那一刻,妈妈知道你长大了!

候，你独自穿过地下通道，挥手向我们告别，勇敢走向学校，像极了一朵喜洋洋的太阳花；二年级的时候，妈妈会目送你过马路，然后放学像一朵无忧的牵牛花独自回家；三年级的时候，你最喜欢吊在妈妈的脖子上，玩猴子爬树，那时的你是朵调皮的兰草花；四年级的时候，你告诉我你有了自己的好朋友，偶然喜欢了沉默，这时的你，像不像路边米粒般的香樟呢，虽小，却有了自己的个性；五年级的时候，学校里开心的不开心的事，总要拉着妈妈说个够，躺在床上不肯睡觉的你，像一把无法舍弃的薰衣草；六年级的时候，到学校接你，你却对我们说，妈妈，我想要和同学一起回家……

那一刻，妈妈就知道你已经变成了一朵栀子花。栀子花开呀开，栀子花开呀开，淡淡的青春，纯纯的爱。那一刻，妈妈知道你长大了！你有了自己的朋友，有了自己的想法，有了自己的方式，我们再也不能像以前那样时时刻刻守护在你的身边了，因为，你开始了自己真正的人生道路。

你知道吗？你真的很棒！妈妈有时真的为你骄傲。你对自己的评价是善良、正义、真诚，人缘好，不服输，你知道吗？这些都是多么优秀的品质呀。它是我们做人的根本，有了这些品质做基础，你走到哪，都会像一缕阳光，随时照进别人的心里！这些品质，将伴随着你的一生，让你有勇气做你自己！

老师曾对你们说过要做最好的自己。那你知道要怎么样做自己，又怎么样才能做到最好吗？做自己就是任何时候我们不要去违背自己内心的需要，要坚定自己内心的目标，要倾听自己内心的声音，然后跟随着你的心声，勇敢迈出你前进的步伐！在你经过不断的持续努力后，你就能做得最好！

注意哦，这里有个词，那就是持续、坚持。坚持是什么？坚持就是每天的进步！只要你选择并坚持了，那你的每一天都在向你的目标靠近，你的每一天都在进步，只要你坚信你能做到，你就一定可以做到！

还记得妈妈以前经常和你说的话吗？妈妈最大的希望是你健康快乐地成长！在你小学6年的时光里，妈妈许多时候做得不好，有时候会乱发脾气，有时候会无故骂你，有时候还会扔下你去做自己的事，有时候会惹你不开心，可一到睡觉的时候，你就什么都忘了，会开心地笑着对我说："妈妈，陪我聊聊天；妈妈，帮我倒杯水；妈妈，陪我睡一会；妈妈，你对我最好了。"看到你那灿烂的笑，我的气都被你赶跑了。内疚又会涌上心尖。可你永远都不会和妈妈生气，永远宽容妈妈，爱妈妈。有时生气甩脸色时，你还会对我说："妈妈，不要做个苦瓜脸嘛，要这样，"用两手在我嘴边往上划一下，"要像个黄瓜呀。"搞得我哭笑不得。

骋骋，你知道吗，你是上天赐给妈妈最好的礼物，是来帮助爸爸妈妈成长的。以前我们不懂得爱，有了你之后，我们懂了；以前我们不懂得珍惜，有了你之后，我们懂了；以前我们不懂得生活，有了你之后，我们懂了；以前我们不懂得包容，有了你之后，我们懂了……

你教会我们太多太多的东西。真的。所以，我一定要对你说声，谢谢你！宝贝，谢谢你教会我们爱。

在你即将踏上新的征途时，妈妈依然想对你说，宝贝，健康快乐是最重要的。妈妈希望你每天带着灿烂的笑脸迎接一切挑战，带着灿烂的笑脸面对一切困难，带着灿烂的笑脸走好人生的每一步，妈妈相信你做得到，因为，你是最棒的！

你是一朵花，一朵娇艳美丽的花，挺直你的腰杆，你会看到更自信的你；

你是一朵花，一朵勇敢坚强的花，树立你的目标，你会看到更优秀的你；

你是一朵花，一朵开在妈妈心上的花，动动你的嘴巴，哄哄你的老妈，用用你的小手，捶捶你的老爸，你是我们珍藏在心里，永远呵护，永远疼爱，永远绽放的那朵花。

爱你的妈妈
书于2014年6月27日晚11：45

回过头来的思考

转眼间小学6年又过去了，可到了初高中才知道，那个时间过得更快。而且再也没有小学时的轻松与惬意了。所以说，小学的6年太重要了，一是孩子的兴趣爱好的培养，二是经典书籍的阅读，三是良好习惯的养成，这个时间段太黄金了，记忆力黄金，亲子陪伴黄金，接受力黄金，所以，家长们真是不要错过黄金阶段了。

这6年，我觉得对骋骋的陪伴是够的，但亲子阅读是远远不够的，陪孩子一起对传统文化四书五经的诵读几乎就是空白，惭愧，遗憾……且无法弥补。

2021年9月18日

好神奇的魔力，2021年9月18日写下的反思，到10月6日决心参加耕读学堂，到今天变成了别人眼里的前行者，受益者，别人家的孩子。真的，一切都是最好的安排。

截止到现在，正好是7个月的时间，而我们不仅陪孩子背诵了91首古诗，5篇君子之首，7篇《四书选读之孟子节选》，更重要的是，我们准备开始研读《大学》了。我太期待了。

这几个月然小妹的变化与我们的变化用翻天覆地来形容不足为过。

然小妹实现了初步的自主阅读，识字量突破了2000，并在我的陪伴下，已经读完了《我爱阅读》之蓝色、黄色、红色系列，《鼠小弟爱数学》《数学帮帮忙》等100余本绘本了，开始了《小牛顿科学馆》《写给儿童看的中国历史》的长篇阅读。

这是孩子的进步与变化。

可以设想，长此坚持下去，读书明理之君子，有望矣。

而我也开始放下手机，重拾书本，静心读书，不仅每天诵读《曾国藩家训》《曾国藩传》及中华优秀传统文化五言诗，还坚持写日记、坚持研究，坚持反思。

这还不算，昨天我突然觉得，还是需要先立个小小的志，每日穷经读史，修身齐家，宜吾家人，然后可以治国人。

金丹换骨，立志即丹也。

2022年5月6日

Age 12—15 岁

第三卷

"妈妈,我数学没有A了。"我一惊,问为什么。"因为我后面的大题没有做出来,前面的压轴选择题也错了。"

我轻叹一声,算了,别多想了。

"惨了惨了,没有全A了,只能看语文拿千分之一了。"

我说:"美了你。"

妈妈,我知道了

过了12岁,青春期已在前面招手。那又将面对一个怎样的挑战呢?丑丑老师说,青春期的孩子最大的一个特征就是想要逃离呀,因为他觉得自己长大了,什么事都可以自己做主了。他想要逃离家庭的约束、父母的唠叨。

所以,送孩子去外地求学,也许是最好的缓解父母与青春期孩子对抗的一个方式了。

当然还要有一个前提,尊重孩子的选择与意愿。

新的征程

2014 年 8 月 24 日

新的征程开始了。

分班、报到、住校、与班主任见面、军训……属于骋骋的新生活开始了。而作为家长，已经忙碌很久了，忙着采购生活用品、忙着做思想工作、忙着担心孩子的适应能力……

昨天晚上，家长群里的爸爸、妈妈们都异常兴奋和热闹，讨论着孩子会分在什么班，会遇到什么样的班主任，能不能适应学校的生活，晚上10点多还让住在学校附近的一位家长去学校转转，探听消息。

而昨天晚上我的心情也非常复杂。10点多我和骋骋已经上了床，然后她钩着我的脖子说地："妈妈，咱俩聊聊。"我问聊什么。她说，聊聊八卦吧。我笑，说："好。"

她让我给她的几个闺蜜分析一下成长的状态，让我说谁谁谁会喜欢什么样的男孩，谁谁谁又会怎么样。我苦笑着随口说说，她却惊叫："妈妈，你真神呀。"

我瞪着眼睛，仔细地查找着她的名字，终于找到了，在1404班。我相信缘分，相信这最初的决定，相信她遇到的班主任和同学，一切都是最好的安排。

而且，她得出一个结论，长得丑是福气。我说是，少了许多烦恼，但你不丑。我又说，你不用担心，初中时，男孩子都不敢惹你。"那为什么呀？"骋骋很奇怪地问。我说："你长得太高了呀，男孩子哪敢喜欢你呀。"我俩狂笑。

然后，骋骋感慨，好期待呀。于是，我借机开始给她传经送宝，我说如果你能做到这三点，我相信你的初中生活会是非常开心和快乐的。

第一，与人为善。你有着一副热心肠，喜欢帮助别人，希望你能在今后的日子里一如既往地坚持，一如既往地拥有你的好人缘。

第二，提升能力。成绩分数很重要，但更重要的是学习的态度，学习的自主性与你学习的能力。从今年假期你自己为自己订的学习计划、时间安排表、自己的英语注册约课以及培训班结业成绩，都展现了你非常强的学习能力，你长大了，你有了前行的动力，你有了远大的目标，你明白了自己的需要。所以，这一块，妈妈对你特别放心。相信你一定能够很快适应初中的学业，并能与优秀生齐头并进。

第三，学会感恩。人在学习的过程中，不仅要学知识，还要学会感恩，学会奉献。如果说学校、班级、老师、同学需要你去做些什么，担当什么，你要主动学会去担当，去奉献，哪怕是牺牲了自己的一些学习与娱乐时间，你会有一些不同的意外收获。

我说得倒是蛮起劲，她却低着头看手机。我问："我说的三点记住了吗？""记住了，不就是与人为善、学习能力和懂得感恩哦。"她一脸无所谓。

我叹了口气，敢情我这是剃头挑子——一头热呀。

其实，我知道她是有些小担心的，担心科目多了，自己顾不过来，成绩往下掉怎么办。这何尝不是所有爸妈的担心，但我不能这么说，这么说就等于无形中增加了她的负担。所以，我对她说："你行，你一定行。别人能行，你肯定更行。"

去学校的路上，群里积极的爸妈已经把分班情况一页一页拍下来，上传了。我瞪着眼睛，仔细地查找着她的名字，终于找到了，在1404班。

我相信缘分，相信这最初的决定，相信她遇到的班主任和同学，一切都是最好的安排。

走起……

回过头来的思考

时间过去了8年，但我依稀感觉那天的场景犹如在昨天。

孩子第一次单独离开家，第一次离开父母的庇护，吃饭、住宿、学习能不能适应？

事实证明，小学如果缺少必要的磨炼与自主意识的养成，那是很难适应的。首先，吃的是大锅菜哪比得上妈妈的味道；其次，住的是集体宿舍，哪比得上洗漱畅通无阻的优待；最后，学习，原来好歹是优等生，现在全都是优等生中的优等生，落差不是一般大啊。

所以，在这个阶段，一定要帮助孩子突破心理关与环境适应关。

比如，和同学之前关系的构建，有了小伙伴的支持与同行，他们会比在我们这里得到的安慰有效得多。

骋骋表现很乐观，很积极，也很开心，甚至觉得食堂伙食太好了吧，两层楼自由挑选，每天水果、点心、鸡翅随心点呀。

说这话的时候，我一方面为她的大条表示欣慰，另一方面觉得自己女儿这完全和富养靠不上边，心生愧疚。

但事实是，按照现在老师的教育理念应该是，读书、锻炼与责任。

如果孩子从小就养成了这几大习惯，还会有上面的忧虑吗？

怕是会说"天将降大任于是人也，必先苦其心志，劳其筋骨，饿其体肤，空乏其身，行拂乱其所为，所以动心忍性，曾益其所不能"了吧。

2022年5月11日

33. 想娃的人

2014 年 9 月 2 日

今天是骋骋上初中的第二天，我这两天一直在等她的电话，可一刻都不曾离开的电话却没有响起她的声音。我心里一边骂着这个没良心的家伙，一边又忍不住多方去打听她的消息。

可想来想去，我知道，焦虑不安的人是我，她是惬意的。

想娃的人怎么办呢，幸好建了班群，于是守群、爬楼看信息成为我们这些焦虑的家长们最喜欢做的事。尤其是班主任老师会在安排完学生就寝，做完自己的工作计划后，于晚上 11 点左右在群里现身，然后答疑解惑。前几天问得最多的是，认识我们小子、丫头了吗？任课的都是哪些老师呀？昨天问得最多的是，我家那位表现怎么样，老师点评一个。今天问得最多的是，我们家怎么不打电话给我呀，也想让她竞选当个班干部多锻炼一下。老师耐着性子一一为我们解答。焦虑的妈妈们问题更多，这个问，我

孩子在适应，我们也在适应。仿佛我们的适应比他们更困难。因为，他们有了他们忙碌的学习和充实的生活，而我们始终无法转移我们关注的焦点与目光。

家胆子小、自理能力差怎么办？那个说，我家今天有点不舒服，请老师多关注一下；还有的说，我家的眼睛不好，怕看不清；还有的说我家的想家了，还哭了，怎么办？我家是个话痨，老师多费心。还有的恨不得把自己孩子的特点一股脑都告诉老师。当然最期待的还是老师把白天孩子们的一些表现和活动场景拍下来发到群里，这就是我们最开心的时刻了。

真正的验证那句，可怜天下父母心。

再晚，也要等到你。

骋骋很幸运，从前长得高没觉得是个优势，每次排队拍照都看不见她，因为她总站在最后。在这好了，反过来了最高的站第一排，所以老师发上来的第一张照片又是戴着胜利花和班旗站在一块，脸上挂着腼腆笑容的她。

聊着聊着，突然老师冒出来一句，是呀，哭成一片。我一惊，是说我们家骋骋那寝室吗？那个寝室有个姑娘应该是蛮想家的，一天打几个电话，还哭了，该不会是受影响了吧。

我一急，顾不上别的家长，直接打开小窗问老师。老师说，没呀，她自理能力蛮强的。那颗忽上忽下的心哦，这才慢慢地落了下来。我想她应该不会，总得遗传我的一些乐观精神吧。可总有些事是说不准的，和她一起来的一个好朋友、好同学、好闺蜜就遇到了一些小问题，真切地感受到了在家千日好，出门时时难。

吃饭排队难，洗澡要等难，睡觉按时难，晨跑坚持难，时间紧缺难，同学交往难，一切都要重新开始，一切都只能靠自己，一切都只能选择适应，所以现在大多有娇气、有脾气、有贵气的孩子自然会有些不爽了。他们的不爽唯一的作用就是让他们的爸爸妈妈更加不爽，更加担心，更加牵挂。

于是，最近听闻谁又去探班了，谁又去租房陪读了，谁又准备买房了，这几天，孩子们把家长的心都勾走了，时时刻刻盯着群，看有没有娃的信息；分分秒秒守着电话，最怕漏掉娃的来电。实在分不清是孩子离不开父母，还是父母离不开孩子了。口里说着，娃们都好，别想了，该干什么干什么去吧，可敲出来的字却是，哪位家长看见我的娃，让他打个电话。

疯了。一群想娃的人。

我快要睡的时候，听到骋骋的手机还在顽固地叫着，忍不住拿过来一看，是原来小学的班群还在忽闪忽闪着。原来班主任接了新班，在思念以前懂事的娃。而家长们也都在纷纷报告各自孩子新的学习环境与情况。我用她的号问候老师和老朋友们。老师笑了，又一个想娃睡不着的来了。

是呀，孩子在适应，我们也在适应。仿佛我们的适应比他们更困难。因为，他们有了他们忙碌的学习和充实的生活，而我们始终无法转移我们关注的焦点与目光。

从选择异地求学开始，我们就该知道，我们是选择了提前放手。开学的第一天，许多人分享了龙应台写给她儿子的话，让他好好学习是为了以后有更多选择的机会，能够赢得更好的工作、更多的尊重，从而获得我们想要的快乐。我非常赞同。

可我更喜欢另一段话，要孩子是为了什么，是为了参与一个生命的成长，参与意味着付出与欣赏。不求她完美，不用替我争脸面，不用为我传宗接代，更不用帮我养老，只要这个生命健康存在，在这个美丽的世界走一遭，让我有机会与她同行一段……

同行的日子倍加珍惜。想娃的人，还没睡。

可爱的班主任老师戏说准备求雨去了，那是因为，只有下雨，孩子们就不需要晨跑了，而晚上12点还不曾躺下休息的他，明天该是6点就要站在操场等着孩子们了吧。老师很年轻、有激情、很幽默，一直在宽慰着想娃人的心，一会儿说争取明天上个图，让大家膜拜下；一会儿说对坐姿不佳的女娃舍不得打；一会儿说，看到最后一个慢悠悠到操场的男生，满脸都是泪；一会儿说给代替爸妈提醒分心的孩子挂个旗子，写上奉旨敲人……直到回答完最后一个问题。有这样一个耐心细致的班主任，我们还有什么不放心的呢？

睡吧，想娃的人。

我的娃，骋骋，该早进入梦乡了吧。

梦见妈妈在你的额头上亲了一下吗？

你知道吗？今天看见你和两个同学相偎一起开心的照片，那一刻，妈妈真的很幸福，妈妈为你骄傲。

回过头来的思考

我特别想说一句话，离不开的、舍不得的、放不下的，适应不了的，不是孩子，而是我们家长。

担忧与焦虑是正常的，可不正常的是，日复一日地庇护与叨唠。

纪伯伦的诗实在说得太好了，我不得不把这段全部引用过来。

我们的孩子并不是我们的，而是"生命"对自身的渴望所生的儿女。

他们借我们来到世上，却并非来自我们。

他们虽与我们一起生活，却不属于我们。

我们可以把爱给予他们，却不能给予他们以思想。

因为他们有他们的思想。

我们能够庇护他们的身体，却不能庇护他们的灵魂。

因为他们的灵魂居于明日的华屋，那是你们无法想见的，即使在梦中。

你可以努力以求像他们，但不要试图让他们像你们。

因为生命不能走退步，它不可能滞留在昨天。

我们是弓，我们的孩子则是我们从弓弦上射出的实箭。

射手看见竖立在无尽头路上的目标，

他会用自己的神力将我们的弓引满，以便让他的箭快速射至最远。

就让我们的弓在射手的手中甘愿曲弯；

因为他既爱那飞快的箭，也爱那静止的弓。

生命始终是向前发展的，所以，我们应该做的就是，选择相信。

2022年5月11日

34. 自述

2014 年 10 月 10 日

这就是我

本人姓袁名骋骋，年仅 12 岁，相貌平平，但仍可在人群之中寻到那个个儿高高的我。这就是我——一个特别的我。

我高高瘦瘦的，一头齐肩的黑色短发，自我感觉良好。别人看来我可能是温文尔雅，可只有我自己知道，我淡定的外表下通常是一颗"疯子"的心。

偶尔，在室友们面前，我会放纵一下自己，和大家嬉笑打闹；在亲人面前，我会变成一个不折不扣的淘气鬼，到处"兴风作浪"；但在学习时，我又变成那个"淡定姐"，开启"学霸"模式，全心投入其中。

我的兴趣爱好很广泛。我爱阅读，散文、小说……我的书架上应有尽有。我喜欢画画，偶尔随手画几笔发泄下情绪，又常画些写实的素描；我运动

> 我高高瘦瘦的，一头齐肩的黑色短发，自我感觉良好。别人看来我可能是温文尔雅，可只有我自己知道，我淡定的外表下通常是一颗"疯子"的心。

细胞不发达，可我却爱看比赛，奥运会、世界杯我可不会错过；我喜爱各种美食，还会做几个小菜，说我是吃货名副其实……

朋友们都说我性格好，会忍让，很负责，我却不这样认为。我虽然会忍让，可我发起脾气来"惊涛骇浪"；我虽然很负责，可常丢三落四，忘了一些很重要的事……我并不优秀，我数学不好，很容易哭泣，经常会失败，会完成不了一些任务，偶尔偷下懒休息几天，会很磨叽，会抱怨生活，会否定一些优秀的人，也会不经意伤害到别人……

可是，这就是我——一个平凡的我。

有人会觉得我的名字很奇怪，的确，我自己也这么认为。我的名字来源于我的爸爸——他希望我能成为一名足球运动员，于是便有了"骋骋"：在青草地上驰骋；同时也有谐音"清晨"的意思，因为，我正好在清晨出生。"骋"的部首是"马"，我又属马。呵呵，我的名字可寓意不浅呢。

这是骋骋上初一后语文老师安排写的一篇作文，老师点评，文章颇有些韵味！

我总以为自己很了解她，没想到她有着更丰富的内心世界。她很真实，真诚地面对自己的缺陷，哪怕是抱怨，哪怕是否定优秀的人，哪怕是伤害别人，她都不曾回避。也许这是她这个年龄所具有的特征，但我希望，随着时间的流逝，随着她的成长，永远能够真实地面对自己，面对自己的美与不足，接纳自己和别人的不完美。

永远爱自己！

每个人都是平凡而独特的。很高兴的是，骋骋能够看到自己独特的一面，也希望她能找到自己阳光自信的一面。因为，她有着很好的一个品质，善良。她严格遵循学校、老师的规章制度，她用自己的善于包容接纳的心去对待别人，用积极认真的态度去面对学习与挑战，我为她骄傲！

也谢谢老师的用心，让我们能够快速了解他们的同时，也让我们再次审视我们平时对他们的想法、看法与做法，让我感觉陪伴孩子的成长是一件多么重要，多么有意义，也是多么需要艺术的事！谢谢骋骋，让我有了机会通过文字重新认识你！

回过头来的思考

其实一个人的自我认知是最可贵的。不是有一句话，人贵有自知之明吗？而这样的自述，可以让孩子更清晰地看到自己的优缺点。又或是通过这样的表述来认识自己，了解自己，接纳自己。

认识了自己后，才有可能进一步完善自己、提升自己。而看似很懂孩子的家长，也会有一种恍然大悟的感觉，哦，原来，我的孩子有这么多优点，原来孩子也会有淡淡的忧伤，也会有诸多烦恼……

如此，我们可以和孩子一起针对存在的问题，细细地交流与沟通，成为那个真正能懂孩子的家长。

2022 年 5 月 11 日

妈妈，你是我的偶像

2014 年 11 月 10 日

曾几时起，我就不再是骋骋心中那个无所不能的妈妈了，会经常听到她说："呀，不和你说了，说了你也不明白。"还有就，"你这（英语）发音算了好吧。"好伤人哦。要不就是，"你们这些中老年人只知道发朋友圈、刷微博。"看到她一天天长大，一天天优秀，我对她的话只能是一笑了之。

可上周骋骋回来她很认真地对我说："妈妈，我最近一定要学习几样东西。"我躺在床上没回过神来，她已经开始巴拉巴拉说起来。

"第一，我想学泡茶。"

"好呀，心的味道就是你泡出的茶的味道。"

"第二，我想学炒菜。"

"好呀，这个可以跟你老爸学，他做得还不错。"

"第三，我想向你学拽文艺！妈妈，你拽文艺拽得好好哦。"

妈妈，你是我的偶像。妈妈，你教我拽文艺好吗？当她直接倒在我的怀里这一刻，我真的很开心。终于还能在崽崽的心里占有那么一席之地。

我大笑："什么拽文艺，妈妈本来就文艺嘛。"我问她怎么知道我拽文艺拽得好，她说她班有个同学把同学的名字在网上都搜了遍，发现了我为她写的许多博客，然后发现骉骉同学的妈妈居然把《一个人的夏夜》拽得那么文艺，还有《骉骉成长日记》系列——一个记叙文也能写得那么温暖。

"妈妈，你是我的偶像。妈妈，你教我拽文艺好吗？"

当她直接倒在我的怀里这一刻，我真的很开心。终于还能在崽崽的心里占有那么一席之地。

她接着说："妈妈，你继续写我的成长日记吧，写得好好哦，只是更新得太慢了。博客里还在小学没毕业呢，可我现在都已初中上了快两个月了。"呵呵，这个意见提得好啊。博客许多内容都没有及时更新了，但她的成长日记断断续续还是写了一些的，只是日子过得有些懒散。崽崽寄宿的日子，居然没有安排哪天是安心在家梳理思想和码字的时候，总以为在喧嚣，在热闹，在运动中能够让自己过得很充实，很快乐，很自由，但实际上精神上更多的时候是虚无。

写这篇文字的时候，崽崽在她姑姑家。昨晚她还赖在我的身上说家里好舒服，然后迷迷糊糊地问："妈妈，你明天一早就上班去了吗？"我是说呀。"呜呜，妈妈，我明天就要离开你了。"我说："傻呀，过几天不又回来了嘛。"由于学校安排正规的期中考试，所以她在家多待了一个晚上，还可以到姑姑家小住两天。好不容易让她带了手机到学校方便接送，可这一天她就给我打了数十个电话，提出各种问题，如什么时候下楼？怎么去学校？什么时候到教室去拿学习资料？什么时候回寝室？我简单地回复了一下，我说："爱崽，你自己的事情你看着办就好了。安心考试。"

学校的高度重视也让家长、孩子们都认真地对待进校以来第一次大型的考试，也可以说是一次试探性、适应性的摸底考试，以前的成绩只能代表过去，而现在，今天，你学得如何，掌握得怎么样，跟不跟得上老师的节奏，这才是最重要的。

下午6点，骉骉考完了语文和英语，第一时间给我打了电话，说起她写的作文《等待》，说起她没看清题而做错了的题，说起英语还留了一个小时在无聊地打发时间……

我很开心，还能做她有事第一时间愿意与之分享的人，还能成为她心中的偶像。明天还有她小担心的数学考试，我希望她能考出自己的最高水平，不管这水平相比其他学霸来说，有多少差距，但至少她做到了最好的自己！加油，妈妈永远支持你！

回过头来的思考

此心安处是吾乡。

其实，有时最后悔的事，是当孩子离开了我们，而对有一段属于自己的独处时间并没有好好珍惜，静心学习。

等到现在二娃出生又重新遛娃时，才发现美好的时光已经一去不复返了。而现在要抽出时间来以美吾身的学习又是多么不容易的一件事。一是时过未学，勤苦难成；二是缺课太多，难以弥补；三是立志太晚，万事无成。德无成、业无成，这是必然的了。

可就是这样，还是要继续学习，与孩子终身成长，活成你期待孩子成为的样子。这是我们每个家长的责任，也是我们在亲子教育道路上，走得更长远、坚实的必修之路。

千万不要等到孩子嫌弃我们的那一天，才后悔当初没有和孩子一起学习和成长。

2022 年 5 月 11 日

致我亲爱的妈妈

2014年12月2日

去开家长会之前,骋骋对我说:"妈妈,我给你写了一封信,你定会……"说完表情有些怪异。我以为她一定像小学里的那封信一样体贴又让我感动,所以,心怀期待。

坐在她的小小课桌椅上,我迫不及待地打开信封,准备享受她写给我的信。可这份惊喜,太让人意外。她说,由于时间原因,她没能好好给我写这封信,有话回家慢慢说,还来个无言是最伟大的爱!把我气得半天无语。待了半天,我在她的信纸背面写了几句话给她:没想到,上了初中的你,开始与父母有了慢慢地疏离,时间不是理由,只要是用心,因为哪怕只有几句话,也能写出自己的心里话。我一直记得小学里她写给我的那封稚嫩却让我记忆深刻的信,我一直收藏着。

看了这几句话后,骋骋发现我是真的有些生气了,于是短信一条条发

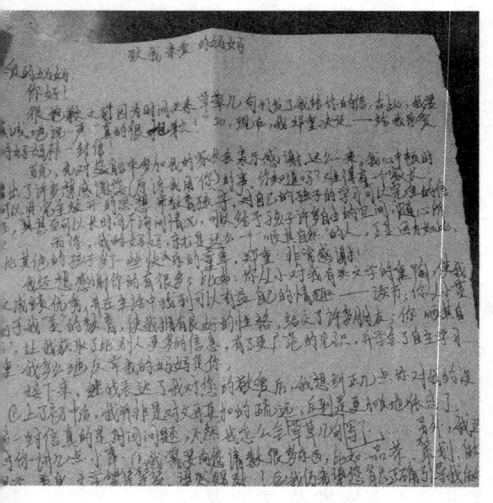

> 我想要一直陪着你长大,看着你进高中、读大学,然后接妈妈到你的学校去玩、帮你看男神……无论你在哪里,妈妈的心永远牵挂着你!

过来，让我别生气，答应帮我补。我突然感觉自己有了强买强卖的意思。但是，内心还是渴望着。

于是，周日的下午，她利用一个下午的时间，趴在床上给我补信。事实证明，这样的强求总是有结果的。更重要的是看到孩子的心路成长历程，让孩子构建感恩的品质。

原文记之。

致我亲爱的妈妈

亲爱的妈妈：

你好！

很抱歉之前因为时间关系草草几句打发了我给你的信，在此，我要真诚地说一声："真的很抱歉！"So（因此），现在，我郑重决定——给我亲爱的妈妈补一封信！

首先，先对您能来参加我的家长会表示感谢。这么一来，我心中顿时冒出了许多想感谢你（原谅我用"你"）的事。你知道吗？难得有一个家长，可以用"完全放开"的思想来教育孩子，对自己孩子的学习可以完全信任，甚至可以长时间不询问情况，可以给予孩子许多自由的空间，随心所欲……而你，我的妈妈，就是这么一个"顺其自然"的人。正是因为如此，我比其他的孩子多了一些快乐。

郑重：非常感谢！

我还想感谢你的有很多，比如，你从小对我有关文学的熏陶，使我语文成绩优秀，并在生活中找到可以有益自己的情趣——读书；你从小灌输于我"美"的教育，使我拥有良好的性格，结交了许多朋友；你"顺其自然"，让我获取了比别人更多的信息，有了更广泛的见识，并学会了自主学习……

郑重：我多么庆幸我的妈妈是你！

接下来，继我表达了我对您的敬爱后，我想纠正几点你对我的误解。

1. 上了初中后，我并非对父母更加疏远，反倒是更加地依恋了；

2. 第一封信真的是时间问题，不然我怎么会写下草草几句……另外，我还想对你讲几点小事。

3. 我需要向您请教很多东西，比如：品茶、策划、做菜、心理学、养生、文学等，望赐教！

4. 我仍希望您能正确引导我做一些事，并在我需要帮助时帮助 me（我），我还有许多问题需要你的解答……

5. 我们会一直做朋友的，对吧？

6. 好歹为了我和老爸，把身体养好，妥妥地……

大概就说这么多了，我困了，先睡午觉了。

套话＋（真心的）：祝妈妈身体健康、万事如意、天天开心、工作顺利、事事顺心、笑口常开！

草于2014年11月23日下午3：08（结）

签名：骋骋
（正版授权）

我看了这封信，第一是感动，哪怕就为了她其中的一句话，让我为了她和老爸养好身体，想着多年来的努力与付出，一切都是有意义的。

首先，她对我用"你"，感觉就很亲切，证明我们彼此之间是没有距离的，这让我开心又骄傲。当她说到长时间不询问她的学习情况时，我却又有了内疚，似乎对她的学业太过忽略，没有尽到一个母亲的责任。但小小年纪的她，居然能够理解我对她的"顺其自然"的教育方法。其实说不定也是为了自己开脱责任呢。真心谢谢她能这么看。

第二个部分，她对自己的成长开始有了更清晰的认识。比如自己对文学、对阅读、对美的追随与向往，比如她与人为善的性格，比如她的自主学习能力，看到她对自己的定位与认识如此阳光，作为母亲，无比喜悦与欣慰！

第三个部分，看到了她的适应能力与内心的力量。她已经为自己的成长开始选择，选择什么样的色彩，选择什么样的主题，选择什么样的人生。

  在此，妈妈想要回应骋骋几句话：一是你想学的东西，如果妈妈会，妈妈一定不遗余力教给你。如果妈妈也不会，妈妈会引导你从书本中、从生活里去学习、去实践。妈妈觉得你的这几项爱好简直是太棒了。这么小想到要学的东西就如此丰富，简直是高大上啊。你每周回来，妈妈希望都能就这几方面和你做一些探讨与交流，希望我们能够共同学习与进步！二是在任何时候你需要爸爸妈妈的帮助时，爸妈一定会帮助你支持你的，你放心。妈妈觉得能与你一直共同成长是最幸福的事。三是妈妈一定把自己的身体调理得妥妥的、棒棒的，因为我想要一直陪着你长大，看着你进高中、读大学，然后接妈妈到你的学校去玩、帮你看男神……无论你在哪里，妈妈的心永远牵挂着你！

  我周末送你上学时，才发现你的垫被是全寝室里最薄的，枕头太矮还要用书增高，睡得肯定不舒服，脚上还穿着单布鞋，心里就暗自责怪，没有好好地照顾你。我准备周三过来的，但又接到了你没带葫芦丝的电话，担心你不能参加音乐考试，于是周日晚上临时决定，秒速在网上订好票，周一中午坐高铁过来。结果到了寝室，你没在，你去学生会开会去了，我觉得你很棒，很能干。我帮你弄好东西后，出寝室门时，我鼻子突然感觉很酸，很舍不得你，眼睛一下湿润了。

  也许是过两天要出远门的原因吧。突然之间，舍不得离开你，还有爸爸。

  后来接到你的电话，你开心地说："妈妈好棒！谢谢妈妈！"还让我念给你留条上的那几句话，我说："就是你不在家的时候，妈妈一定要照顾好自己，妥妥地！"

  等着妈妈回来！爱你宝贝！

2014 年 12 月 2 日下午 5：35

回过头来的思考

都说母爱是伟大的，不求一丝回报。但若是儿女有一丝的回应，都能把父母感动得一塌糊涂。

前几天母亲节，群里一个妈妈的日记写道，女儿做了咖喱饭团送给妈妈吃，可能是味道不好，也可能是吃不下了，妈妈偷偷扔到了垃圾桶里，被女儿发现了，女儿当然很伤心，妈妈又说是不小心掉了。后面被老师狠狠批评，不懂爱，必须诚恳道歉。

骋骋也看到了，还义愤填膺地对我说，怎么有这样的妈？！

我笑了，我说你们只看到了自己小小的一点付出，而没有看到父母日复一日，年复一年地为你们所做的一切。

她听了，沉默了片刻，回复："确实。"

其实，父母对儿女的付出都是这样的，无条件的，不求回报的。读书明理的孩子，自然会在母亲咳嗽时为她捶背，为她端水；自然会帮助妈妈折叠衣物、打扫卫生、清洗碗筷；自然会承担起他们的那份责任，对劳累的妈妈说，东西让我来拎吧……

耕读园的孩子（参考附录《耕读园的幸福生活》P299）正走在这条路上。

2022 年 5 月 11 日

带着梦想前行

2014 年 12 月 4 日

今天下午,妈妈就要踏上一个全新的旅程,走出自己的国门,到外面去看看精彩又不一样的世界。此时此刻,妈妈却还想和你唠叨几句。

上周末,我受你们老师的邀请给你们班讲了一堂关于梦想的课。那天气氛很活跃,我也被你们的新奇思维而打动。后来,你对我说:"妈妈,你今天的形象完全颠覆了之前在我们室友心中的形象。"我问课讲得还可以吗?你说:"蛮好的,就是太快了。"确实你一眼就看出了妈妈的不足。

之前,由于准备得不是特别充分,再加之周末放学怕耽误你们的时间,还有一个更重要的原因,在你们的地盘上上课,面对的是优秀学生、优秀老师,那也是非常有压力的。但之前老师和我说了后,我满口答应下来,最主要的目的也是为了你。因为,我想要证明给你看,妈妈,愿意为了你努力成为

虽然现实很残酷,但梦想可以给予人希望和想象,让我们在任何时候,都有勇气不断努力前行,都有信心去创造自己想要的生活!

妈妈希望和你一直走在追逐梦想的路上!

一个优秀妈妈!

　　带着你们玩了两个游戏后,我问你举手了没。你说没有。你说想把更多的机会让给其他同学,你可以回来再玩,真是一个懂事的家伙。等到让你们自己思考自己的目标与梦想时,同学们渐渐地安静下来,开始冥想。我引导着大家思考自己的短期、中期、长期目标是什么;三年以后你会在哪里;你在做些什么,又和谁在一起。其实光是这个未来设计就可以上一节课的,但是确实时间不允许。只能匆匆太匆匆。但你们的表现却给了我许多意外与惊喜!

　　你们纷纷写下自己的梦想,贴在教室的后墙上,我仔细看了一下,许多梦想让我莫名感动。如果时间允许应该让你们再做一下分享的,因为看到别人的梦想,我们会想到自己的梦想,也许会对自己的梦想实现充满力量。

　　有的说,我的梦想是当一个普通的人,虽然很卑微但又很伟大,要幸福要快乐。有的说,要成为东大的一名学生,在东大里走着自己通往梦想的道路。但是高中至四大名校学习,也是梦想之道必需的垫脚石。有的说,我的梦想是当一名歌星,所以,我会不断努力,早日登上梦想的舞台!还有的说,要考上四大名校,成为一个让人羡慕的人,考上重点大学,健康快乐地生活一辈子。有的还说,要成为经济学家、股票投资家,短期目标考入清华北大。还有的说,我的梦想是考进一流的传媒大学,当一名优秀的艺术家,落款是一个平凡的女孩子。还有的想要成为历史学者,研究历史,学习历史。还有的说要成为一个造福人类的科学家。还有的说希望自己能进入国家高科技研究机构,给国家创造出更好的事物,使国家和谐统一,为国家奉献一生。还有的说要成为一名篮球运动员,成为一名老师。还有的说要回报每一个关注自己的人,孝顺长辈。还有的说要做一个永不放弃希望、遨游世界的人……

　　这些或平凡或伟大的梦想,不得不让人震惊!小小年纪,心却很大!难怪有"少年强则中国强"的说法!

　　而你的梦想却非常朴实,短期:期末、月考好好考;中期:一是多读书,三年内读完书柜里的书（积累自己）；二是中考好好考，为进雅礼集团而奋斗……三是搞定学习；长期，自在心中。正是因为你对自己目标的实际性，更让妈妈看到了你自己前行的力量。如果你真能一步一个脚印地，努力去实现自己的每一个目标，相信你的大目标——梦想，一定能够实现！

　　妈妈希望你能一直带着梦想前行，因为那样是美丽而充满激情的。正如现在的妈妈，一直还在追逐着自己的梦想，虽然现实很残酷，但梦想可以给予人希望和想象，让我们在任何时候，都有勇气不断努力前行，都有信心去创造自己想要的生活！

　　妈妈希望和你一直走在追逐梦想的路上！

回过头来的思考

　　前几年流行一句话：梦想还是要有的，万一实现了呢。

　　梦想在一定程度上可以激发我们顽强的斗志与坚持的信心，帮助我们一步步靠近梦想。但现在看来，所谓那时的梦想，不过是一时的短期目标而已，无法与立志高远相比。

　　阳明先生说，志不立，天下无可成之事。

　　曾文正公说，有志有识有恒，断无不成之事。

　　正是因为他三十岁立下圣人之志，为自己定下每天的日课，穷经读史、研几修身，坚定不移、不打折扣地完成，所以成为"立德、立功、立言"三不朽的半个完人。

　　所以，如果可以，一定要让孩子早日立志，而且是高远之志。

2022 年 5 月 11 日

38. 陪孩子走过人生的一段旅程

2015年5月16日

早在骋骋期中考试前，老师联系了我，说让我在家长会上作为家长代表发言，我犹豫了半天说，若是孩子考得不好，会不会让大家觉得，自己的孩子教得也不过如此，还有什么好说的呢？再者，我做得并不是很好，要说也只会说，父母最应该做的事，不是做主，而是陪伴。而老师肯定地告诉我，要的就是这个。我听了这话，也算是心里有了底。

周末回家，我再次征求骋骋的意见，骋骋惊讶地叫了一声。我小心地问，到底要不要说啊。她考虑了一下，点点头，还是说吧。估计上次为她班上讲过一堂游戏课后，寝室同学对她说："你妈妈的形象彻底颠覆了。"所以，这次是否也有为她妈妈小骄傲的意思呢。既然如此，就认真思考吧。

我总是在想着，我每天的工作、

> 我总是在想着，我每天的工作、生活、梦想是什么样的，该如何一步一步去前进，许多时候不仅是为了自己，而且是为了给孩子做一个榜样，活着就要活得更加有意义。

生活、梦想是什么样的，该如何一步一步前进，许多时候不仅是为了自己，而且是为了给孩子做一个榜样，活着就要活得更加有意义。我在鼓励她要努力的时候，是否，我们做父母的更应该做得更好。于是，我和1404班的家长们有了一次愉快的交流。将分享的提纲原文记录下来，作为纪念。

陪孩子一起快乐成长

1. 陪伴成长

陪孩子一起快乐成长。上学第一天，告诉她两句话，一是学习是你自己的事。自己的事要自己学会安排做好。二是学习是一辈子的事。需要我们日积月累，需要我们持之以恒，需要我们着眼长远，而非一朝一夕的分数。

告诉她我的期望：妈妈最大的希望，是希望你健康快乐成长。

2. 自理能力

独自过马路。由于诸多因素，小学二年级骋骋就开始自己独自放学回家。上学时我会尽量抽空送她，路上和她一起聊聊学校里开心或不开心的事。快到学校的时候有一条马路，许多家长就是因为担心孩子过马路，所以每天都会去接送。而我，坚持只送她到马路这面，远远地看着她自己走过斑马线，等到她已经可以从容淡定地穿过马路后，我也就自然地放开了牵着她的手。

做力所能及的事。平时会鼓励她做一些力所能及和感兴趣的事。如做菜，洗小物件，整理自己的床铺等。做菜，许多家长是不放心的，我的做法就是在我的视线和可控范围内，让她自己大胆地尝试，提醒她自己要小心。所以，她自己还能炒几个小菜，下个鸡蛋面。

3. 榜样力量

传导正能量。小的时候经常陪伴她一起参加一些公益活动，让她从小懂得感恩惜福，如陪伴老人、关爱孤儿，还有每周的登山活动，充当我的助理老师等，让她拥有积极、阳光、热情、开朗，乐于助人的性格特征。

随时随地爱上阅读。这是一辈子受益的好习惯，腹有诗书气自华。有时候我们自己装也要在孩子面前装一下，如此，引导孩子慢慢感受到阅读的美好。如果自己做不到成为孩子的榜样，可以关注她喜欢或崇拜的人，树立榜样的力量。

4. 正确引导

引导孩子尽早确定自己的目标。上次讲完课后，我特别关注了她写的目标，短期是把小测试考好，中期是把期末考试考好，长期是把中考考好。孩子自己确立了目标，我们所要做的就是鼓励她自己加油努力去实现目标。小学五年级前我和她都没有到长沙读书的目标和意识。然而一旦确定了目标，她的全面提升是显而易见的。而现在有了目标的她，几乎是藐视我，直接和我说，她的成绩好，和我没有半毛钱关系。

5. 等候召唤

不要太过热情主动去帮他，等待他的需要、他的召唤。

青春期的孩子会有一些叛逆开始显现，家长最需要做的就是陪伴。不仅是身体的陪伴，而且是心灵的守护。但太过主动，孩子会烦。可以询问，孩子需要帮助时，我们义不容辞给予我们的建议。尤其是培训班的学习，最好是孩子自己的选择和决定。你的选择和他的选择决定着一个被动和主动学习的态度关键。

6. 爱，应如他所是，而非如我们所想。

真正的爱，应如他所是，而非如我们所想。

每个孩子都是通过父母来到这个美丽的世界，让我们陪伴他走过一段人生美好的旅程。世界上所有的爱都是为了靠近，而唯有父母对孩子的爱，是为了分离。只有让孩子早日从我们的呵护下成长起来，早日成为于国家、社会有用的人，早日实现他的理想与价值，这才是这份爱的真正意义。

会后，有几个家长偷偷发信息给我说，讲得很棒，很实在，很有用，受益匪浅。我也很感动，如果，我所说的对大家哪怕有一点点启发与触动，能让我们的孩子最终受益，一切都是值得的。

　　一切都是缘分。所以，加入新集体，就努力让自己融入进去，努力让自己为集体这个大家庭做点自己力所能及的事。不为别的，只为给孩子做个榜样，做一个充满正能量，积极向上、向善的人！

回过头来的思考

　　误打误撞，陪伴孩子在读书、锻炼、责任中前行。

　　如果想要孩子成为什么样子，那我们父母应该先努力活成期待孩子的样子。哪怕是装，也要在孩子面前装作自己是个爱读书的人。有些事，也许当我们装着装着，就变成真的了。比如我，一个体育生，转变到文艺青年，不过用了十几年的时间。这是骋骋最近给我的评价。只是大家不知道，这近二十年自己是怎么一天天走过来的。

　　其实我们不需要做文艺青年，但可以做热血青年，做个一直热爱生活的人，热爱生活给予我们的一切美好与缺憾。

　　因为，那一切都是最好的安排。

2022 年 5 月 11 日

丰富假期活动

2015 年 8 月 18 日

放暑假了，四班的家委会很热心也很齐心，组织了系列的游学活动。我基本会鼓励骋骋参加，因为真正开阔眼界与锻炼能力的就在这些实践活动中。

今年 6 月，班上一起组织去韶山进行参观学习。有位同学的妈妈为我们精心安排了一些活动，让大家享受到了不一样的待遇。我看到孩子们大胆地去尝试水上过独木桥、打水仗等活动时开心的笑脸，也由衷地为他们感到高兴。当然还有拓展运动时的一些矛盾与冲突。在参观农业基地的时候，我拍了一组骋骋和同学们一起跳起来的身影，阳光而青春。初中难得有这么一个开心的暑假了。晚上我们一起观看了湖南韶山大型实景表演《中国出了个毛泽东》，非常震撼，孩子们有的甚至看得流泪。看来多种形式的教育对孩子们的触动是比较大的。

7 月底，我们追随骋骋爸爸打比赛

不尽如人意的是，我们绝对想不到可以用这样的方式去游学。这是因为我们不是读书人，所以根本想不到会用这样的方式。

的脚步，直奔山东威海。到了海边就是看海吃海玩海了。没做攻略的我们傻傻地跟着别人走，结果最漂亮的地方也没来得及去看。我们后来转到青岛，住在了海边上。房子不算太好，但可以听到海浪的声音，还可以看潮起潮落。晚上穿过一张当地人开发出来的小门，就可以走在小青岛公园安静的路上了。可以吹风听涛，可以看当地人捉螃蟹，可以天地无言静坐无语。

等到骋骋爸爸打完比赛赶过来，也就算是我们的亲子游了。夏季的青岛是喧闹的，到处都是人，我们每天睡饱吃饱后才出门，停停走走看一些随意的景色。有一天，我和骋骋租了辆亲子车一起骑着上山，去看八大关各国风格建筑，还是很舒服的。两个人相互鼓励着看了不少风景。我们白天坐了快艇去了栈桥，博物馆也顺路看过了。到了五四广场，看了大火炬，让骋骋对当年的历史有更深刻的记忆。个人觉得行程里最有意思的还是有天晚上，潮水退去，露出大片岩石，我们买来草席，打包了许多海鲜烤串，席地而坐，吹着咸咸的海风，听着海浪轻轻地拍打，那种感觉真好，骋骋也吃得很爽。

清晨起来再看，昨夜我们所坐的地方已是一片汪洋，涨潮了，水快及路面了，仿佛昨夜的欢聚就是一场梦境。绿色的水藻不知道从哪里赶了过来，裹在红色的礁石与蓝色的海浪中间，煞是漂亮。

刚从青岛回来，骋骋又参加了班上组织的红色桂东实践活动，参观红色基地，慰问抗战老兵。无忧无虑的他们，当然把这样的活动当作了欢聚之旅。少年不知愁滋味，也好，晚点懂得。喜欢四班团结的氛围，热心的家长总是早早地筹备一些活动，让孩子们在学习之余懂得更多。毕竟课本上的知识是片面的。懂得感恩，懂得珍惜比懂得拿高分更重要。

回过头来的思考

有点遗憾，这个部分写得太仓促了，绝对是后面补上的。

记得当时假期组织了好几场游学活动，甚至还带她去了一趟迪拜。班上的家长空前团结友爱，每个活动地点都有专程安排与私人定制活动，感受特别深。

孩子们玩得不亦乐乎，妈妈们也畅所欲言，这样的氛围是很难得的。就好像是我们现在的抱团成长，可以相互督促，相互激励，相互学习。

不尽如人意的是，我们绝对想不到可以用这样的方式去游学。这是因为我们不是读书人，所以根本想不到会用这样的方式。

我把老师的话抄录下来，供大家参考。

对于孩子们来说，外出游学的选择：

第一，大学，大学城。这也是培养内驱力最好的地方。多数清北孩子，都有这样的经历，小时就去过北大、清华这样的名校，心生向往。这比我们苦口婆心要好得多（这个我在骋骋初中的时候践行了，感觉不错）。

第二，图书馆、博物馆、科技馆（之前基本无此选择项）。

第三，有历史人物或历史典故的地方（很有名的地方会去）。

如读《滕王阁序》去南昌，读《大观楼长联》去昆明，读《阿房宫赋》去西安；单我们湖南，自然想到，在岳阳楼下读《岳阳楼记》、窦垿的《岳阳楼长联》，在橘子洲头读《沁园春·长沙》，在道县读《爱莲说》，在永州读《永州八记》……不是读书人的我们，怕是到了这些地方，只能啊啊，感叹两声罢了。

那这些遗憾是没有办法去弥补了。

不过，下次再带孩子出行，可试此方法。第一站去娄底双峰县，读《曾国藩家训》，走起！

2022 年 5 月 11 日

在成长中领悟亲情

2016年5月12日

前不久的周末，一宵春雨晴，满地菜花吐。我带上相机，带上好心情，带上爱屁崽，一起出发去晒太阳，赏花。只是花非花，梦非梦，骋骋还是一如从前不喜欢拍照，只剩下我一个人独自臭美。

清明节我们一起回乡下了。紫藤花开得繁茂，从二楼一直垂到一楼，铺天盖地，即使凋落也美了一地。我们一起去祭拜了爷爷，虽然与爷爷的相处并不是很多，但从你的一篇写爷爷的文字来看，你还是非常喜欢和想念爷爷的。其实，我也是。开明智慧的老人总是让人欢喜的。

母亲节当天，你下了课抽空去给我买了花，还给了我一个香香的吻，这是妈妈收到的最好礼物，很开心。可没想到晚上10点，你却给了我一个更大的惊喜。你打了电话过来，说："妈妈给你听首歌。"然后在你们寝室里响起

突然觉得孩子在这个阶段，用自己独特的感受在领悟着什么是血浓于水的亲情。

了一群女孩子的声音，世上只有妈妈好，有妈的孩子像个宝……声音温暖明亮，那一刻真的好感动啊。也不知道是哪个情商这么高的家伙想出来的金点子，发福利给我们这些妈妈。

突然觉得孩子在这个阶段，用自己独特的感受在领悟着什么是血浓于水的亲情。

真的谢谢孩子，带给我这么多欢快与喜悦。

附骋骋纪念爷爷的小文：

在成长中领悟亲情

骋骋

又是一个阴沉的天，只有几只目空一切的鸟儿从上头越过。我独自坐在老家的池塘边，一个光线并不明亮的八角亭里。仔细想想，这一幕也是似曾相识的，而他却已经去世整整一年了。

那是初春，绒雪初晴，薄云方散，我和爸妈难得地回到了老家。硕大的院子里，只有爷爷和奶奶住在一起。最喜欢乡下那种湿润的氤氲芳香，还有和爷爷一起度过的短暂时光。

爷爷和我坐在池塘边的八角亭里，一手拿着钓竿，一手端着杯沁香的白茶，悠闲地凭栏垂钓。我会悄悄地坐在爷爷旁边，也不去打扰，只是无聊地看着爷爷钓鱼，打发时光。或者爷爷兴致来了，就不再捧着他那随身携带的厚重的《中药集》，而是笑嘻嘻地给我讲故事。他从来不会一遍遍重复那些陈事过往，而是讲一些新闻、趣事、小笑话。每当他用那难懂的当地方言和生动的手势向我聊着那些事时，即便我听不明白，也会被他逗得哈哈大笑，以至于我曾几度想好好学习老家的方言，虽然他去世已久。

听爸爸说，爷爷原来是这个小村的村长。对工作，他特别地上心，从来不贪群众的一分钱。等到大家纷纷修起了乡间别墅，我们家才慢慢拆掉了原来的小平房。到现在，乡下的邻居仍然很敬重我们家——因为爷爷。

我知道的是，奶奶脾气火暴，爷爷性格却很温和，奶奶会时常抱怨家中琐事，爷爷却会忍气吞声，关心每一个人。他一生最崇拜的只有毛主席，他是那么朴实又真诚，又像一个长不大的孩子始终保有那些童心。

只是，我还没来得及学会当地话，还没有陪爷爷钓完鱼，还没有听完他的故事，猝不及防之时，他就匆匆走完了他这坎坷的一生。

我还记得在去年的葬礼上，下着微微细雨，向来坚强的爸爸流下几行热泪，一向嬉皮笑脸的哥哥已泣不成声，还有在伯伯决定按照爷爷的遗嘱火化遗体时，我积攒许久的情绪终于化成了泪水……

爷爷是家中最令人敬佩的长者。我又一次举目远眺，平静的湖面上，爷爷的叮嘱仿佛还在耳畔回响。亲人的缘分只有这一次，我再不想辜负了他的期望，我也想以爷爷的处世之道，积极乐观、安稳知足地生活。

回过头来的思考

再看这些温暖的文字，爷爷乐观睿智的形象再次浮现眼前。

我很感激先生一家，他们给予了我很多爱与温暖。兄弟姊妹之间相亲相爱，互帮互助，孝敬父母，友爱乡党，让我和女儿都深受影响。

近来读孟子选读之《何谓大丈夫》：往送汝家，必敬必戒，无违夫子。嫁出的女人，其实夫家才是自己的家了。而今天，我们女性从最初的母系社会到父系社会，到封建男权，到今天的女性独立，再到越界居上，已经远不止是男人身边的木棉了，也将"以顺为正"丢到了九霄云外。

而女人对男人的尊重，母亲对父亲的礼敬，反之亦是，绝对是家庭亲子关系最好的示范。所以，也许女人止语，是缓解家庭矛盾最有效，也最简单的方式。

当然，如果能够加上为自己读点书，那就不要太完美啦。

2022 年 5 月 12 日

41. 小小的分离

2016年6月13日

早就知道有一天，你和我要分离，只是没想到有这么快。

还记得小学的时候，你每天上学睡觉，总是拉着我的衣服不让我走，总是黏着我要我陪。到了初中，你周末回家就霸占家里那张最大的床，赖着和我睡，一如从前，还要抱抱。

可从这个学期开始，你已经有了明显的变化。催你睡觉，你会说还要看会书，做会题，当然还有聊会天。我当然知道你已经有了自己的想法和意志，不便勉强，但仍然是忍不住，到了12点还没有睡意，心疼的不只是你的身体，还有更多。终于，有一天，你弱弱地问了句："妈妈，我想一个人睡，可以吗？"

我怔了一下，笑了笑，说，当然可以啊。

在你转身关门的刹那，失落弥漫心头。

你说，混圈就是无条件信任他人的一个地方。

这个我信。这是属于你们的一个时代，属于你们这个年龄应该做的事。

第三卷（12—15 岁）妈妈，我知道了

我知道，你终究有一天要独立，想要离开我们，但我没想到有这么快。

你说一个人睡更舒服。我尊重你。因为，你开始有了自己私密的空间与生活。这是成长的必然结果。我偷偷地去看你，会发现你还在挑灯夜战，会发现你自己定了闹钟（虽然并没有什么用），会忍不住提醒你早睡，可你不屑的神情，我知道，多说是无益的了。

你，今年 14 岁了。每周回来，有时会喋喋不休，有时会觉得与我沟通困难，最觉得无语的当然还是你有时说的："唉，跟你说也不懂。"

什么时候，我就变成了一个老大妈了。好歹也是别人眼里的才女文青呢。可事实就是这样。

更有一天，你手捧手机，不停敲字的时候，我说 00 后少聊点天，你白了我一眼说："我在码字呢。""码什么字？""说了你也不懂，我在和别人一起写古装剧本。"

我瞟了一眼，文辞倒是优美，就是不知道有用没有。你大概看懂了我的眼神，答："有用呢，写这个，我会去查许多古代的礼仪、服装、人物，然后根据不同的场景描写不同的人物角色。""哦。"对于此，我还真的只能说我不懂了。

还有，你和我说的混圈的事，我就更不懂了。

你说，混圈就是无条件地信任他人的一个地方。

这个我信。这是属于你们的一个时代，属于你们这个年龄应该做的事。

我不想说，我们不能轻易地去相信一个人，我只想告诉你，要学会保护自己，不要受伤害。不懂就不懂吧，分离就分离吧。至少，这可以说明，你长大了，能离开妈妈了，比妈妈强了。

那从另一个方面，你也让妈妈有了压力，让我有了不断学习的动力，因为，我不能让自己真正成为一个什么也不懂的老妈。

那，让我们一起努力吧，做个优秀的自己，优秀的老妈。

回过头来的思考

　　世界上所有的爱都是为了相聚，唯独父母对孩子的爱是为了分离。我们陪伴孩子的过程就是一个渐行渐远的过程，只是在这个过程中，我们应当扮演一个什么样的角色。

　　绝不应当是被孩子嫌弃的角色，绝不是一句你不懂，就把话聊死了的角色，也绝不是一张门就隔开了彼此距离的角色，所以，唯有不断努力，做好榜样。

　　看着孩子晚睡早起，先不要着急责怪孩子，先看看自己做得怎么样。曾国藩写给其子纪泽说：尔当以早起为第一先务，自力行之，亦带新妇力行之。

　　通俗地说就是，我们家长应该每天早睡早起，然后带动孩子家人早起早睡。如能成为相传之家风，甚好。

　　现在我基本是6点准时起床，运动后开始读书。然小妹6点半起来找妈妈，最近给她编了个口诀：早上起来6件事。洗脸刷牙叠被子，穿衣运动和读书。所以早上磨蹭的时间就用来完成前面几件事，最后正其衣冠，端坐阳台，开始一起晨读。今天骋骋也是6点半拉开了窗帘，书房响起了其乐融融的琅琅书声，和谐完美。

　　至于爸爸在干什么，缓缓再说吧。

2022 年 5 月 12 日

日记本

2016年8月19日

圣诞老人的故事在前面其实已经说过了。那是在骈骈小学的时候，为了让她养成好习惯，鼓励她爱学习、爱劳动，做个积极向上向善的好孩子，我们借助圣诞老人来传达我们对她的期望。

一写就是两年，后面也不知道是什么原因停止了。当然最直接的原因是孩子长大了，圣诞老人的童话当然也不会再轻信了。回想起当年，每天晚上不管多晚、多忙、多累，她都要抽空给圣诞老人写几句话，然后满心欢喜地等待着回信。我当然是每天晚上都等她睡着了后，再偷偷地爬起来给她回信。写完后又悄悄地放进她的房间。即使过年回乡下的时候也是如此。

所以骈骈有时会问："妈妈，圣诞老人怎么知道我们家的？他知道我们回乡下了吗？他是怎么进来的呀？"我说，圣诞老人很厉害的，当然会知道咯。当时的初心是希望她能永远有一

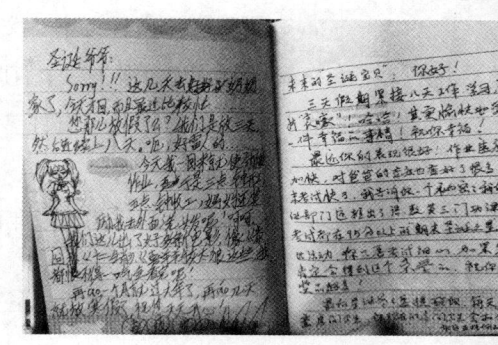

给孩子一个单纯的梦。其实不一定是圣诞老人，一定可以有更好的替代。我相信。

颗美好的童心。而且希望她哪天知道真相后，不要怪我们。其实，我是多虑了。

　　我还记得有一次，她的朋友曦曦说，圣诞老人都是假的，那信都是爸爸妈妈写的。她认真地问我："妈妈，是真的吗？"我也认真地回答："只有相信圣诞老人的孩子才能得到圣诞老人的回信与青睐。"她郑重地点点头："嗯，我相信！"

　　翻开这两个日记本，我可以清楚地看见她的字迹越来越工整，偶尔没有回信时，她会很失望；有时她会写相信你的骋骋、快乐的骋骋、努力的骋骋、等您的骋骋、有许多小问题的骋骋、想帮你的骋骋、想你的骋骋、充实的骋骋……

　　摘录一小篇作为你童年的纪念吧：

圣诞爷爷：

　　我一定相信您，你也高兴起来吧！你真厉害，我每天干了什么都知道，您可是我的偶像哦！今天我看了《基度山恩仇记（伯爵）》，很好看，我们的音乐课是看电影，我不想看，还把这本书带去看了，因为实在是太有趣了。怪不得黄老师一直看到凌晨3点钟。今天，我很快就做完了作业，真高兴啊。

　　你给我的巧克力太美味了，我强行把我想要一口气吃完的想法制止了，不然，我们家都没吃的了！今天我很开心，不过，我还是希望，一大早起来就能见到您写的信！

相信你的骋骋
2010年12月28日

骋骋小朋友：

　　看到你写的信这么长，我真是既惊讶又开心。不过还是有三个错别字，希望你能找出来改正哟。

　　你喜欢看书，真是一个好习惯，喜欢看名著，那就更了不起了。以后你也可以模仿名著什么的，写出长篇大论。

巧克力是使人开心快乐的最好食品，希望你爱吃的同时也要保护牙齿呀，我喜欢看到你每天干干净净、漂漂亮亮、开开心心地去上学。

你的房间又有了新变化，新铺的被子真可爱，你的妈妈一定希望你成为一个骄傲的公主！

越来越喜欢你的圣诞爷爷
2010 年 12 月 28 日

童年是美好的。无论什么时候记起。

一晃又是 5 年了，当初那个天真的小屁孩已经长大了。有一天，她又翻出了她当年和圣诞老人交流时的日记本，于是……

日记本

骋骋

周末在家整理书架，无意间翻出了一个厚实的密码本，过时的封面图案，那种熟悉的质感就在手中。我熟练地打开了密码，那是我的日记。

每一页密密麻麻的字还深深刻在我的脑海中，每一夜晚笔下的期盼仿佛还在心中徘徊。

那还是冬天，期盼已久的圣诞节前夕。我像其他孩子一样，把明丽的红袜子挂在床头，然后满心欢喜地钻进被子里。闭上眼，脑海中只有遥远的天际，带着五花八门的礼物穿梭在雪花间的白胡子、红帽子——圣诞老人。

清晨的熹微刚至，我猛地睁开眼，睡意全无，梦中肥大的红袜子出现在了面前。那是第一次，我拆开了来自远方的礼物，内心中的兴奋与激动让我跳下床，连跑了 3 圈。不能言表。曾经的将信将疑早已不知去向。打开红袜子，还有一封信夹在成堆的礼物里。

信的内容已经记不清了，只清楚地记得最后那句"请回信"和大大的签名。

后来我就精心准备了一个密码本，换作日记本。"圣诞老人"不知道密码，每晚睡前我都会写上几句，而清早又会准时收到"圣诞老人"的回信。

　　这样持续的几年吧，一本厚厚的本子也悉数用完。那薄薄的一张纸上，记录了我无数细微之事和那小小的梦想。

　　日子久了，压力大了，许久也没有写信了。偶然间发现，妈妈也在记日记，她却怎样都不许我看。在好奇心的驱使下，我偷偷翻开了那本黄色的纸页，她写了很多，大部分是关于我的。最刺眼的还是开篇的那章——"圣诞老人"的秘密……诚然没有太多的惊讶与失落，只是童年小小的希望破灭，怀念的还是那些无所顾忌将自己的烦闷细细挥在笔下的日子。

　　直到现在，我仍感谢我的妈妈，给予了我一个单纯的梦。

　　细细抚摸着曾经的字迹，那样幼稚又真诚。这本日记会一直陪伴我吧。

　　或许，如果我真的相信他，他就会一直在那儿等我，就在我身后。

回过头来的思考

　　两个密码本，我都好好地给她收藏着，期待选择哪个时间节点再送还给她。

　　给孩子一个单纯的梦。其实不一定是圣诞老人，一定可以有更好的替代。我相信。

　　如果现在我们家长，愿意耐心地倾听孩子的心里话，用一颗包容有爱、鼓励信任的心去回应他，相信你就是他心中真正的圣诞老人。

2022 年 5 月 12 日

天空有点灰暗

2016 年 11 月 16 日

一早接到骋骋的电话,难得的乖巧,问候爸爸生日快乐。我肯定了两句,让她加油,没多说话就挂了。我回头一看,手机里还有一条短信:老妈,我这两天一直咳嗽得特别厉害,怎么办啊?平时会在电话里呱唧呱唧的她,突然间变得小心翼翼起来,我知道,她开始有点害怕了。换句话说,进入初三以来的几次考试成绩让她的天空开始变得有点灰暗了。

说实话,我昨天接到她的电话说数学有可能是 C,感觉很失落,到今天查到成绩单,明明白白地看到那个 C 时,心里确确实实是伤心难过。从以前没有得过 B 到现在的这个 C,这个过程当然有点难以接受,当然也不能说她没有努力,但她的的确确浪费了太多的时间。就比如上周六接她回到家的第一刻,她就把手机充电,开机,聊天和玩游戏。吃了饭后继续,连续作

一天的无精打采,让我的天空也变得灰暗起来。确实如此,我们是孩子的天,孩子也是我们的天啊。

战，不休不眠，一说她就会顶着你说："我玩一下怎么了吧。"一直到周日送她上高铁，一下就睡着了，她老爸开着车慢慢地围着高铁站转了几圈，为了让她多睡几分钟。

可怜的我们，也是在小心翼翼地维护着她那敏感的自尊心。

我抑制心中的忧伤，给她发了一条短信：多可怕的 C 啊，要知道一个 C 可以让你没有好学校读，多可怕的手机游戏加聊天微商，回来可以连续浪费 10 个小时以上。希望你好好反思。为什么迟迟没有进入初三备战状态，还在那里左右徘徊，还以为自己多努力付出了多少，要看到自己差距，自己的成绩慢慢在退步，没有看到吗？不需要认真反思吗？定好自己的下一个目标吧，要学会追赶，做自己的学霸！孩子。

一天的无精打采，让我的天空也变得灰暗起来。确实如此，我们是孩子的天，孩子也是我们的天啊。我不知道自己该如何和她沟通，一方面需要激发她的斗志，不能让她失了信心，另一方面又要好好打击，不能再自以为是，沉迷于游戏当中。我是真后悔，后悔还是对她疏于管教，一个 14 岁青春期的孩子，网络游戏的诱惑多大啊，大人尚且没有自控力，怎么要求孩子做得到。当然还有她的玩伴问题，一个好的伙伴能够相互监督、互相鼓励和共同进步，而一个损友则会让她的学习与生活走偏方向。这也是我没有尽到责任的一点。即使她的班主任多次提醒我，我总是觉得应该尊重孩子自己的选择。只是忽略了，她的选择还不具有科学性。

怎么办？我自己也在反思与纠结。我想，她也一定是。

不是危言耸听，如果中考有 C 将是一场噩梦的开始，更重要的是对她的打击将是巨大的。我当然不能让这种事情发生。我决定回来和她好好谈谈，一是手机游戏的问题，二是做微商的问题，三是早睡早起的问题，四是强化数学与阅读的问题。我心不能乱，我若乱了，她则更乱。我必须全力以赴陪她打好这场中考战。我必须将我的重心转移到她身上了。她错了，难道我就没有错？

原谅妈妈，原谅妈妈没有监督、教育好你，让你浪费了太多的时间。

但我相信只要我们肯努力，肯改变，肯奋斗，胜利还是会属于我们的。我们一起努力好吗？

我希望你回来，我能看到你的自我反思、你的翻盘计划，以及你必胜的决心！

回过头来的思考

孩子一旦爱上手机，迷上游戏，半条命就没了。

不是危言耸听，确实如此。

伤害身体、浪费时间、挥霍青春。作为家长的我们是有责任的。

好的读书习惯没有养成，让游戏钻了空子；没有好好引导建立时间管理，早睡早起没解决，必定是手忙脚乱，没有建立责任担当，告诉孩子应为自己的选择负责，应当分清轻重缓急；没有以身作则，没有言传身教，没有一以贯之，这也是后续基础薄弱问题存在的关键。

这一切如果可以，应该在小学或是更早的年龄前养成好的读书习惯，孩子的明天必将不可限量。

现在我们许多家长在小学甚至更早，就让孩子接触到了电子产品，美其名曰用平板看作业查资料，可并没有认真有效地管控孩子的自由使用时间。时间一长，孩子很聪明，也很会钻空子，等到一旦迷上网络聊天、游戏，家长后悔莫及却又无计可施，那必将对孩子的学习与成长影响至深。

所以，家长不可不防患于未然。

2022 年 5 月 12 日

44. 按捺不住

2017年2月14日

初三重要的10次月考已经考了过半，而骋骋的成绩一直徘徊不前。不是数学就是物理停留在B上，总分也总上不了700，之前对她的放心开始变成了忐忑。班主任一再强调，上进心有，但自主性还有待加强，学习方法更需要改善。于是我连续三个星期跑学校，不为别的，只为了解她在学校的真实情况。

短短的一个寒假，我不停地在她耳边唠叨，她也烦了，我也累了。但对于微商她还是勉强同意了暂时停止，手机的管理时间有了一定的控制，自己的复习计划有了一定的安排，但我知道，她的弱项不是简单的短期能解决的问题。尤其是数学后面的拉分题，几乎是没有把握的。稍有差池，A就丢掉了。我总是对她说，全A是你可以任意挑选别人，而非全A，就只能等别人挑选你了。

也是我们没能陪读等原因，她的短板数学一直未能好好地弥补，更重要的

> 一次次月考，数学不是在A的边缘，就是踩着A线，甚至就是B，初三下学期以来已经是连续几个B了，再这样下去，我担心她自己会失去信心。于是，我带着肚子里的然然坐高铁到了学校。

是我相信她的老师，一轮又一轮的复习，只要能跟上老师的节奏，啃下一道道难题，夺 A 问题不大。可现在却成了真正的问题。

一次次月考，数学不是在 A 的边缘，就是踩着 A 线，甚至就是 B，初三下学期以来已经连续几个 B 了，再这样下去，我担心她会失去信心。于是，我带着肚子里的然然坐高铁到了学校。

骋骋看到我的时候觉得很惊讶，包括她的几位好朋友，眼睛在我的不太显形的肚子上瞄，估计是骋骋告诉她们了。班主任语重心长地说了许多，意思很明了，你有这个能力拿全 A，以前你妈妈是稳坐钓鱼台，现在是坐不住了。要多和更优秀的同学做朋友，要学习她们的方法与技巧。要排除杂念，不要再去浪费自己的时间和精力。骋骋听得很认真，但却有些反感老师谈论她的交友问题。

我也知道这个问题很敏感，我小心翼翼地提醒说，如果你的朋友不能和你学习同步，那请你自己要坚持立场。说白了不能让朋友拖了自己的后腿。即使是如此小心地说，骋骋仍是愤慨不已："你们的意思就是说，不要和成绩不好的交朋友，那成绩不好的同学就不要朋友了吗？她们没有影响我，我知道应该怎么做！"

我无言以对，因为大人的心思和想法确实和孩子不一样。不知道她能不能明白这份苦心。

我分别去找了数学、物理、语文老师，了解骋骋的学习态度与状况。数学老师说，她还是有点畏难情绪，一看难题就怕了，数学没有别的技巧啊，只能是熟能生巧，见多了，做多了，自然就会了。物理老师说，孩子蛮乐观呀，虽说偶尔吃了 B，我看她还好啊，上课认真，还来找我分析题目并推荐资料了。听了老师的话我心甚感安慰。

语文老师涛爷一直是骋骋非常崇拜和喜欢的老师。但不知道什么原因，小学作文一直很好的她到了初中冒不出头来，每次考试作文分上 40 的都不多，也怪我没有及时地关注与跟进。所以这次我找老师的目的很明显，我希望能通过老师的适当鼓励，让骋骋找回她写作上的自信。

我告诉老师，骋骋很小就在《小学生阅读报》上发表连载小说，写作上还是有一定的天赋，老师觉得很惊讶，但也知道她的基础很好。并告诉我这次隔壁班选了我们班的一篇作文做范文，他故意卖关子让大家猜是谁，结果是她，让她足足得意了一把。我把我的意思告诉了老师，老师说会的，让我放心。

后来事实证明，与老师的沟通还是非常有效的。后面骋骋又有一篇文章《路》被学校培优班的老师选做范文，要求学生背读。如此，我对骋骋说，你本来就是有这个实力的呀，所以一定要充满信心，夺取高分。

骋骋也按捺不住喜悦的心情，不住地点头。

妈妈能帮的也就这些了。

剩下的路只能靠自己。

回过头来的思考

专家说，作文其实很容易呀，引经据典，骈散并用，多分段，字好看，必是高分。

道理简单，做到却难。如果没有日复一日的积累，怎能做到顺手拈来的引用，没有丰富的传统文化奠定基础，怎能做到骈散并用？

但按着这个方向去努力，肯定是最快速与最高效的举措。

还有孩子的交友问题，我觉得无论是老师还是家长，都只有提醒参考的权利，没有阻止、妨碍的权力，更何况那些朋友也许会是一直陪伴孩子走过人生坎坷的人。有朋如斯，甚幸。

2022 年 5 月 16 日

月考成绩

2017年3月15日

月考成绩出来了。我厚着脸皮小心地问班主任老师，骋骋考得怎么样？夺回全 A 了吗？结果还是物理出现了失误。

尤其是对比班上其他同学，很明显的原来是第一梯队的她，开始滑向了第二梯队。我心急如焚却又不能施加太多压力。因为她也很不容易了。她告诉我每天寝室熄灯后，她都会搬个凳子坐在厕所里一直刷题到12点，早上6点多又要爬起来继续奋斗。

作为父母我们没能给她创造更好的学习环境，心里还是有些愧疚与不安。进初三骋骋也问过："妈妈，为什么我们不租房子呀？""因为爸妈没有时间陪读。"

为了给她强化数学练习，每个周六晚上7点多回来，专门利用1-2个小时来解析1-2个大题，虽然耗费时间，但没有办法，这么多题型你不去熟

她告诉我每天寝室熄灯后，她都会搬个凳子坐在厕所里一直刷题到12点，早上6点多又要爬起来继续奋斗。

悉，考试肯定会有问题。这个过程虽然很辛苦却也有一些趣事。

记得刚怀孕不久，有一次上完课，一起去吃消夜，点了螃蟹什么的，她一个劲地要我吃，我说凉性的不吃。她很惊讶地抬起头问："凉性的，不吃？你怀孕了吗？"我一愣，你这反应也太快了吧。我笑了笑说："你比你爸懂事多了。"说完他爸还是一脸蒙。也是醉了。好几次坐在老师那里，我心里直翻腾，又不好意思，呆坐两个小时一出门，凉风吹过，一阵干呕，骋骋倒是蛮懂事忙给我捶背，然后吐槽："这生娃太辛苦了吧。下次你不用陪我啦。"我说："没关系，陪陪你应该的。"对于我生二胎骋骋一直是积极支持的，并强烈要求生一个弟弟。让她来好好教他怎样成为一个真正的男子汉。我哑口无言，弱弱地问如果是妹妹怎么办。"妹妹嘛，那我就不知道怎么办了。因为，我自己还不知道怎么做一个优秀的女生呢。呵呵。"然后她给我们三个分了工，爸爸是后勤主任，妈妈是班主任，她是助理老师。我说好，就这么愉快地决定了。

对于她的开明与包容，我很欣慰。

我编了一条短信发给骋骋：爱崽，时间一点点过去，我们一天天成长，你现在应该可以感觉到，有多少付出就会有多少收获了，这次总分有所提高，但物理却又没有实现预定目标，文综还比较稳定，语文作文有明显提高，数学最后两题失分太多，还是有差距。老师说你基础不错，只要把题型搞懂，拿 A 是没问题的。英语前面选择题错了 3 个，有点不应该。中考题型不会太难，考得更多的会是你的心态，时间已经不允许我们再去犯低级错误，所以，一定要好好总结经验和教训，将错题好好消化，和任课老师好好沟通，强化弱项训练，再加把劲，攻克难关，取得胜利！我们一起为你加油，加油！爱你的妈妈。吃好点，照顾好自己。

这个时候的她应该也知道前面浪费了诸多时间，回复我：妈妈，我知道了。

我想我能做的也就是给予一些精神上的鼓励了。但我想要告诉孩子的是，中考路上，你不是一个人在奋斗，我们永远是你坚强的后盾。

回过头来的思考

成绩不是最重要的,但我们也知道,有时分数决定方向。

总之,之前走过的每一步都算数。而我们浪费的每一天,也是需要付出代价的。

现在看来在初中的阶段没能给孩子一些正确的指引,又或是没能让孩子尽早树立远大的志向与目标,这才是真正的硬伤。

2022 年 5 月 16 日

46.

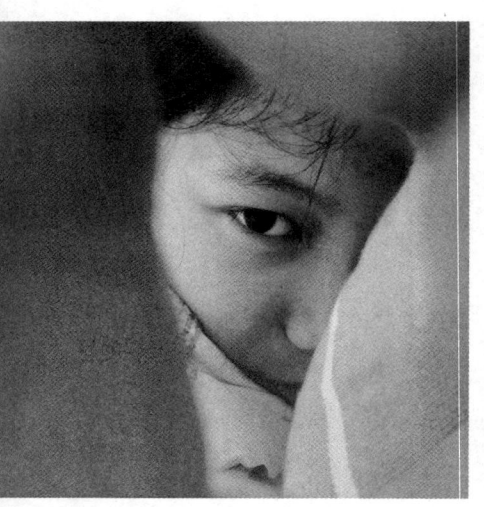

一时的难过是有的，还有许多人都和你一样，每走一步都是要靠自己的，爸爸妈妈会一直陪着你，为你加油。我们期待6月的中考之战！

"

失落

2017年5月7日

直升名单出来了，我虽然早就知道没什么希望，但还是挺不好受的。冰和博也直升了，我就是感觉，这么多努力到头来还是没有用，比不过别人天生的脑子好。反正就是很难过，薛他们也没找我聊过，谁都看不出来我心里的感觉，在他们面前我还得强颜欢笑地祝贺。

这是骋骋5月6日晚上10点35分发给我的信息。

其实我和她的感受是差不多的。失落是有的，但不同的是，我并不认为这是她脑子比不过别人的问题。

我知道她一直在努力，但并没有比别人更努力。当然这也和我的教育理念有关，一直不太愿意她去上补习课，更没有租房陪读等，导致她现在对我们有了一些怨言，认为是没有上补习课导致的。

其实也不然。

班主任老师一再强调，在外补习，大多是给了家长极大的安慰。真正的效果有多少不好说。不可否认，许多孩子将课余的绝大部分时间投入补习与超前学习之中，成绩还是非常可观的。但付出的代价，应该只有自己清楚。所以，我从不后悔，不后悔骋骋浪费了许多时间去做一些所谓无聊的事。

　　我想人许多时候也是需要自己的时间与空间的，除了学习之外。这样的成长，应该才是健康与全面的。

　　当然，残酷的现实也就摆在了面前，她必须去历经一场真正的厮杀，要去经历中考的挑战，对于她的心理应该是一次极大的考验吧。有利有弊，只能向前，别无他法。但真心希望她能迅速成长起来，经受住这次考验。

　　于是，我回复信息给骋骋：妈妈理解你的感受，其实你也很努力了，而且也非常优秀了，已经远远超过妈妈的预期，不能直升也许是给我们更好的一个历练机会，毕竟还有中考，也许你通过中考会有更好的选择。一时的难过是有的，还有许多人都和你一样，每走一步都是要靠自己，爸爸妈妈会一直陪着你，为你加油。我们期待6月的中考之战！

　　老师的提点更是铿锵有力：直升了的同学可喜可贺，起点更高，将来竞争也越激烈，戒骄戒躁！没能直升的孩子任重道远，决战中考，过程一样美好！中考的道路上我和每位老师都会陪孩子们共同努力！家长们也要端正心态，后面的路还很长。愿每位孩子都能收获精彩的人生！

　　事实如此，没有人能随随便便成功。我告诉骋骋，现在还不是伤心的时候，直升固然可贺，但也失去了历练的机会。别人也不是天生脑子聪明，都是靠积累而来的，妈妈知道你努力了，所以才会有签约的机会。但我们还需要加把劲，到中考大战里再去遨游一把，相信你再经过40多天的打磨会更加成熟，更加精彩。保持良好的心态一起加油好吗？！永远爱你。

　　骋：我觉得好丢脸啊，大家都直升了。

妈妈：人家的直升也不是白得来的。也是加倍的努力换来的。你应该多从自己身上找找原因。还有若是现在还在为打翻的牛奶而哭泣，你会更加得不偿失。一个班不过10个直升，全校不到100直升，你的确是在这个边缘，之前有机会没有好好把握，错过了，但没有后悔药吃，只能朝前走，朝前看，打好中考之战。加油吧，老师同学爸妈都会和你一起战斗到底的。

不是你不努力，而是你努力的时候总是喜欢休息一会，看看路边的风景，可看到美丽风景的时候，别人就超过你了。爱崽，现在是需要我们专心致志加油的时候了哦！

骋骋，中考有风险有压力，但大家面对的这些都是一样的。经历了这样的考验的人也许才会有更大的抗压能力和学习潜力。着急是肯定的，但现在你更要沉下心来梳理科目，强化弱项，弥补不足，一步一步扎实提升，要有信心和勇气迎接中考挑战。加油！

话啰唆了许多，也不知道她听没听进，总之，她像是铆足了劲，周末提出不回来要好好复习，要好好珍惜最后的30多天了。

当我把这些情况告诉骋爸后，没想到，他也认真地给女儿回复了一条信息。

爸爸：爱屁崽，今天早上妈妈告诉我说你晚上打电话给她了，她说女儿很懂事，有压力才有动力！

我认为一个十几岁的小女孩能为人生的第一次考验（中考）感觉到压力，她一定是非常有上进心的！但是一定要把压力化成动力，抓住最后几十天，劳逸结合，淡定自若。暂时远离手机、QQ、社交！

你的学习能力强，自我调节能力又好！从现在开始爸爸妈妈和然然永远和你在一起，携手共进，相互鼓励，创造最幸福美好的明天！

爸爸这次全国比赛遭遇最后三秒被绝杀、最后一节领先26分被反超的尴尬！只拿到第九名的历史最差成绩，长沙一中拿到第一名。

我看到长沙一中学生的力量素质明显进步就知道我们没有他们努

力，昨天的训练株八队员们空前刻苦努力，我们不要和别人比回报，但我们可以看到差距，不再浪费时间！

试想我们付出与别人一样多，我们如果做了我们自己能做的一切努力，谋事在人，成事在天，我们无愧于心！无怨无悔！加油！

爸爸我要努力加油，不再打骂学生，科学训练，争取胜利！

你也加油哟！爱骋骋！有时间再聊！爸爸啰唆啦，耽误你时间了！

但愿能让你开开心心轻轻松松享受中考这个美好而极具考验的备战过程！

我们是一家人！永远一条心！

永远爱你的爸爸

孩子长大了，也正是青春期的时候，所以，有时我们的一句话也会不经意惹怒她。所以大多数时候我让他爸少说多做。但上面的这些话，我看了也是非常感动。人生就是如此，也许你很努力了，但结果并不如人意。也许是你还不够努力，从现在开始，我们加倍努力。

我一直很相信她，相信她能战胜自己，战胜畏难的心理，战胜中考的压力，考出理想的成绩！只要努力了，什么样的结果，我们都可以接受，都不会后悔！

来吧，中考！

回过头来的思考

有时候我们会认为一帆风顺是最好，没想到，所有的一切都只是为了那个最好的安排。

当然，许多事情只有我们经历了才可能去悟道。

很佩服他们班上有几个非常优秀的同学，放弃了直升的机会，参加中考，只为进入自己最心仪的那个学校。这就是实力，这就是信心，这就是信念的力量。

  如果孩子有直升的机会，我不知道我们有没有勇气去选择参加中考，毕竟是带着一定程度的风险。

  还好，世界上有些路是为那些一直努力的人打开的。

  当你有足够能力的时候，一切选择都尽在自己的掌握之中。

2022 年 5 月 16 日

青春波动

47.

2017 年 5 月 20 日

最后一次家长会了。许多家长都没办法淡定了。毕竟中考谁都无法预料会出现什么状况。班主任让家长保持良好的心态,可说归说,焦虑是无法避免的。

K 妈坐在我旁边,她儿子和骋骋是同桌。她之前就打过几次电话,和我说她崽崽的表现令人担忧,似乎青春期的叛逆表现明显。比如,经常把自己锁在房间里,还有抽屉也不让人看,好像有什么事情在瞒着她。然后,她通过另一个同学了解,他特别喜欢和骋骋聊天。于是,当妈的想了解一下,他们之间有什么故事吗?

其实,我对于初中男孩女孩的青春感情萌动是非常理解的。毕竟,我们也曾年轻过。喜欢谁或对谁有好感,再正常不过。只不过,在这个中考关键期,谁也不敢掉以轻心。对于 K 的情况我也曾无意中发现他写给骋骋的一

我和 K 妈说,相信他们吧,相信他们会处理好自己青春里的事情。毕竟,他们知道当前最重要的事是什么。

张贺卡，贺卡里有一封短信，语言质朴，情感真挚，说实话，我为他们现在能拥有这样纯真的感情而感动，我也为骋骋骄傲。毕竟，你自己优秀才能让别人欣赏你。

　　之前，也听说过调整座位时，本来可以选到很好位置的K同学却坚持不选，只为了继续和骋骋同桌。对于他们之前的表现，其实我是知道的。我也侧面向班主任了解过，知道他们现在正相互鼓励，促进学习，我表示很欣慰。只是初二进初三的那个暑假，他们好像每天都在聊，包括我带她第一次出国到迪拜，没有什么可以吸引她的，唯独这个手机。游戏和聊天。那个暑假对骋骋的疏于管理，让我一直后悔不已，以致她进入初三后状态一直跟不上来。

　　我也曾问过骋骋："这个K同学是不是喜欢你呀？"骋骋犹豫了一下淡淡地说："没有呀，他只不过写了一张卡片给我而已。"呵呵，还好。这丫头还不至于什么都不和我说。要不然我也会觉得自己很失败，孩子不愿向你敞开心扉了。

　　如此美好的年华，若是没有一个男孩喜欢，或自己没有一个喜欢暗恋的人，其实也是悲催的，青春记忆多么贫乏。反正我是这么想的。之前，骋骋一直从小学说到初中，说这些个男孩怎么怎么不好，一个都看不上的样子，我都有点担心她审美不正常了。难怪一直说要生个弟弟让她来教他怎么成为一个真正的男子汉。看来她的心里还是有标准的。比起那些坚决反对甚至威胁爸妈生二胎的孩子来说，骋骋特别懂事。正是在她的支持和鼓励下，我们才动了生二胎的念头，也为了她有一个亲姊妹相互照应。也许她是不明白，有了弟弟或妹妹会对她产生什么样的影响。但我和骋骋爸爸说，有了然然，不论男女，都要加倍对骋骋好。因为没有姐姐的支持，哪有然然的到来呀。

　　我问如果是个妹妹怎么办？你也好好爱她呀。

　　好咯，好咯，放心吧。我会带她的。

　　所以，我和K妈说，相信他们吧，相信他们会处理好自己青春里的事情。毕竟,他们知道当前最重要的事是什么。

青春期情感的波动总算这样不大不小地度过了。相信这样纯真的情感在他们的心里都是美好难忘的回忆。

回过头来的思考

520的日子与这个话题很配啊。

都说孩子在青春期会叛逆,什么事也不和爸爸妈妈说,那我要说了,一定是在某个时候,他想和你说的时候,你没有用心去倾听,又或是他刚一开口,就被你扑灭了倾诉的意愿,所以,宁愿埋在心里也不愿给你添堵。孩子其实很简单,你尊重他,相信他,他回馈你的一定是坦然相待。

当他们需要我们帮助的时候,我们一定要在第一时间站在他们的身边。

能做到这些,亲子关系一定很美好。

初恋是最美好的。即使这不是自己的初恋。

所以,我们应该告诉孩子,喜不喜欢不要紧,但不要去伤害别人。

2022年5月16日

48. 千分之一

2017年6月26日

早早地听说今天晚上12点出成绩,到了10点多钟,各个群开始热闹起来。各种询问、担心、焦虑、期待……早在三年前,就听说家长半夜起来去排队,我实在不明白,后来懂了,排队是去看成绩,然后报学校。

骋骋自己在小房间里叨叨:"我不查,我不查,我不敢查成绩。"我说,查不查,成绩都在那了。实在不行5A1B也可以读南雅呢。可B不能在主科呀,尤其是数学。这句担心的话,我没有说出口。孩子努力了,没办法,不管哪种结果必须接受。

最早传出消息来的是奶爸奶妈群,这是借助骋骋小学六年建立的深厚的友谊,没有因孩子在不同的学校而疏远。几张表格粘了出来,是各科的千分之一。然后,听到莺子说,骋骋语文千分之一。我心一跳,忙问:"在哪里?确信?可靠?"

其实,我很感谢这个千分之一,不光是可以有更多的选择,而且重新给了孩子的信心和力量。

连续三个提问，证实着我内心的焦虑与激动。

我赶紧搜索了相关的链接与网站，找到相关的表格，一个个查看，果然看到了骍骍的大名。

那种惊喜如海浪席卷而来。

天道酬勤。

骍骍自己也很开心。看，太准了。原来，考前，她们一拨人去找夏老师签明信片，有的签中考必胜；有的签我要6A，而骍骍签的，千分之一随便拿。

结果一语中的。难怪考完语文说自己的感觉非常好。我以为她只是说说而已，没想到真有这么大一个surprise（惊喜）。

然后陆续有同学家长开始晒成绩了，6A，6A……满屏的喜悦。而骍骍的成绩一直很卡查不出来。最终查出的结果和她自己的预想惊人相似。5A1B，数学为B。

好了。千分之一就是为拯救你的数学而来。

剩下的就是讨论6A选择哪个学校了。都说，理实班要比学校更重要。之前，骍骍青苗杯没能签约雅礼理实。所以，如果选择雅礼也许只能进平行班。三个家庭成员，意见不统一，骍骍想留南雅，我想应该去拼一拼雅礼，她爸说还可以去看看长郡其他学校。但我很清楚雅礼情结不允许她做这样的选择。

既然命运给了你这个千分之一，应该是想让你有更好的选择。对吗？

骍骍认真地思考了一下。嗯。点点头。

明天，让爸爸去考察一下我们想去的学校再决定好吗？

嗯。

最终的决定权在于你。

因为，我相信无论在哪里，你都会变得很优秀。

其实，我很感谢这个千分之一，不光是可以有更多的选择，而且重新给了孩子信心和力量。尤其是一起去的许多孩子直升后，骍骍受了一定的打击。当时，我也是这么安慰她的，我说，命运不让你直升，也许是为了让你有更好的选择与空间。梦想还是要有的，万一实现了呢？

果然，千分之一，腾云而来。带着梦想的翅膀，让她可以去她最想去的百年名校——雅礼中学。

虽然在那个学校，学霸云集，也许面临着更多的压力，但我相信，有压力也会有更多的动力。我坚信，骋骋可以更好。

回过头来的思考

最终命运给了孩子一个很好的机会，就是千分之一可以直接进入雅礼理实。于是之前所有的顾虑没有了。但事实上理实与平行之间的差距，还是在于个人的努力与修行。

有进了理实又退出来的，也有平行班超过理实的，这都是毋庸置疑的事实。

正如曾国藩对几个弟弟说的，真正读书的人在哪里都可以读书，又何必要择地求学，远行求学呢？只要问问自己立志坚不坚定罢了。

但和优秀的人在一起，一定会让自己变得更加优秀。这个是肯定的。

因为"师友夹持"，必有所获。

2022 年 5 月 16 日

姐妹第一次见面

2017 年 7 月 28 日

骋骋终于结束预科学习回来了。在托管连吃带住 20 天,我只陪她去定了地方,交了钱,一切就靠她自己自觉了。紧张的学习不能说一点用也没有,至少让她感受了不一样的学习氛围。花钱那都是小事了。

一天天数着她回家的日子,也一天天盼着然然的到来。然然是 7 月 23 日的预产期,到了 23 号一点动静也没有。我倒是很坦然,骋骋爸爸不放心,一定要去医院候着,这一去,医生一看高龄产妇,直接住院吧。

我在医院住了一天,和医生商量后决定催产。7 月 24 日下午阵痛开始明显加强,我觉得应该快了。可护士长却说,今晚可能没戏,明天吧。结果晚上 8 点半破羊水,9:16,顺利地产下然然。速度之快,在当爹的从学校赶过来不足 10 分钟的路程内我就已经进了产房。当得知是个女娃

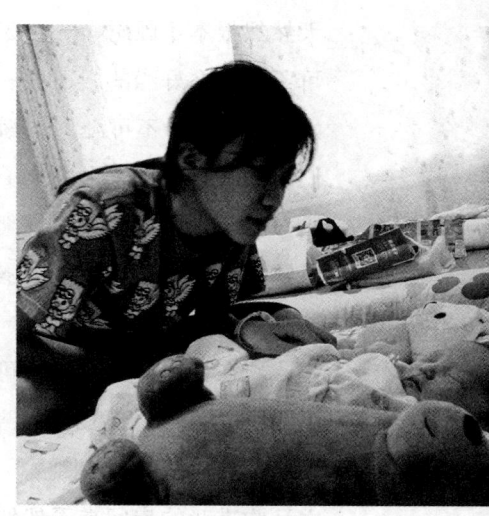

然然,我是姐姐,我是姐姐,我是你的姐姐,你知道吗?欢迎你来到这个世界!

时，我有小小的意外，但很快被她可爱的模样倾倒，紧闭双眼却开始使劲吸奶了，又是妈妈的心头肉和小棉袄。

打电话告诉骋骋，骋骋也非常地高兴，直嚷着要回来看她。我说："你过两天就回来了，一定记得带个礼物给妹妹。"她说："好的，好的。"

因为顺产，我在医院住了三天就出院了，可能是晚上吹空调受凉的原因，每天汗湿几身，带的衣服根本不够换，所以胃特别不舒服。而且头两天然然根本不睡觉，一定要贴着我才勉强睡会儿，两个小时一次的奶妈，可不是那么好当的。还好一回家什么毛病都没有了。当然细心照料的月嫂阿姨也是功不可没，比摆设爸爸强多了。还记得骋骋刚出生的时候，我们居然都不知道怎么抱孩子，喂一次奶，居然要三个人帮忙，婆婆抬着屁股，老公扶着头，我得防着呛。后来有天晚上，爸爸在医院走廊哄骋骋的时候，喜滋滋地对我说，抱孩子要这样抱呢。哦，原来是用手臂弯着宝宝。简单又轻松。

现在自然不存在这些问题了，也提前把需要的东西都准备得妥妥的。可即使这样，每天还是买买买，因为你意想不到的事情太多了。

门响了，骋骋回来啦。一进家门，来不及把手里乱糟糟的东西放一放，立马跑进我的房间来看然然。刚出生四天的然然还在呼呼大睡呢。一切都是小巧的，当然逗人喜爱啦。我说，姐姐抱一下吧，然后把然然放在她的手腕上，她一边颤抖着，一边说，好可爱，像个芭比娃娃。我给她们姐妹俩拍了一张合影，姐姐一脸羞涩地看着妹妹，妹妹也给面子，安静地睁着眼睛在打量着这个与她有着血缘关系的姐姐。这一刻我想，然然的到来，也许最大的好处就是在未来的日子里，她们姐妹俩可以相互陪伴照应吧。她特意买了一只可爱的轻松熊送给妹妹，她轻轻地将熊放在妹妹身边，让它陪伴着妹妹安睡。你看，妹妹比那只熊大不了多少哈。确实如此。

我说，你有时间好好带妹妹哦，这可是个活玩具呀。

晚上，骋骋趴在然然旁边，握着妹妹的手说："嗨，然然，I am your sister（我是你姐姐）。"我说拜托说中文。

然然，我是姐姐，我是姐姐，我是你的姐姐，你知道吗？欢迎你来到这个世界！

回过头来的思考

很庆幸，这世界多了一个你们。

都说两胎幸福指数最高的搭配就是两个女儿。

很多时候，看着她们两个都想要黏着我睡时，爸爸总是会笑着说："你看你多幸福。"是的，这一刻，被温暖、被需要、被滋养的感觉很好。

虽然初高中姐姐很少在家，但姐姐对妹妹天生似有一种保护与管教的责任。尤其是家中遇到大事急事时，这时长姐如母的情结一下爆发出来。而彼时，妹妹也依赖姐姐。

我看着孩子们相互依靠，一起读书、一起聊天、一起吃美食，感觉特别美好。

昨天，姐姐带着淡淡的忧伤说，现在特别羡慕我每天陪着然然这么激情地学习。特别的纯粹，特别的充实，特别的欢乐。而她声称被各种学习、活动、比赛所困扰分心，许久没有看过大部头的书了。因为，她觉得她做不到。

我说，你不要一下把目标定得太高，也不要给自己贴上标签，你可给自己定下每天必须完成的日课，像我现在这样，每天研读一首《诗经》里的诗，5页《史记》，再与然小妹共读古诗词以及《曾国藩家训》，就这些，再有余力就是写文作诗了。

她若有所思地点点头答应了。

期待，书香飘满小屋。

2020 年 5 月 20 日

Age 15—18岁
第四卷

对着骋骋教室里的名校录取分数排名表，我说："你想好读什么专业了吗？""中文吧。"中文，排第一的当然是北大。我说，人大、北师大都不错。说实话能考进第一列我都会心花怒放、心满意足了。

回去的路上，我打开最近热播的《小欢喜》，感受着里面每位焦灼父母的心情，感受着每位孩子学习的不易，每位老师的苦口婆心，一切都是为了明年的那场考试。只希望到了明年的这个时候，你会笑着说，一切都是值得的！

妈妈，放心吧

在这个阶段，不管你管与不管，不管你焦虑也好、坦然也罢，他都在以自己的方式长大。仿佛突然之间他就长大了。不仅有了自己独特的想法，而且懂得关心照顾人了。

而父母能做的就是陪伴。世界上只有一种爱，就是对孩子的爱，是为了分离。尽早让孩子独立自主，开始他们新的生活，我们对孩子的爱永远要为了这一目的而努力。

以此为起点

2017年10月9日

小月考考完了,骋骋发来信息说:考得有点心态崩溃了,难受。

说实话,对于这种情况我是有预知的,毕竟这里是高手云集的地方,大家都是从各个地方以全A的战绩考入的,谁也不要小看谁。更何况前面还有几个竞赛班和省理班,那都是直升生中的尖子,以骋骋的成绩能挤进理实班已经是她的幸运了。但底子在那里,要想冒尖,得加倍付出与努力。

我回复骋骋:

崽崽,学习没有那么一帆风顺,尤其是高一刚从初中转升过来,有一个适应期,不要着急,也不要灰心,把题目一个个列出来,再慢慢攻克。现在进度快是为了后面多点时间复习。我建议你周六多花点时间研究数字,数学还是得慢慢搞懂才有用,一味地追求快没有意义。时间都一样,只是科目顺序不一样。供你参考。还有数学要抓

她就像一个皮球,遇到了墙壁弹了回来,而且还受到了点点伤害,气扁了一点,我得给她鼓鼓劲,加加油,把气再充足一点,总不能比赛还没开始就丧失信心了吧。

好预习，带着问题学习。

雅礼老师多次说，雅礼学生也不是谁都能教得了的。所以自己的短板在哪里，只能靠自己研究清楚。

由于回家的时间越来越少了，她发信息来说，想家了。

其实我知道的，她是求安慰来了。

我回复她说：考试考得很艰难，妈妈理解，你辛苦了。你难大家都难，这只是刚开始，好戏还在后头呢。而且，此次考试没有你想象的那么糟糕，但也没有你想象的那么轻松。学习如逆水行舟，不进则退。所以，好好总结和努力吧！估计许多同学都会有相同的感受，相信大家也都会奋起直追的。好好听老师的解析，好好分析试卷，好好安排自己下阶段的学习！妈妈会一直支持你的！

她就像一个皮球，遇到墙壁弹了回来，而且还受了点点伤害，气扁了一点，我得给她鼓鼓劲，加加油，把气再充足一点，总不能比赛还没开始就丧失信心了吧。

远看三年，高中拼的是三年，当然最重要的是高一，打好基础，定好目标，才能奋勇前行。淡看成绩，一个月考不能说明什么，要树立信心，找出差距，定好下次月考目标，逐步实现。确定目标，为自己三年后确定一个目标，一个方向，能帮助自己快速找准位置，调整心态。

这是骋骋家长会上班主任老师说的话。

我想老师说的这个心态应该是双方的。一方面是孩子的，另一方面是家长的。月考后的当天所有的微信群都热闹非凡，当晚的查分更是热火朝天，事实证明，家长比学生都在乎成绩，在乎分数。

其实，我更在意孩子的心理，是否有足够的信心和勇气迎接更为艰难的挑战。如果有，那我们做父母的就应该加倍信任她。还有我依然希望她不仅仅是会读书，还要有更全面的素质与能力，所以我支持她积极参加校内的一些社团、实践活动。精力分散了，学习会有一定的影响，但这不是最重要的，我想这时的磨砺与锻炼会对她受益很大。也相信她会合理地分配好时间，科学地安排自己的学习。

借用班主任的一段话送给骋骋吧。以此为起点，不断进步，学会总结，善于沟通。高中肯定比初中难，我们一起努力！

是的，骋骋，我们一起努力！爸爸妈妈永远做你坚强的后盾。

不能把高中三年都当高三用了，那样的青春岂不是很无趣。高一轻松愉悦，高二张弛有度，高三奋力一搏，这样，高中生涯才够充实丰富。

所以，我一直不担心骋骋的学习，也鼓励她参加各类活动。因为，我知道，她要强，肯拼搏，会努力，一定能够实现自己的理想与目标。我永远支持她。

爱你，宝贝。

回过头来的思考

其实最有效又最简单的提升成绩的方法就是向自己任课老师求教。老师都是喜欢爱思考爱学习的学生，问得多了，自然知道你的不足，自然会更具体细化指导孩子的方式方法。

进入高中，孩子基本就没有了自我的时间。而社团的活动也必定是分心不少。如果按现在的理念应该是，首先是读书，再是锻炼与责任。如果学业能够较好地完成，有余力才可以去做其他的事情。而高中最欠缺的时间就是阅读了。也就是说，到了高中，阅读在量与质的积累上，属于基本停滞状态。甚是可惜啊。

但这就是中国教育的残酷事实。事实就是，每个阶段都是很艰难的。

在这个阶段，鼓励，陪伴，包容很重要。

只有经历过后，才知道，不过如此。

2022 年 5 月 23 日

51. 手机之断舍离

2018年3月28日

期末考试结束了，意味着骋骋高中生涯已过去了六分之一。

雅礼成绩出来一如既往地快，几乎是考完后的第二天就可以查到。意外的是，骋骋考得比前面几次小月考都要好。总分也到了800多分，这也算给我了一个小小的惊喜。

考完之后，一如往常，学校召开家长会。记得第一次高中家长会召开时，然然才几个月，还在吃奶中，只能带着，两位朋友一起护送到学校，千人大会没开完，我到树底下去喂然然，那天也许是天气太热，然然烦躁不安，不肯进食。

骋骋的电话又追了过来："教室怎么没看到人？"

我又急匆匆地进教室开会。

心有挂念，恍恍惚惚，我连教室都找错了。

还是骋骋主动接我，不至太晚。

微商是彻底熄火了，但她还始终保持着她王者荣耀的爱好，这不能不说是硬伤了。

其实，对于她的成绩，我一直有所准备，但一直鼓励她不能失去前进的勇气与信心，更不能自暴自弃，只要她一直在努力，用心在付出，无论什么样的结果，我都可以接受。

事实是，骋骋聪明，好强，能吃苦。如果不是理化拖了后腿，按理成绩会更理想。可即使如此，她仍然会笑着对我说："妈妈，你要相信我，其实我的物理、化学很好的。"也不知道哪里来的信心，但是我很佩服。

其实还有一个很大的影响因素，手机。

学校一直不让带智能手机，但骋骋说她晚上回寝需要查一些资料，她保证不带出寝室。所以，她一回到家，就忙着低头玩手机，根本没空搭理别人，让人又气又恨又无奈。

微商是彻底熄火了，但她还始终保持着玩《王者荣耀》这个爱好，这不能不说是硬伤了。

开学后只有一天休息了，她回来就像放风一般，有点放纵自己的感觉。

收了她手机她抗议说："凭什么不能有自己一点点时间和爱好？死读书有什么好处吗？"

"难道熬夜、打游戏、聊 QQ、晚起、一脸憔悴，这就是好处吗？"

我忍不住动气了，苦口婆心地说，现在对语文的重视越来越高，高考比例也在不断提高，大有得语文者得天下之势。以后工作生活也是用得最多，但语文只能靠日积月累地提高，如果你不能有效地利用时间，多阅读，多积累，那就浪费了你原来语文千分之一带给你的机会了。

既然命运给了你来雅礼的机会，一定是有它的道理的。能坐在四大名校理实班，却不好好珍惜，真的愿意一直在后面徘徊吗？

这个新学期，他们班有 17 位优秀的孩子调到了一二三班（实验班、直升班、重中之重班）。我不指望她能调，但希望调整后的她能在 9 班占有自己的一席之地。

不知道是说的话起了作用，还是她自己突然想明白了。她突然安静地望着我说："妈妈，你说得对，明天我不带手机去学校了。"

"真的吗？"我按捺不住喜悦的心情，为她此刻的觉醒点赞。

果然，她再回来时，不再提手机的事，而是谈起了正在读的《红楼梦》，说读原文的感觉真好，越读越有意思。看来她是读进去了。真心感到欣慰。

其实，我也正在看《蒋勋说红楼梦》，对蒋老师研究红楼的细节之美，以及解析其内涵，深深着迷。

但骋骋坚持说，我们应该先读原文，再去赏析，否则先入为主，会失去自己的一些思考。

哇，这段话让人有了士别三日，当刮目相看的感觉。

过了两周，我带着妹妹然然一起去看她，她见面就抱着然然，然然会有一点点小害羞，但已经认识姐姐了。

我看见她走路带风的样子，青春逼人，感觉很好。

有时，人的状态，在于人一个观念的改变。

幸甚至哉。

她放下手机的执念后，轻松了许多。我陪她一起买了两双鞋子，在姑姑家吃了顿大餐。她心满意足地回学校了，只是又纠结自己浪费了一天的时间。

我笑着说，看了妹妹，陪了爸妈，买了鞋子，拿了生活费，也算是多赢了。

返校时，我看到她拎着两个大袋子，走向地铁时坚挺的背影，暗暗为她的自强喝彩，也默默地为她祝福，祝愿她后面的路越走越好，越走越顺！

回过头来的思考

为什么我们从来没有教过孩子玩手机，可孩子却自然地玩得熟练无比。可见耳濡目染，手机对孩子的影响有多大。

所以，根源在家长。

看看我们大人就知道了，朋友圈看看，点点赞；网上逛逛，加加购物车；看看所谓的心灵鸡汤，抖音可以让你不知不觉刷掉几个小时，还乐在其中。

有人比喻，手机和当年的鸦片是一样的。

抽大烟是躺着，和现在刷手机的姿势一模一样，更重要的是上瘾。

作为监护人而言，我觉得我们没有做到引导与监管作用，让孩子在手机上消耗了大量宝贵的时间。

换句话说，没有以读书来占领孩子的空余时间，必定被其他东西瓜分。

还好，骋骋越长大越有了自己的辨识力，也许这正是读书明理的开始。

2022 年 5 月 23 日

52. 图书馆里的端午节

2018 年 6 月 27 日

记忆里，每年的端午节骋骋都是在家里和我们一起度过的。而今年，她却因小月考的成绩不理想，强烈要求留校复习。我同意了。

家长会，一如既往在千人报告厅，而这次的主题是"文理分科"，从个人所长而言，骋骋适合选择文科，但从综合高考录取分数、填报专业、选择就业而言，文科显然不如理科。可我们毕竟要尊重孩子的选择，更何况她的理科明显偏弱。

小月考的成绩，和骋骋的感觉一样，埋在心底吧，好似一颗种子，用心去浇灌它吧，不要总是让自己的小宇宙在沉睡。家长会后，我坐在她的椅子上，仔细翻看她的月考总结，每次都是那么不甘心与悔恨，可每次过后又是重复先前的失误，直到这次，考得无比地揪心，自己终于看不过去了。

她考前经常晚上 11 点多发短信给我："妈妈，这段时间真的太忙了，估计

> 最重要的是，在图书馆那浩瀚的书籍中，在大家的埋头苦读中，你会感受到自己的无知，会用一整天心无旁骛、沉浸式地阅读来消除内心一丝恐慌。

考试会考砸，哎，好对不起你们。"果真，数学考得一塌糊涂，前所未有的分数。倒是我好心安慰她，太忙了也要注意休息，考砸了自己再努力夺回来。尤其是今年的高考后，数学爆料太简单，大趋势是得语文者得天下。

这话给了她一点信心。一位老同学得知她选择读文后，推荐她一定要看几本杂志，她立即打电话给我要我买。我建议她多到图书馆去阅读，扩大阅读面与阅读量，提升自己的人文素养，积累丰富的写作素材，为自己的作文、阅读理解打下坚实基础。

我能感知到她选择文科后的一个思想转变。高一马上就要结束了，高二的节奏会更快，所以，心态必须调整，节奏必须加强了。进入高二，团委许多工作也需要推掉了。我想，她会慢慢明白的。

我给她慢慢梳理了这次的考试情况，物理化学已经忽略了。作文认真看了，给了她我的点评：自己的想法太空洞，材料的使用欠自然，结尾的提升没到位。最长期有效的方法就是坚持阅读、扩大阅读，然后有时间自己给自己出题，在头脑中构思。

去省图书馆读书，这是个好办法。立即行动。

于是有了端午节的留校图书馆学习。

其实，图书馆距离她们学校还有一段距离，但孩子们的激情总是能克服一切困难。最重要的是，在图书馆那浩瀚的书海中，在大家的埋头苦读中，你会感受到自己的无知，会用一整天心无旁骛、沉浸式地阅读来消除内心一丝恐慌。

后来证明这个方法果然不错，骋骋后面和同学又去了几次，在那里和同学一待就是一天。复习累了就用阅读来放松，中午就点外卖填饱肚子继续读书，这样的日子真好。

长大后，我们就知道，像现在沉浸式读书学习的时间太少太少。一是心静不下来了，二是书看不进去了，三是看过也记不住了。无不遗憾。

有一次去图书馆接她回家，远远地从窗外看见图书馆里那片温暖的光，光下是那些倾情读书的人，无不羡慕。

何时才能重做读书郎？

和骋骋聊到副科的复习时，我提供了一个当年我考试摸索出来的方法，供她参考。

副科的复习，应该是一章一节地记与背，然后把要点摘抄在本子上，等到第二天再复习后面时，一定要先把之前的复习内容先温习一遍，每天都是一样，如此反复。等到你复习这本书后就不会出现前面又忘记了的情况。

还有提纲记忆也是非常有用的。自己要有框架，然后把内容填进去，脉络就清晰了。

历史也是有脉络的。现在老师都准备了复习资料，基本把要点都列出来了，要认真地复习，对照书本理解记忆，这样既深刻又易懂。

她若有所思地点点头。

6月14日，她发短信给我说："老妈，这次的考试成绩我会埋在心里，好好努力，相信我。"

针对她现在的团委工作，我告诉她，团委如同我们政府机关的综合部门，是琐碎事最多的地方，尤其你只是副部长，相当于主要办事人员，做什么事自然是首当其冲。

什么事不要着急，做事的时候分好工抓紧做，学习的时候沉下心认真学。到团委做事也可以带上你的单词本复习本，可以记记。如果你按我的方法开始复习了副科，你就可以只带那个本子，抽空复习，就是双赢了。工作学习都需要兼顾，希望你能在这种压力中坚挺下去，就一定可以得到你想要的。还是老话，注意身体哦。

其实，有句话我憋在心里没有对她说，现在的教育啊，真是把孩子们害苦了。

后记：期末考试果然不负有心人，考出高中以来的总分最高分。事实证明孩子是有潜力的，只是被分了心，最让我感到欣慰的是骋骋自己的上进心，聪明要强，有点像我，哈哈（嘚瑟一下）。数理化一如从前波澜不惊，意外的是物理化学也不是那么尴尬了，最重要的是语文有了突出明显的进步。这是图书馆送给她的福利吗？暑假要来了，也意味着开学后的文理正式分班，意味着真正的战斗就要打响了。

回过头来的思考

图书馆不仅是阅读海量的扩充，而且是一种氛围的熏陶，习惯的养成，默化的力量。

所以，然小妹和耕读园的小伙伴已经开始每周到图书馆阅读打卡了。

粗略算一下，每次阅读量都在10+本以上。长此以往，值得期待。

再进再困，再熬再奋。

打得通的，便是好汉。

如果曾国藩曾动念想写的"挺经"出炉的话，这两句话必定会在首页。

因为，这就是他一以贯之的思想，而这个时候的骋骋正处于这样一个"困"与"熬"的阶段。

我是一个不会学习的体育生，以前给自己贴的标签是不知道怎么学习，又或是没有能力掌握更好的学习方法。只是后来在自学考试当中，摸索出来的笨办法，就是一遍一遍地抄写要点，一节一节地啃背，然后有时间就迅速地过一遍，这样，挺过一节又一章，挺过一本又一门，不至于学了后面忘了前面。

而现在我们跟着老师更科学的方法是，看、读、写、作每日不可间断，也就是你所学过的知识，如果你能每天抽时间快速去温故而知新，那你可以为师矣。

而且一定可以苟日新，日日新，又日新。

而这个过程，最重要的一点就是，坚持住，不放弃。

在这个坚持的过程中，我们父母要做的就是从容陪伴。

2022年5月23日

53. 国庆风波

2018 年 11 月 6 日

骋骋，今天是你的期中考试，此时此刻，你应该在专心考试吧。变天了，希望你穿得暖和。

从国庆以后你就没有回过家，爸妈也只中途去看了你一次，以致你的被子都没有及时更换，心里还是有许多歉疚。但你一直把自己照顾得很好，一边拍大戏，一边在团委为大家做服务，一边努力学习，表现非常棒，给妈妈许多安慰。

可妈妈今天要说说国庆放假期间发生的一件事。就是然然摔伤的事。其实，大家都说，小孩子都是摔着长大的。我也一直这么认为，不会因小磕小碰而大惊小怪。那天发生的事，当然妈妈也是有责任的。

我把然然放在了你的床上，托你照看一下，而你正在抱着手机看，一时半会也没反应过来，调皮的然然从床上翻滚下来，哇哇大哭，你这才有点着急了，抱着哄她。可怜的娃，平时哄一下

不论你书读得有多好，成绩有多优秀，以后考怎样的大学，我们都应该以修身为本，修身又以德为上。

就好了的，那天一整天没有停，也不肯下地走路，走路一晃一磕就哭，一直到了第三天早上，才发现锁骨红肿，到医院拍片后才发现是骨折了。

我们心疼得不得了。因为她太小了，以至于疼都不会说，只能用哭来表达。之所以记录这件事，妈妈是想要你懂得，作为姐姐，你有照顾妹妹的责任，尤其是爸爸妈妈没在身边的时候。也希望你能通过这件事，认清自己的责任，好好汲取教训，关爱身边的亲人朋友。

提前返校的你，回了条短信给我：我知道了，谢谢妈妈，我会引以为戒，不负你我。

但你回复的更多的是月考的情况。你的学习，妈妈一直是不担心的，因为你有很强的上进心、自律心，只要你肯努力，一定可以赶上来。但妈妈更多的是担心你的品行。《大学》开示：自天子以至于庶人，壹是皆以修身为本。

所以，不论你书读得有多好，成绩有多优秀，以后考怎样的大学，我们都应该以修身为本，修身又以德为上。俗话说，一屋不扫何以扫天下。自己的妹妹都不能用心地照顾好，又怎么能照顾好身边的人？又怎么能用自己的爱心去爱天下人？

当然，妈妈知道你不是有意的，也只是疏忽而已。但妈妈希望你能疼爱然然，陪伴然然，以后还要教育然然，因为她是你唯一的妹妹，以后也是你相亲相爱的亲人。我知道你一定做得到，因为你本身就是一个善良有爱的好孩子。

一晃，你就高二了，不知道还有多少时间能陪在爸妈身边，妈妈希望你有时间就回家，回家看爷爷奶奶，陪陪爸爸妈妈，带带亲亲然然，毕竟，你正在长大，也意味着你会离我们越来越远了。

妈妈希望这一天早点到来，又祈祷这一天晚点到来，因为，在爸妈面前，你永远是我们长不大的孩子，我们也愿意永远成为你的依靠和港湾。永远给你一片宁静。无论什么时候，你都可以选择回来。

这个月你们排的大戏就要开演了吧？妈妈一定要去看，而且给你拍美照，因为，这部戏你们全部演员都付出太多，非常了不起，期待你们的精彩。想你。

回过头来的思考

　　小孩子摔伤本是常见之事，但还是觉得家长对孩子的责任意识培养不是特别到位。

　　还好，孩子从书本中悟出的道理远比我带给她的多。也许正是那句话，做好你自己，其余的一切都会好起来。

　　2022年1月开始实施的《中华人民共和国家庭教育促进法》，将"生活技能"列为家庭教育的核心内容之一。

　　家长质疑：孩子需要这么多劳动吗？

　　而著名教育专家孙云晓提出：提高生活技能，孩子终身受益。

　　经研究，爱做家务与不爱做家务的孩子相比，就业率是15:1，前者收入比后者高20%，而且婚姻更幸福。这样的差距太明显了吧。

　　因为看似简单的家务劳动，带给孩子的独立、自信、自强都是一生的财富。

2022年5月24日

风云突起

54.

2018年11月13日

美妈，小孩情感世界和你们沟通不？

这是骋骋班主任11月6日发来的信息。

看到信息的那一刻，我心里咯噔一下，我想老师是不是发现什么苗头了。

我立马和老师通了一个电话，老师的确掌握了一些事实，于情于理都应该提醒家长。

我也和骋骋发了一条短信，借分析期中考试失利，让她分析一下除了排戏分散精力外，还有其他什么原因，暗示她要以学习为重，努力前行。

没想到孩子很敏感，马上回复：我知道的。谢谢老妈，班主任是不是跟你讲了什么？

你觉得他会说什么？妈妈一直都很相信你。也相信你有什么事会和妈妈商量的。

结果，接下来她回给我的信息，确实雷到我了。

他（班主任）早上就找了我，我没承

人的成长要经历许多情感，但无疑他们这个阶段，这个时期付出的情感最真挚，最纯粹，也最美好。我尊重他们的情感。即使这与真爱无关。

认。我是在谈恋爱，上个学期期末之前开始的，一直想找个机会告诉你，我真的没有瞒着你的意思，因为我觉得你会理解我的。

本来想考得好一点跟你讲，但是这两个月多半是我自己的原因吧，学习没有找到很适合的方法，心态也不是很好，学习可能也是过于浮躁了。如果是这样影响到我的学习我绝对不会做的，我觉得我更不可能把这个和大戏作为搞不好学习的借口。

大戏是中午、下午排练，我和他每天只有晚自习下课之后十几分钟回寝的路上待在一起，我真的会努力去平衡的，希望老妈可以相信我。现在在排戏还有好多事讲不清楚，所以我想这周回家跟你讲。

信息量有点大，老妈你要冷静啊，真的谢谢你，我也是真的信任你，就是不希望我爸知道。

这个信息量确实有点大。

但庆幸孩子还是愿意坦诚地告诉我，证明她还比较理智。

我告诉她，相信她能看上的男孩一定也非常优秀，为了他们今后的路可以走得更远，那更应该加倍努力，相互鼓励，共同进步！

女儿长大了耶。我一方面欢喜，一方面忧虑。忧虑更多是怕她的年少无知，会做出一些逾矩的事情来。当然，我和孩子交了底，要让男孩子尊重你的唯一办法就是让自己变得更优秀。

于是，我推掉一切应酬，周日去探望骋骋，更重要的是通过面谈来了解掌握一些他们的动态。原以为有些艰难，没想到几句话的工夫就说完了。说到逾矩，骋骋理直气壮地说："我们这么小的孩子，你们大人怎么想得这么复杂？"

哦，妈妈只是提醒一下你。

保护自己，是我们女孩恋爱过程中必修的功课。

谁没有青春过？这应该是她的初恋吧。

人的成长要经历许多情感，但无疑他们这个阶段，这个时期付出的情感最真挚，最纯粹，也最美好。我尊重他们的情感。即使这与真爱无关。

想起当年的我，不也是那么幼稚，执着吗？

想起那些珍藏起来的日记，歪歪扭扭写满了自认为最宝贵的思念，爬满整个寝室窗台。

想起晚自习后守候在门外的身影，想起那怦怦的心跳……

那一切都是那么美好。现在想起来，依然如此。

但，越美好越需要去呵护。因为，她又是那么地脆弱。

喜欢我的那个男孩，由于我的"移情别恋"，一气之下毕业会考都没有参加就离校了。

不能说是全部原因，但至少有大部分因素的影响。

想起这些，我忘了告诉孩子，不仅要学会保护自己，而且要有承担后果的勇气与信心。

孩子真的长大了，我想即使不是现在，也会在不久的将来，在开满鲜花的校园，偶遇心仪的男孩，共赴一场美丽的约会。我真心希望他们能有那么一天，能够将爱情保卫战进行到底。

妈妈相信你，也永远支持你，爱你！

有些路妈妈永远代替不了你去走，但妈妈希望你能走得更稳妥些，更快乐些，更顺利些。

回过头来的思考

爱情是甜蜜又伤人的东西，尤其是初恋。因为，初恋是无果的。

所以，我唯愿我的孩子，拥有她美好的初恋，也需要品尝初恋酸楚的滋味。

现在许多家长听到孩子早恋的消息，犹如洪水猛兽，其实也不需要这么紧张，要知道一言不慎，孩子就会关闭向你倾诉之门。那我们就错失了引导孩子的最佳时机。

但一定要告诉孩子，在任何一场恋爱当中保护自己是第一要务。

事实是老师的担心要比我这当妈的强烈。

　　但抱着对孩子的信任，告诉自己淡定再淡定，因为，我们都是这样懵懂过来的。要做的就是把我们所经历过的伤痛与喜乐分享给她，然后让他们自己做决定。

　　我也非常感谢孩子对我的信任。让我陪她一起成长与经历。

2022 年 5 月 24 日

《油漆未干》

2018年11月22日

今天是骋骋戏剧社年度大戏上演的日子，时间是中午。骋骋早早地就问了我们要留几张票，来不来看。我说我是肯定来咯。没想到她爸还有柳哥也正好有时间，就一起来看大戏——《油漆未干》。

之前，这个剧本骋骋给我看过，所以大概剧情我是知道的。说的是民国时葛医生一家以及一位年轻才华横溢、英年早逝画家的故事。葛医生一家有两个女儿，葛医生古板、爱财，葛太太势利，大女儿淑芬虚荣，小女儿淑珊善良，剧中还有仆人关倪以及几位买画的商人。骋骋演的就是淑芬。

十年前，只有关倪欣赏并收藏了名不见经传的李冰的画。十年后，李冰的画一举成名，价值上万。随之而来的就是各大商人坑蒙拐骗，以及各位角色在这个过程中表现出来的不同表情、心理以及转变。最后关倪毁掉了让大家为之疯狂、扭曲的，价值连城的李冰所

人生如戏，本没有主角配角一说，努力演好自己的角色，你就是命运的主角。一个对待配角都能像对待主角般认真的人，做什么都可以成功的。

有的画。

　　千人报告厅人山人海，过道、前台地板前面都坐满了人。年度大戏对于学生而言也是极具诱惑了。

　　之前看剧本，只看到骋骋的几句台词，所以今天来抱着纯属友情支持的态度，没想到第三个上场的她就给了我们惊艳的表现。

　　她把淑芬这个角色揣摩得很好，爱美、虚荣，但在家里不受重视。更重要的是她的戏份虽然不多，却也是贯穿整场的。意思就是亮相还不少，最后还有一段 solo（独演），这是柳哥的点评。加上几大主角的精彩演出，给我们的感觉，确实是一场盛宴。

　　关键这些都是学生自编自导自演的，怎能不为这些优秀的孩子点赞呢？

　　真心为他们感到骄傲。

　　我最喜欢的角色是那个葛太太，一身旗袍，盘发，未先开口，眉眼之间已全是戏。演得真是好啊。大赞。

　　说实话每个角色都演得好，现在的孩子我们还真是没法比了。

　　戏演完了，孩子们在台上却忍不住哭了。看来为这场大戏，付出不少。至少，骋骋是快两个月没回家了。

　　她的演出超出我们的预期，虽然不是主角，虽然不是最棒，但她在我们的世界里永远是主角，在我们的心里永远是最棒。

　　正因为她不是主角，仍然以主角的精神在坚持，在努力，在付出，就是这种精神才更值得肯定。

　　回来后，我给骋骋发了一条短信：热烈祝贺你们的年度大戏《油漆未干》获得圆满成功。看得出你们戏剧社都付出很多很多，一个多小时的戏，台词、表情、动作、情绪、眼神等全部要到位，是多么不容易。妈妈为你骄傲。

　　人生如戏，本没有主角配角一说，努力演好自己的角色，你就是命运的主角。加油吧，宝贝。一个对待配角都能像对待主角般认真的人，做什么都可以成功的。非常棒，你们的每个角色都非常棒！

回过头来的思考

每一个人对自己所喜爱的事,所做出的付出与投入,无论如何,值得为他们点赞。

当孩子在全情投入自己喜爱的一件事时,家长要做的就只有一件事,默默支持,适时点赞。

这应该是骋骋对自己的一个挑战。因为她不是一个有天赋的演员,有的只是热情。她说她去年打了一年的灯,类似跑龙套。今年有角色了,却怎么也演不好,非常伤心。

可演出的效果却是出奇地好。这个努力打磨的过程只有她自己才能体会。

所以,这个经历变成了她自己的财富。

攻克了自己的心理难关,这就是最大的收获。

2022 年 5 月 24 日

保证书

2019年2月18日

我前天晚上接到骋骋班主任的电话,说是晚自习没看见人。入学考试刚考完,5点不到就放学了,7点半还没看见人,纪律何在?!我听得一阵心惊肉跳。

说实话,骋骋从小到大几乎没有让我操过太多的心,到了长沙也是。一问说是和室友出去吃饭了,室友回寝了,她觉得自己还不错,回教室去了,只是晚了一点。

也许是一开始我的思想上并没有重视,也认为这不是太大的事,偶尔周末时就几个人参加自习,以为就没有那么严格。可骋骋自进入高二后,通报的名单里已经连续出现了几次,说实话,面子上挂不住。有一次回家了没和宿管老师请好假,半夜老师找人的电话都打到家里来了,想想不生气都难。

这次估计老师也动真格的了,直接说取消寄宿资格。事弄大了,自己打电

> 在孩子的学习与教育当中,要有信任,但不是放任;要有放松,但不是轻松;要有严谨,但不是严厉。
>
> 挫折有时就是一种强劲的推动力。

话也哭哭啼啼，最后好话说尽，签下不再违纪的保证书。

其实，我很能理解老师的心情，处在恋爱期的女孩子，没有时间观念，晚自习迟到，任谁都会思考这个问题，如果控制不好，那会有什么样的后果呢？对自己，对老师，对班级，对学校？不敢言，虽然我的孩子我了解，但并不是所有的人都能如此心大。

我对骋骋说，要想让别人相信你，你得做到让大家相信。自己也觉得在飘，却又不思改变，若一年以后，同学们都考了好成绩，朋友也去了好学校，你没考好怎么办？努力了，不一定会有最好的结果，但不努力一定会后悔，后悔没有全力以赴，那必然会是一辈子无法治愈的痛。

骋骋也吓坏了，感觉天快要塌下来了。爸爸也怒吼，再有下次，直接转学回来。周日中午我到学校的时候，小H同学也来了，单单瘦瘦的一个男孩子，一边安慰着骋骋，一边静静地看着我。

我想这个时候，他不怕被责骂，不怕惹麻烦也要陪着她一起和我见面，这也是难得的担当了。我一直很好奇，眼光挑剔的骋骋，初中好像没有哪位能入了她的法眼，一进高中却立马中招了。也正常，美好的高中生活若是没有一点爱情的点缀，那岂不是太无趣了。我没有怪他们，只是提醒骋骋，端正学习态度很重要。她一反寻常，今天还是很老实地承认自己是态度问题了。而且一再向我保证，绝对不会再犯。

然后她红着眼睛一直问我怎么办。我说凉拌炒鸡蛋。等到烤肉上来了，她吃得满嘴流油时，仿佛又忘记了什么是烦恼。也好，悲伤来得快去得也快。

今年明显感觉骋骋长大了，过年的时候懂得体贴照顾我，总是一本正经地对妹妹说："然然，你怎么又不听话呢？还不睡觉，妈妈带着你好累的，知道吗？"在我和她爸爸之间，她绝对站在我一边，维护我，支持我；现在又在给我夹烤好的肉，细小的动作能感觉到她心细如发，也明白我的女儿终于一天天长大了。

饭吃完了，心也谈完了。我对他俩说，你们要共同努力，共同进步。小H你要督促她，让她不要懒惰。他俩认真地点点头。

第二天一早，我到老师办公室去写保证书，骋骋走了进来看见我，满满的惊讶与悔恨。说实话，从小到大我也没做过这样的事啊。这时说面子已经没有意义了，重要的是希望她真正有所改变。

我发信息给她说："老师还是很看好你的，毕竟能进四大名校重点班也是自己实力的证明。但高中必须更扎实、踏实、严谨，要找到适合自己的最佳学习方法，提高学习效率，这样才会有最好的收获。你有多努力，就有多优秀。"

骋骋回复："知道了。我会努力学习少让你操心的。"

哈哈，有这句话，比什么礼物都强，比什么话听了都甜啊。

回过头来的思考

有时，成功与失败也就一步之遥。

努力与放纵也就一念之差。

特别感谢老师的当头棒喝，让我在对孩子的纵容中清醒过来，也给了孩子很好的警示。从那以后，不说是翻天覆地的变化，也是从思想到行动上都有了质的飞跃。

证明在孩子的学习与教育当中，要有信任，但不是放任；要有放松，但不是轻松；要有严谨，但不是严厉。

更证明，挫折有时就是一种强劲的推动力。

2022 年 5 月 24 日

情感纠葛

2019 年 3 月 18 日

3月10日下午6点6分,骋骋发来一条短信:老妈,好想咨询你情感问题。我心里咯噔一下,有情况呀。于是,直接拨了电话给她。

原来,她和小H交往的9个月时间里,小H对她和其他男同学正常交往小有情绪,说白了就是吃醋、生闷气。

呵呵,我说:"你是怎么想的呢?"

"真是受不了!"

我说:"这种情况你们可以好好聊聊啊,比如你有什么不满的可以坦然提出来,不要憋在心里,那解决不了问题;其次,你可以保持与其他男同学的距离,你包容他的小任性。"骋骋说:"已经出现好几次这种情况了,也说过了好几回,但没有用。他自己也知道这样不好,但他控制不了自己的情绪。"我说:"那就有点麻烦了。现在就这样,以后岂不是什么自由都没有了?你愿意吗?""当然不愿意。"

骋骋决定今天晚上和他说分手。我

许多时候我们会因为喜欢一个人而改变自己,将就自己,但请你一定不要委屈自己。你是女孩你就是公主,值得有一个优秀的王子为你守候。

说："你想好了再说呀，尽量不要伤害别人，当然拖下去的结果是两败俱伤，你说完了有什么问题再打电话给我。"

晚上11点多，信息来了：说完了，他舍不得，我也舍不得，冷静了十分钟感觉还不错，看他的眼神还是好心疼。

12:42：老妈，你怎么抛下我了，5555，我现在想开了，但是睡不着。

01:00：我现在真想通了，但是我好害怕他心碎，我不想伤害他啊。

01:04：妈妈你去哪了……好怕你出事。

真是一个不称职的妈妈，被然然"哄"得睡着了。

我醒来马上回复：伤心会有一点点，但你们都会慢慢长大。男孩子的承受力比女孩子强，只要你好好的，相信他也能做得到。非常棒，能够勇敢地处理自己的事。

感情是两个人的事，彼此合适开心才能在一起，如果现在就不开心，勉强在一起，才是对彼此最大的伤害。所以，感情只要是认真的，彼此付出，坦诚相待，结果如何都不算伤害，只是你们的缘分较浅罢了。

我过了一天问她感觉怎么样。她回复不怎么样，就是睡不着。

我说总有几天吧。（虽然算不上真正的失恋。）不要勉强自己不去想，不可能分开马上就不想了吧，顺其自然是比较好的一种状态，希望你能开心点。

骋：我总在害怕我的决定是错的，实在难受。

妈：留给时间去证明吧。如果你们还有可能，他会愿意为你改变的。

人总要学着慢慢长大，不可能不会出错，也不可能你现在遇到的就是最好的。其实本就没有好与坏，最合适的才是最好的。难受就哭一哭，或者把这段感情写下来，也算是纪念自己的青春。总之不要为难自己好吗？

骋：太懒了。哈哈，其实没事了，我又看开了。

呵呵，心大的娃。

又过了几天。短信又过来了。

骋：明明知道他不是最合适的，还是想复合是什么心态？

妈：舍不得呗。想复合就复合吧，也许你需要经历更多才会明白，勉强分手反而会更影响学习。祝你好运。但要复合也是对方提出来吧。

许多时候我们会因为喜欢一个人而改变自己，将就自己，但请你一定不要委屈自己。你是女孩你就是公主，值得有一个优秀的王子为你守候。

骋：不了不了，我又想开了。哈哈哈，女人总是善变的。

我到周末去看她，问："最近怎么样？"

"什么怎么样？早就没事啦。"

没心没肺就是好。

回过头来的思考

对于一个初恋、热恋又失恋的人来说，不纠结，不难过，不失眠那只能说明，根本就没有爱过。

可十七八岁的孩子又怎么会一下就懂得什么是爱，什么是爱人，什么是被爱呢？

也许那句老话才是对的，授人以鱼不如授人以渔。

我教会你怎么处理恋爱的事，不如你自己去感受，去体验，去碰壁，然后再去总结与深思，自己该如何处理感情。只是这个风险和代价有时会很大。

所以，我们父母应该做的，把握能够把握的，做好能够做到的，给予能够接受的，足矣。

2022 年 5 月 24 日

吐槽本

2019 年 5 月 7 日

感谢骋骋班主任的用心，让孩子们用专用本每天写下自己的学习心得或学习疑问，孩子们也利用这个一隅之地，或吐槽，或发泄，或倾诉，让紧张的学习有了片刻轻松与欢愉。偶然得之，深感莘莘学子的艰辛与不易，故记之。

12 月 9 日　骋：近日思考，不知是因为回家次数愈少或是真的长大了些，开始愈加想家，也不想长大。如果说现在经历了偶尔的感伤的确算不上什么，我就更加难以预见步入社会后将要经历的一切。李老师说我现在的难过还好，有许多人与你同舟共济，目标是明确的，方法亦然。等到真正要独自面对一些挫折时，我不知道自己是否会依然拥有现在这样豁达而笃定、积极而精进的心态。

12 月 10 日　骋：再说想家的这事。真的要回家少才会有感觉。初中那时候根本不当回事。之后我妈每周日都会来陪我吃饭或带饭，还有平日里的各种关

就好像《无问西东》中说的：如果提前知道了你要面对的人生，你是否还有勇气前来？如果路会通往不知名的地方，如果光已忘了要将前方照亮……

切。其实这些事情分明一直存在着，只是到一定的时机才能更真切直观地感受到，从而更加感激与不舍，也夹杂着关于从前的内疚与对未来的担忧。

我见过父母在面对奶奶的老年痴呆、外公的偏瘫之时的种种境况，我有时会想，也许有一天，我也不得不面对这些，甚至更为残酷的现实（至亲的离世），那时的我会怎样做？就好像《无问西东》中说的：如果提前知道了你要面对的人生，你是否还有勇气前来？如果路会通往不知名的地方，如果光已忘了要将前方照亮……

然而，我知道，逃避解决不了战争，战斗才是唯一的选择。

老师的回复：直面生活，笑对人生。

话说来简单，做起来却难。我没想到她在这个年龄已经开始思考人生，思考未来，思考生离死别了。

难怪短信里发来的虽只短短的一句，想家了，饱含着的却是浓浓的思念与愁绪。这个愁，当然有对学习的踌躇，也有对明天的未知，对社会的迷茫，这些都是我们做父母不在身边所无法去安慰的。

2月18日　骋：今天差不多把各科错题整完了，但是时间分配仍有不合理之处。要背的单词和习题没能全部完成，亟须改进。

老师批复：笃定前行。

2月19日　骋：作业稍麻烦，还是没能快速解决作业，留充足的时间给课外。算了大概第六周能把3500个词汇背完，实际上已经很晚了，不过亡羊补牢为时不晚。以后一定要争取在第一节晚自习写完作业。

老师批复：作业在质上求效率。

2月20日　骋：今天是充实的一天，不过总感觉学习的时间很短暂。有逐步改善作息习惯的想法，近两天是7:20左右到位，希望逐渐过渡到7点。

2月21日　骋：现在感觉每天的时间都很紧，常常陷入作业依然写得慢的怪圈，我发现自己从初中开始就有个坏毛病，时间一多就比较磨蹭，这会导致学习效率不高，所以学习的节奏到底该快还是慢呢？

老师批复：改变，进取。

2月24日　骋：这个周末比较充实！我给自己下周安排了更多任务，希望可以完成。主要面对的是数学错题与立体几何，英语积累与练习。另外，想问曾老师两个问题，一是学习节奏该快还是慢？二是最近有几本想读的学术专著，比如钱穆的《国史大纲》是繁体版的，他们嘲讽我高考前都不会拆封，我笑，每天读一两页总OK吧……就想问下曾老师有什么阅读的好办法。

老师批复：不急不慢。繁体字猜得出来。

3月4日　骋：今晚的学习效率有了明显提高，任务基本完成了。但是最近又发现新问题，早起好像有点困难。感觉已经睡得很早了，但还不能在6：40左右准时起来，我……要睡得更早一点？

老师批复：23：00前睡。骋：才熄灯嘞。

3月5日　骋：今日做了一些地理小题，感到略为困难，不过好在拓展了许多知识面，难得地感觉到刷题的意义。另外，这学期开始，感觉政治好背了一些，不知道是不是幻觉，也可能和我翻书翻得比较多有关。我准备尝试文综往返滚动复习法，其实就是一天有事没事就翻翻书，常回顾。前天，某理发师把刘海剪毁了，被全世界嘲笑了几天，影响心情。555，争取23：30前睡着。

老师批复：文综应熟悉教材。

骋：3月6日今晚召开了漫长的寄宿生大会，万万没想到居然开了一个多小时，本来我以为大概是强调纪律意识之类，万万没想到大部分时间是李主任在扯人生哲理……我觉得这种会吧，要开也没必要占晚自习时间吧，而且时间未免也太长了。

近日还在想要不要一个人坐讲台边，上次换座位时我又犹豫了。想来想去，果然还是一个人坐适合搞学习，和他人无关。现在写作业的速度也明显变快了,希望这种紧迫感能保持。

老师批复:继续。

3月10日　骋:今天做了很重要的决定,希望来日方长。我不会后悔(应该是分手的事)。

背了好久单词,复习了好多课。感觉月考之前应该背不完,想稍微放慢一点速度,尽量保证记过的都记得。背政治十一课的时候觉得好难啊……我现在好不容易把大体框架记清了,具体到细节又记不清了。其实这两天的状态不是很好,下周开始会抓得比较紧,我现在相信:付出就会有回报。

曾老师上节课上的精彩回答让我深深感受到了马克思主义哲学的伟大。我决定将课堂上学到的哲学知识应用于实践之中,辩证地看问题。

上节语文课我感到很欣喜,对刘老师重燃了敬意。我想,在这个阶段,我在学习科学知识的同时,的确应当学会生活,如何成人。不胜感激。

老师批复:踏实奋进。

3月11日　骋:这两天都可以起得很早来背书,是个好兆头。

老师批复:但要注意不可太疲倦,休息得有保证。

看得出来,孩子很努力,老师很耐心,不仅仅关注她的学习,更多的是身心的健康与发展。还有什么好说的呢,有这么优秀的学校,这么优秀的老师,这么省心懂事的孩子,我心甚慰。

期待她一天天更好地成长起来。

回过头来的思考

我觉得无论是成长手记还是骋骋的吐槽日记,都是一种非常好的记录方式,记录自己的成长、心情,还有更更重要的反思。

我又想说曾国藩30岁立下圣人之志就是从写日记开始的。他写日记有几个要点：一是用恭楷书写，以表重视；二是重在研几，也就是反思自己每天工作生活中的一些细节与思考，看看有无不妥，连多看一眼别人的小妾责骂自己，也一并详细记录下来；三是送朋友传阅。所谓外力大于内力，借助师友夹持来帮助自己一步步蜕变与成长；四是他的这个习惯坚持了一生。

  我们由此可见，他的毅力与志向有多远大与坚定。

  又或者是说他志向的高远，决定了他行动的坚定不移。

  我们现在遇见人师后，在老师的指引下也每天在写日记，孩子的，自己的点滴变化与成长，言行举止的反思，女人在家庭中真正的定位等。而老师会针对我们的日记一点点进行点评与回复。受益匪浅。

  就好像在学习成长与育儿的道路上，你只管向前走就好了，方向在那里，明灯在那里，不会迷失，不会彷徨，也不会偏航。

  从 2021 年 10 月 6 日起开启的然小妹学习成长日记，截至目前，粗略算下，已经 15 万 + 了。

  好吧，看来还得给二娃写上一本成长手记了。

  但无论与否，这一定也是留给然小妹最珍贵的礼物。

2022 年 5 月 24 日

初尝酸楚

2019年6月10日
拼命证明它的美与真
捕捉它瞬间的闪光而慰藉
渴望那真实会在下一秒到来

她说
那是她的未来

老妈,我写了首诗,也许还没写完,我想加点意象,你帮我看看嘛。

中考刚刚落下帷幕,学考、高考又大战在即。对于学考而言,学校是相当重视的,毕竟这是一个硬性指标。当然对于骋骋而言,过关问题是不大的,她在想如何取得高分。我在想,学考过了就是准高三的孩子了。希望她一如既往保持良好的心态与状态。所以,当看到她这首短诗的时候,我笑了。希望她的未来\她的梦想一直充满美与真。

我收集整理了前段时间与她短信

这就像下棋,在下一步前,你要先在脑中下好几步看看会发生什么,再像亡命之徒一样赌上财产,做出决定。

的一些交流，希望她能早日全身心积极投入高三的学习生活。

3月31日18:38

骋：老妈，下午在看阿加西那本自传，他前期非常迷茫，搞得我就很慌，我对未来有点恐惧……我不知道怎么找到人生的意义，我也不知道怎么找到自己真正想要的。我总是看不清自己，怎么办？

20:38

妈妈：你们这个阶段迷茫也是正常的，谁能一开始就找到自己真正喜欢的东西呢。妈妈会帮你理理的。还有，高考的目的是选择一个自己喜欢的专业去学习，和以后的工作也许并没有太多关联。所以，你现在重点还是安心搞好学习，为明天的选择奠定基础。知道了吗？

4月1日14:26

妈妈：我经常提醒你，在30岁之前要玩命地做加法，要去尝试，你不知道自己有多少种可能，你也不知道命运将会给你怎样的机缘，所以不试你怎么知道？

4月27日晚上，我们一起吃饭，骋骋他们中午排练大合唱《我和我的祖国》，吃饭时聊了一些她最近的情感问题。她和小H同学分手后又想要复合，还担心他会伤心会颓废。

妈妈：安心晚自习。测试一下他是否因为分手而伤心，更直接的就是测试他是否很在乎你。第一，看这次期中考试的情况；第二，找机会教育他不要迷恋游戏；第三，想他了就给自己10分钟安安静静地想一会，然后再接着学习；第四，向闺蜜倾诉，听听音乐，跑跑步，吃点好吃的，写下对他想说的话（便条），但自己珍藏；第五，有本事大学里见，让他重新追求你。祝你好运，开心。

骋：好的，谢谢老妈，能否解析一下第五条。

妈妈：第五条就是让自己变得足够优秀，让他后悔错过你呀……然后再来追你，求你……哈哈。

骋：老妈，我觉得问题关键是他不喜欢我这真不太可能，而且看成绩也不好吧，你看我这次考得还好。

妈妈：哈哈。但你可以看学习状态吧。肯定是喜欢的，但更喜欢的方式是希望你更好。所以，我们也需要尊重他的想法不是吗？

时间会证明一切，也会验证许多东西。

骋：屁更好 :-)

妈妈：他有他的方式，你有你的想法，你左右不了他。其实有时候我们就是喜欢自己骗自己，我初中时一直以为有个男生是喜欢我的，因为他会经常找我聊天、问题目，还有眼神的交流，直到有一天他带着一个女孩骑车从我眼前飘过……

我眼一黑，才发现自己一直是自以为是，自作多情。

我想他拒绝了你的示好，不管怎么样，你都需要坚强点，你越坚强越优秀才越会被他看到，才会足够让他离不开你。我们许多时候不要强求太多，一个阶段和一个阶段的想法都不一样，现在你很喜欢他，一年以后呢？十年以后呢？他呢？我们都无法保证。我们唯一能做的就是热爱生活，善待自己，做真实而美好的自己。那样的你，谁又能拒绝呢？

骋：我知道你会这样说，只是我的情况不一样，还真不是朦胧的感觉。他要是真不喜欢我，我会断得很果断，这是什么程度，八个月感情一个月断。

问题是我知道他是做得出这种事的人，他总觉得瞒着别人是为了别人好，什么都喜欢自己承担，他以前和同学去旅游，可以忍一晚上胃痛到凌晨再一个人去医院，就是不想麻烦别人，你们都觉得我分手他应该挽留。

但是他不一样，他以前就说过，如果是我真的想分，他会尊重我的选择，而不是死缠烂打让我心烦，还有就是他说那些话都太假了。我找他的前几天他看到我和一个男生走在一起他扭头就走，他生气就是这个样子啊。我跟他打个招呼再问他是不是生气了，他说至少他没有想和别的女生走到一起的想法。哈哈哈哈，可能这种时候就是看我看人准不准的时候了，说错就尴尬了。

妈妈：这就像下棋，在下一步前，你要先在脑中下好几步看看会发生什么，再像亡命之徒一样赌上财产，做出决定。不知道你可不可以理解。

4月30日 00:07

骋：老妈，你初中那碰到的是渣男吧 :-)

妈妈：初中那男同学根本不知道我喜欢他好吧，只是我自己的感觉。你觉得想赌就赌一把吧，那个孩子看起来还挺实在的。希望你再努力争取一下。

骋：老妈，你真的，哈哈哈哈，三条短信三个态度，我不知道要怎么争取了这种事情 :-)

5月3日 23:58

骋：他真不是个东西。我下午去他们班找人碰见他，感觉他不想理我，我就很难过。我朋友跟我纠缠了很久之后去找他，说我真的很在乎他，哭了一下午怎么怎么的，他淡漠地说，其实挺喜欢我就是高中不想谈。

我真的笑死了，那没感觉了，不喜欢了是谁说的啊？他凭什么说喜欢，他关心过我吗？在乎过我的感受吗？我是死是活他知道吗？我要是个男的看到我喜欢的妹子哭一下都受不了。他反正也没来找过我啊，一次都没有，这算什么啊？别搞笑了吧。我下午还真没哭，我朋友找他回来，我不知道哭了多久。真的醉了。

5月4日 01:51

妈妈：傻菇凉（姑娘，网络用语）哦。妈妈爱你。妈妈知道你受委屈了。知道妈妈为什么不让你去找他了吧？因为，妈妈知道一个男孩子真正喜欢你，想和你和好会来找你的。哭吧，哭一场就当埋葬了自己的初恋。其实，你们现在的感情就是朦胧的，也不确定是不是真正的喜欢。别难过了，一切都会过去的。

02:03

妈妈：越是喜欢越要坚强。不要让他看不起你哦。通过这次恋爱你应该知道女孩子需要矜持,因为你是女孩,你是公主,需要的是呵护与懂得,而不是伤害。幸运的是你终于看明白了他是个不敢担当的人,根本不适合你,也希望你能尽快调整好自己的心情,希望你早点开心起来。别哭了啊,再哭,妈妈的心都碎了……

记得有什么事,有什么需要一定打电话给妈妈……

17:11

妈妈:心情好些了吗?

23:43

骋:这几天可能要来姨妈,格外敏感,被逼着三分钟洗完头发还没时间吹,觉得很委屈又开始哭。就像我一直都知道他喜欢我还要骗我,但是实锤之后我也不知道我会那么难受。我那个朋友讲他那时候说觉得现在来找我不太好,怕打扰我学习。

5月5日 00:01

骋:其实仔细想想自己也没那么惨,没那么难受的,谢谢老妈哈。

09:01

妈妈:昨天回家有点累,想着要和你聊聊的,结果又睡着了,真的抱歉。

女孩子青春期本来就很敏感,经历了这些磨难与艰辛,以后你就什么也不怕了,只是苦了宝宝了。考试不要怕,考出自己真实水平最重要。让时间带走一切烦忧吧。明天又是新的一天呢。

5月7日 10:31

妈妈:考试比上次有所退步,语文发挥稳定,作文提升会有大进步。英语阅读理解必须加强,单词量要日积月累。数学不该扣分的小题不能错。副科要有方法关联记忆,联想记忆,导图记忆,才可以获取高分。加油,马上进入高三了,没有时间去伤春悲秋了,沉下心来好好搞学习吧。明年才能笑到最后。

12:38

骋:明白了,感谢老妈。周末和高三一起一模。

5月11日 20:27

骋：忘记跟你讲了，前几天我那个朋友碰见他，问他为什么不来找我，他说为什么要来找我。所以他为什么之前又要讲其实挺喜欢，就是高中不想谈呢？

20:28

妈妈：那只是个美丽的借口啊。

5月12日 12:01 分

骋：老妈，母亲节快乐啦啦啦啦，下午监考愉快，永远青春美丽，给你买礼物。

5月26日 00:12

骋：最近有时会突然很颓，很难受，怎么办？

00:15

妈妈：压力是挺大的啦。没事想想开心的事，一切向前看呀。明天请你吃大餐。

上午10点多，骋骋给我发了前面写的那首写梦想与未来的诗。真心话写得比我的意象好多了，看来最近思考得比较多。

6月3日 01:02

骋：最近很奇怪啊，我总是很久躺下睡不着，平时倒下就睡了。而且我知道怎样可以睡着就是不愿睡，我喜欢想很多事情，白天搞学习没时间的。

07:40

妈妈：这也算一种放松的时间吧。但我不建议你在这个时间段内遐想，影响第二天的课程。你可以选择在吃饭的时候或者排队的时候，还有你们进行体育锻炼的时候。女孩子本来就要少喝冰，对身体不好。你的胃也许是因你暴饮暴食有点抗议了吧。

所以一定要按时吃饭，好好休息哦。

其实，我以前也喜欢这样遐想，这是一种很好的放松方法，放空自己的思绪，让自己随时光流淌，可以想任何事，也可以不想任何事。那时上班的路很长，我习惯坐在公交车上最后一排靠窗的位置上，安静地看车来车往，任思绪飘荡……

每个人都会有自己青涩的青春吧。多年以后你就会明白，这只是生命里一朵小小的微不足道的浪花……

作为一个母亲，能这样陪伴着自己的孩子一点点长大，其实就是我们最大的幸福。

回过头来的思考

现在看来，那时对孩子的疏导与陪伴还是不够的，尤其是在第一次经历情感失败的时刻。

爱情在人的一生当中占有太重要的位置。

有的人因为一次恋爱伤了一辈子。孩子在这个时候特别敏感焦虑，尤其是在高三的关键时刻，处理不好，着实堪忧。

陪伴、引导、包容、接纳是我们家长应该做的，同时，相信孩子，相信时间会疗愈一切。

还好和我一样没心没肺、生性乐观的人，睡一觉，也许不是"遣风吹却云，言向天边月"，就是"予心适无事，偶此成宾主"了。

还好，我成了孩子"我有方寸心，有人堪共说"的那个人。

2022 年 5 月 24 日

高效假期

2019 年 8 月 20 日

准高三了。从 6 月 8 日高三高考结束的那一天开始。

所以,学校召集我们已经开了两次家长会了,无外乎就是告诉我们,高三来了。学生、家长,你们准备好了吗?

说归说,真正要行动起来,要进入高三状态,看的还是孩子们自己。

两个月的暑假,骋骋他们放了 14 天假。貌似还是多的了。另一个学校的孩子整整一个暑假放了四天假。更不用提出去玩的事情了。我倒是想抓住这最后一个假期,征求她意见,是否能陪妹妹出去玩两天,就两天,行吗?刚开始她还有点犹豫,后来就直接回答我,不行,不去。

这个学期已经发现了她明显的短板,也想趁着这个假期好好提升一下。一是数学,数学大题难以突破,小题速度缓慢,有畏难情绪;二是语文,基础还行,作文还没有找到感觉,找准方向。

这就有如孩子突然间登上了一个偌大的舞台,而演出已经开始了,所以,没有退路,必须全力以赴做到最好。

三是英语，离班级平均分还是有距离。她自己也非常同意。

于是针对自己的数学短板，她开始制定相关的学习计划。也请教了自己的老师，老师给了一些非常具体有效的意见。针对老师提出的建议，她每天自己网上学习再整理思路和笔记，再找出相应的案例进行拆解，再做习题，她边做边焦虑地说，没时间做作业了。厚厚的几十页笔记，时间确实耗费了不少，我说有收获吗？当然有咯。我说那就好啊，作业加油做吧。

数学难点的困惑，通过反复研究，使之得以及时解决。

最重要的提振了她攻克压轴大题的信心。

再说语文，她自己说在网上找到一个非常好的软件，里面对议论文写作的框架、技巧与方法有很好的指导与针对性。我也会出一些题目，让她进行构思，撰写，再进行分析点评。其实骋骋的语文素养是没有问题的，但要想拿高分还是要多做综合练习。作文出彩有点难，但先要确保中规中矩的得分。

扩大阅读量在这个时候已经只能是惘然。

英语我可没有什么好方法，只能靠她自己多记单词，多看阅读理解了。其实，分不低，牛的是班级平均分。

这个短暂的假期，每一刻都做到了充分的利用和最大价值的发挥。

所谓不怕同桌是学霸，就怕同桌放暑假。原来是这个意思呀。

其实，不是火烧眉毛了，那还不是一如从前想着如何消磨假期吗？

如果早有古人的终身之忧，哪来现在的一朝之患呢？

可现在也不是说这话的时候了。

骋骋回来的这十天，家里伙食质量明显提高，每天变着花样炖汤、清蒸排骨、酸辣猪脚、黄焖羊肉……吃得她满嘴流油地说，家里饭菜太好吃了，学校伙食简直……一脸苦相。

知道了吧，千好万好不如家里的味道好。

14天一晃而过。到校没几天马上就是高三的第一次入学考试了。学校、老师、家长、学生都很重视，因为，虽说还有一年，但前面的基础就在这里了。

　　骈骈考完数学发信息给我，说数学没有考好，但没有很难过，因为难得知道自己的原因在于做小题太慢，前面卡在两个小题时间太久，以至后面大题根本没时间做。

　　结果分数出来123，她有点惊讶，没想到自己随便做的第一问居然对了。晚自习又把后面的大题都做了一遍，做出来了。看来状态还是不错的，假期的强化训练有效果了呀。

　　语文也是123分，作文首次达到48分，以前也就45分左右吧。她告诉我她是严格按议论文写作的框架来的。其实太严格就是一成不变的套路，但应试就是这样，首先得稳，得按套路出牌，在你还没有足够的能量改变之前。英语125.5分，离班平差6.5分。

　　"天啊，你们班英语怎么这么厉害啊？"

　　"嗯，经常年级第一。"

　　"哦。那你也不能拖班级后腿呀。"

　　副科四门全部上班平了。假期的攻坚与努力换来新学期好的开始。

　　更有意思的是，学校召集优秀学生开鼓劲会。骈骈笑着说，我第一次考试得这么好就有机会参加了这个会。我说那你继续努力呗。会上老师说，我们这些学霸冲击清北都是有希望的。

　　说实话，裸考进清北我想都没想过。太难了！当骈骈在那个双人展下面写下她的愿望时：YQC也想上北大！我轻轻地摸摸她的脑袋说，为了你的梦想，加油吧！

　　对着骈骈教室里的名校录取分数排名表，我说你想好读什么专业了吗？中文吧。中文，排第一的当然是北大。我说，人大、北师大都不错的。说实话能考进第一列我都会心花怒放、心满意足了。

　　一切都是未知数，但希望从这次开始，保持良好的学习状态，努力再努力，为自己的梦想、为自己的目标而奋勇拼搏！不负青春！

回过头来的思考

一个人好的状态绝对和好的心态是分不开的。

不是说一个假期就能改变什么，但事实是给孩子补上她的短板，也就自然提振了她的信心。信心对于一个冲刺的高三学生而言，无比重要。

而这一次考试也是骋骋的一个转折点，逼迫自己进入了优秀排行榜。

这就有如孩子突然间登上了一个偌大的舞台，而演出已经开始了，所以，没有退路，必须全力以赴做到最好。

现在我明白了，这就是孩子通过自己的努力，体会到的心智极度快感，而这种快感才是真正热爱学习的内驱动力。

遗憾的是，高中以来，这种体验太少。

但毕竟，"少年负壮气，奋烈自有时"，开始了，就不晚。

2022 年 5 月 24 日

促膝长谈

2019 年 9 月 3 日

此次陪骋爸到山西晋城和福建泉州比赛,每一场都很精彩,毕竟都是有实力的,能夺一个冠军与一个季军回来,当然是值得庆贺的。我到现场看了几场球,每场都赢得不轻松,场上的队员辛苦,场下的教练焦灼,场外的啦啦队疯狂,那都是一场博弈与奋战。那场半决赛三个主力队员因犯规被罚下场,其他队员依然战斗到最后一刻。争夺季军时,最后一个三分绝杀,但被判加时。加时赛在我们队员的爆扣中开场,最后完胜对手。很是惊心动魄,相信对于年轻队员而言这是一次非常好的历练。

然后推掉所有行程,只为和骋骋相聚。

我晚上好不容易把然然搞定后,到骋骋房间,她说那个英语学习机"小爱老师"特别好用,又怪我乱花了钱不该买升级版的。我见她在边看手机边学习,就说:"我到学校陪你吃个饭,你说我耽

你的强大会随着你的经历、你的成长、你的学识、你的遇见一天天累积并提升的。你无须多虑。

误你时间，现在不怕耽误了？"她辩解说在查学习方法和资料。

快到晚上12点了，我催促她快点睡觉，自己却想着还可以追我的神剧《宸汐缘》。骋骋却说："我想和你聊一聊。"

妈妈：想聊什么？每次和你聊天都聊得很晚，影响明天学习呢。

有几次聊感情、聊人生、聊理想聊到两三点。我瞌睡得不行，她却精神越来越好。

骋：我有几个困惑。

妈妈：说。

骋：我有时会特别担心一些不可预料的事发生，比如毒品、暴力，尤其是和小H分手后，觉得特别没有安全感。怎么样让自己拥有强大的内心？我特别害怕自己大学里会颓废，堕落，一事无成。

妈妈：哎哟，问题还真不少啊。

说实话对她提出的问题还是有点惊讶的。因为女孩的心思不好猜啊。幸亏关灯看不见我的表情。

妈妈：你们现阶段，两点一线，学校、宿舍，基本是安全的，你所说的那些基本不会发生。当然，你自己也需要有判断力，不去参加一些不安全的活动，像KTV、酒吧就是毒品的藏身地，你不去自然是接触不到的。哪怕是偶尔有机会接触到了，别人诱惑你尝一尝什么的，也是需要果断拒绝的。

骋：嗯，嗯，这个是当然的。

妈妈：还有去参加一些社交活动，同行的伙伴必须是可靠的、安全的。尽量让自己在一个安全可控的环境里交往。避免一些不必要的事情发生。

至于到大学里的事，随着你年龄的增长，知识的增长，身心的完善发展，你会更加有辨识能力和控制能力。要想让自己不荒废青春，唯一就是及早确定自己的梦想与目标，如果你现在的目标是北大，若是高考失利，你还可以再考研去实现。一个人一旦有了目标，就会努力朝着自己的方向与目标前进，自然就没有时间去颓废与浪费了。

骋：妈妈，你说得真好。说完一把抱着我的脖子。

女儿长大了，好久没这样亲昵了。也许是看到然然经常趴在我身上撒娇的缘故吧。她也开始变得黏人了。

骋：妈妈，我真的很佩服你。崽崽这么大了还能和你一起彻夜长谈，我以后也要像你一样。

妈妈：谢谢你这么夸我，那是因为我的女儿很优秀呀。

要想拥有强大的内心，靠的是日积月累，靠的是心智磨砺。我记得你三岁时第一次出门送东西给爸爸，不足 200 米，却是偷偷地一直跟着你；六岁眼巴巴地等着你第一次穿过地下通道去上学；初三时你们三个女娃第一次坐高铁被台风吓得跑回来；高一时你第一次坐地铁和城轨去和同学聚会，妈妈都是担心的。但你最终会慢慢地长大。你看你现在不是一个人轻轻松松往返学校了？

你的强大会随着你的经历、你的成长、你的学识、你的遇见一天天累积并提升的。你无须多虑。

骋：妈妈，你太厉害了。你怎么可以就这么随便呱呱说这么多呢？每次和你聊天都能解决我心里的许多问题。

妈妈：这次解决了吗？解决了多少？

骋：解决了百分之九十吧。

妈妈：哈哈，那是有点厉害了。你不是说过吗，选择你能选择的，做你现在能做的。永远不要为打翻的牛奶而哭泣，也不要为明天的未知而惶恐不安。因为都没有意义。知道了吗？

骋：知道了。

妈妈：那还不睡吗？

骋：我睡不着。

妈妈：睡不着，打屁股。

回过头来的思考

其一，让孩子确定梦想与目标，而自己却从来没有目标。活成期待孩子成为的样子，却在忙里偷闲中去追剧，相距甚远。

其二，孩子的提问也类似于突然袭击的考试，如果作为父母不能及时为孩子答疑解惑，那孩子势必会去外面寻求帮助，而外界的影响与引导是否能真正达到孩子想要的效果，却不得而知。因此，这样的考试太重要了。

现在想想，一身冷汗。

其三，如果平时不能为这样突然的大考而日积月累，那将错过与孩子最温馨美好的成长记忆了。

那对比曾国藩十年八迁的幸运，也无不是在突袭提前降临的大考中，未雨绸缪，日知所亡，无忘所能，脱颖而出。

幸哉。

绝对是。

但更幸运的是应该感谢自己多年的自我修身、喜欢读书的坚持吧。

2022 年 5 月 25 日

62. 体验监考

2019 年 9 月 10 日

昨天是骋骋他们高三第一次小月考，我被抽去监考了。其实说是监考，不如说是去感受一下他们的学习氛围。高三了，氛围明显不一样了。不论是学校、老师还是学生和家长，都开始崩弦了。

横幅、倒计时都挂上了，仿佛昭告着天下，高三，我们来了！

我中午在食堂扒了两口饭就出发了，赶在两点前到校，匆匆看见了骋骋瘦弱的身影，她在隔壁班考试。下午考两门，数学和历史。数学两个小时，历史一个半小时，监考的就是傻坐着，不能随便走动，更不能看手机和其他什么的。可傻坐还可以遐想啊，即使不能闭上眼睛也可以放空一些思绪的。

可孩子们就更惨了。上午两个小时的语文，下午三个半小时，明天还有一天，这屁股能受得了吗？大脑能受得了吗？小手能受得了吗？

我觉得自己是受不了的。差点要崩

这让我瞬间有了神圣感和使命感。看，我监考的学生说不定以后就是清华、北大的骄子呢。

溃了。坐在后面，看着同学们一个个埋头苦干，思考的方式各不相同，或玩笔，或摸头，或咬手，或靠墙，或写写画画……

想必这次数学有点难，因为广播说只有15分钟的时候，后排几个学生的试卷上最后的大题还有许多空白，我知道那是压轴题，一般难度比较大，骋骋每次也就是落后在这几道题上。果不其然，交了卷，中间休息的时候，骋骋见我就说："数学好难啊，考出一身汗，上午语文也好难。"我问："你后面的大题怎么样？""没时间做呀。"十次有九次都这样。

我告诉她我监考这个教室的情况，她说，我监考的这个班是理实班的最后一个班，貌似是按上次入学考试的语文成绩来安排的。当然，我这个班还有许多牛娃，那就是去清北参加夏令营没有参加入学考的学生。

这让我瞬间有了神圣感和使命感。看，我监考的学生说不定以后就是清华、北大的骄子呢。

还有一个骋骋的老同学，难怪看着面熟，和骋骋初中三年、高一同学，后来分班去了竞赛班，成绩好得不得了，直升雅礼中学，记得家长会数学老师说起他，那可是眉飞色舞，傲人得很。展示的数学考卷，卷面干干净净、字迹清清爽爽，没有多余涂抹的痕迹，让人好生羡慕。初中毕业时和骋骋班主任聊天说起，咱们4班会不会有清北生，两位老师异口同声地说他应该有希望。

1404班在南雅已经成了经典的牛班，6个同学直升雅本，7个同学直升南雅，最后中考时，一共25个全A，3个千分之一，语文全校三个千分之一，4班占了两个，我估计这也算是一个纪录了吧。

对于牛娃学生，我们也只能是羡慕羡慕罢了。下一堂考试时，我不免多看了两眼，发现其实都一样，也许对于考试更沉稳，更有把控力，更有信心吧，一般还是会留出一些空余时间来检查的。

我终于下考了。对于我而言，难熬的只是这短短的几个小时，而对于孩子们而言，这是他们日复一日的生活。他们每天两点一线，除了吃饭睡觉，时间都花在课本上了吧。我很担心他们的身体如何能承受，但其实他们的身体早已在十几年的学习生涯中逐渐习惯了,既残酷又现实。

一出门骋骋见了我就说,这历史考得手都写麻了。我是既心疼又无奈。

从 14:20 一直考到 18:10,马上 19:00 的晚自习就要开始了。中间只有去食堂吃个饭的时间。出去吃饭显然是不可能的啦。我弱弱地问:"我可以陪你去托管处吃饭吗?"之前高一时我提出来被她严厉拒绝了。呵,没想到这次她倒是爽快地同意了。原因是也有许多爸妈偶尔会陪孩子体验一下生活的。

托管处的童童妈妈人非常好,偶然遇见后,没想到在这里一吃就吃了三年。骋骋一直对这里的饭菜赞不绝口,每次都吃得撑撑的,这也让我稍微安慰了一下,毕竟她每天要熬到晚上十一二点呢。消夜是没有了,但起码不能饿着啊。

吃完饭,我送她到教学楼门前,已经离晚自习只有几分钟了,明天还有一天的考试呢,只能默默为她加油了。

回去的路上,我打开最近热播的《小欢喜》,感受着里面每位焦灼父母的心情,感受着每位孩子学习的不易,每位老师的苦口婆心,一切都是为了明年的那场考试。只希望到了明年的这个时候,你会笑着说,一切值得!

回过头来的思考

不要抱怨读书苦,那是你去看世界的路。

突然间就想起了这句话。

但,我们耕读班的孩子却说过:"妈妈,我觉得读书很快乐呀。你为什么说辛苦呢?"

是呀,因为,我们太缺乏那种通过努力学习后,达成自己目标的心智快感了。无数次的这种体验,才会让孩子感觉,天啊,读书太美好了吧。

可以探寻未知的世界,可以遇见更好的自己,可以拥有更多的选择。

可即使这样,我还是想说,世界上从来就没有简单好走的路。

2022 年 5 月 25 日

生日礼物

2019 年 11 月 10 日

亲爱的老爸:

恭喜你成功迈上人生的又一阶梯,生日快乐!

这算是第一次给你写贺卡(正式)?

虽然平时很少联系,但有时看到你的短信,特别是还要附上"不用回";有时老妈来看我,偶尔得以与你通话,听到熟悉的"亭亭玉立";再到回家时看到你细心修缮菜园……这些不起眼的小事,虽有些令人捧腹大笑,但也着实有些令人感动。

记得老爸以前说,人的一生就是要为了别人而活。

这是你选择的生活,我无权去评判是非,同时我也十分敬佩并认同你数年如一日的奉献精神,因为我想,如果人的一生中所做的大多数事都不是自己所认同的,认为有意义的,愿意欣然接受的,那样的人生恐怕多半是令人乏倦又索然寡味的。从这个意义上

> 这,这,这是我收到的最好的生日礼物。然后一个大男人,眼泪哗啦啦地掉了一被子。我说,好了,好了,女儿长大了,懂得关心人了,知道老爸的辛苦与不易了。

来说，我觉得你的桃李满天下，你的篮球拼搏精神特别了不起，特别伟大。但我们是不是可以在原则的范围内，给予自己多一点关心、多一分理解呢？

好吧，话太多了。其实，我真心希望老爸可以多关心一下自己，多关心一下身边最亲的人。人与人之间的关系虽常伴以不确定性，但血缘亲疏不会变，早早确立起的坚实感情更是难以撼动的。

如今回想当年犯过的不少傻事，给你和老妈都添了不少麻烦，真的很抱歉。不过，好在我也在摸爬滚打中成长了一点。只希望老妹可以让你们省点心。

希望我们都可以天天开心、平平安安地共度美好时光！

我们都很关心你，尤其老妈（笑脸），加油老爸！再次点题，生日快乐！

骋骋
2019年11月10日

这是骋骋写给他爸50岁的生日卡片。我去学校看她时，她郑重地拿出来给我，还特意封了口。骋骋盯着我，意思明显，不能私拆。我懂。

到了9日晚上12点刚过，我把卡片拿出来郑重地交给袁大人，说："这是你女儿送给你的礼物。"爸爸激动得从床上一下蹦了起来，迫不及待地打开看了起来，看得一边唏嘘一边叹气。我说："这是怎么了？"凑前跟着一起看。看完，我觉得女儿太有心了。这情感牌打得……

果然，她爸激动地说："这，这，这是我收到的最好的生日礼物。"然后一个大男人，眼泪哗啦啦地掉了一被子。我说："好了，好了，女儿长大了，懂得关心人了，知道老爸的辛苦与不易了。"

"就是你，平时经常说我没有时间陪你们。"

"哦，本来就是嘛。"

"嗯，我得好好把这份礼物珍藏。我以后一定会加倍关心你们、呵护你们、保护你们的！"

"谢谢我的宝贝女儿。爸爸爱你！"

回过头来的思考

现在刚好是 5 月爱的表达月,从 520(我爱你)开始,老师每天提醒我们,爱就是要大声说出来,我!爱!你!今天你说了吗?

自从听老师解读了《致橡树》更深层的含义后,不是不爱,是爱不够;不是要平等,而是更独立;不是你是你,我是我,而是我们。每天念着这些紧箍,又像催眠语,居然真的渐渐软化了强势多年的自己。

我昨天中午约好袁先生回家吃饭,可袁先生打来电话一变再变,无法忍受,但忍住没有生气,只说了句:"你是在挑战我的极限吗?"然后他立马过来接我回家吃饭。我虽然有点不爽,但很快提醒自己应该体谅他的辛苦。于是,我们说说笑笑回家。

吃了饭,勤劳的先生开始倒腾阳台菜地,顺便表扬他,太勤劳啦。到哪里去找这么好的老公咯。爱你哦。先生听了也回应着我,心里甜蜜蜜的。

其实,先生比我会表达,爱你,经常挂在嘴上,我总是笑他说得比唱得还好听。

其实,真的应该庆幸和感谢他多年来对我的包容与爱。

当我们父母自然而然表达着浓浓爱意的时候,孩子也就自然学会了什么是爱,如何表达爱。

原生家庭对孩子一生的影响太大了。爱与被爱的能力,不能缺位与缺席。

2022 年 5 月 25 日

64. 短信交流

2019 年 12 月 30 日

我收集整理了最近和骋骋交流的一些信息,勉强凑成日记吧!

11 月 24 日 14 : 51

骋:其实是想和老妈聊天,但是老妹太吵了。老妈对自己好一点啊,四五百块的鞋子你可以多买点,或者买双好点的穿久点,别老捡我穿过的,感觉没必要这么省。

妈妈:知道了爱崽。想和我聊什么呀?她也是想姐姐了,所以看见你特别兴奋。

骋:其实也没什么,就是有时候心情不太好。

妈妈:心情不好?成绩波动正常啊,好心态才是长久之计。

这一周,然然吵着要去看姐姐,所以带她去了,刚走进校门就盯着每个穿校服的姐姐看,一边问:"姐姐呢,姐姐在哪里啊?"看到姐姐时简直闹疯了,

不想长大就不长大呗。要知道你长到多大,在我们眼里永远是个孩子。社会复杂,我心纯粹,做自己就好。

直奔过去，要姐姐抱。骋骋一脸无奈，抱着妹妹说，小肥婆，这么重。

然然实在是兴奋得不行。我带了几个菜，一起在食堂陪骋骋吃饭，结果然然跑来跑去，确实没有办法安静下来陪骋骋聊会天。

从这个学期开始，我每周都会做几个肉菜带给骋骋，改善伙食，大部分时间都直接在学校食堂解决。不似以前还要跑到叮叮商场去晃悠两个小时。每次到了学校，差不多12点半了，她说她每天也是差不多这个点下来吃饭的。偶然还会有老师那边小食堂没打完的菜提供，那就是她的运气了。

有一次，我没和她约好，结果到了学校已经12点多了。我路过食堂扫了一眼，没看到骋骋，又爬到六楼教室找她，结果同学说她刚走不久，吃饭去了。然后，我又匆忙下楼，终于碰见了她。看她这个吃饭速度与往返教室的时间，我知道，她很努力，也很认真，有点争分抢秒的味道了。我心甚慰。

她没有时间回家，我也没有时间陪读，只能通过短信和她多交流了。

12月8日 10:09

骋：老妈，可以帮我在太古影院买两张《冰雪奇缘2》英文版2点多的票吗？我约了楚一起去看。

妈妈：可以啊。带我一起去看可以吗？

骋：当然可以啊，哈哈。

难得的时光里，我陪骋骋看了一场动画电影，既是放松，也是学习。我也很感谢孩子一直把我当作很好的朋友，没有拒绝我参加她和同学之间的活动。

12月9日 20:40

妈妈：又要开家长会了。老师发来信息要我们和你们商量，准备好问题，早点到场，找各位任课老师好好沟通交流。

23:24

骋：暂无，想到告诉你。觉得老妈对我好好啊。有点不想长大，觉得社会好难……

妈妈：不想长大就不长大呗。要知道你长到多大，在我们眼里永远是个孩子。社会复杂，我心纯粹，做自己就好。

23:27

骋：知道成绩了吗？我英语又炸了，数学没有考好踩班平，其他还好。

12月10日 07:35

妈妈：还不错啦。曾老师说能稳住就是厉害啦。英语还可以想想办法提高提高。

12月11日 23:39

骋：老妈，我最近在思考我当人生导师的过程中得到了什么。虽然花了点时间，助人为乐？受到认可？

妈妈：成长自己，开心就好。助人自助。不是别人帮助你，而是自己帮助自己。

12月14日 20:41

骋：我想妈妈555。

20:42

妈妈：妈妈也想你呀。快放假了，再坚持一下啊，宝贝。

那天家长会，我去找她的任课老师了。

一个是英语罗老师，和蔼亲切，给人温暖的力量，一直是孩子们心中的罗妈妈。她建议要想提高英语成绩，还得从单词和阅读理解入手，加大阅读量。其实就和学语文是一样的，书读得多了，大意都可以猜测出来，做题也就不难了。

一个是语文老师，解决了之前我一直纠结她作文得不到高分的问题。老师的建议是，与其在这里纠结不如提升基础。因为一个选择题就是几分呀。所以开会时，我晚了几分钟入场。

令我意外的是她居然还作为寝室纪律宣讲员上台，落落大方，有条不紊，展示了她的风采。不仅是这个原因，因为之前她在寄宿、晚自习、纪律方面多次出现问题，经常通报，尴尬至极。

没有想到，经此一劫，她发生了翻天覆地的变化。按她的话说，许多东西只有自己去经历才懂得。每年学长都给我们讲，要珍惜，要努力，别虚度，不要让自己后悔。可没有到这一天，这一时，这一刻，你永远无法体会到学长们讲的这些含义。

我的娃，长大啦！

12月14日 22:46

骋：老妈我刚跟同桌喜聊天，好难得。她真的好懂我555。

她知道我有时自卑是因为要强，有时外表理性坚强，但是会隐藏内心的脆弱。最近我也开导过她几次，她觉得我现在有超过同龄人的理性或者成熟，而且我大多会帮助别人解决问题。所以，她建议我以后一定要找个比我更成熟的能解决我的问题的人。

我也是这么想的！

妈妈：真棒！开始认识真实的自己。

每个人都会有自己内心的自卑和脆弱，因为我们不可能时时强大，但这都是我们真实的一部分，坦然接受和面对，接纳自己的不完美。不需要太坚强，你还有我们，坚强的后盾。

骋：其实，以前不喜欢拍照部分原因是觉得拍得丑。

妈妈：丑小鸭也会变成白天鹅！昨天同学介绍还是有请我们班骋骋美女呢。

骋：真的吗？

妈妈：是真的呀，更何况你本来就不丑。

美，来源于自信，善良，勇气，向上的激情。相信你可以做到。可以更美！

放假时间通知了，过小年才回家，初六返校。骋骋提出还想找文老师补课，可实在时间有限，也不知道能上几次课。可骋骋说，文老师真是个好人，给了她许多帮助。

她把文老师发的短信给我看：第一轮复习才完，综合能力还不够强，这个很正常。还有一段较长的强化训练时间，所以要保持好心态，不要患得患失！

一切按步骤来，没有问题的。我知道YL有一段时间专门训练各种题型，按部就班就是。

你的数学成绩在学校大概排在什么位置，现在不要过分地在乎。当然通过各种训练还是要尽量发现自己哪方面不足，再做一些专门的针对性训练，会有一定效果。

一般小题保证在70分以上即可，不要苛求，否则会影响自己的心态。各种类型的大题要抓好，清理一下，看看有些什么具体问题再告诉我，会有办法的。

这个学期在文老师的帮助与指导下，她的数学确实保持了120—130分左右的稳定，比起之前100多几分已经好很多。她也希望自己通过进一步的强化弱项，把数学拔高。毕竟，文科数学是拿分的好机会。

12月24日 19：07

23：35

骋：我被评为"学习之星"……太感人了，妈妈。三年，我从没有评过与学习有关的奖。

23：40

妈妈：所有付出，终有回报。

12月27日　23：33

骋：老妈，我现在学习有时容易分神，或感时伤怀，或愤世嫉俗，或情感迷茫等，效率很低，怎么办……

妈妈：分神也正常啊。感时伤怀还不是时候；愤世嫉俗现在还早了点，还没踏入社会呢；情感迷茫需要用时间去领悟。有些事有些人我们可以改变，有些事有些人我们不能改变，淡看人生，做好自己，不负韶华不负卿。

回过头来的思考

若时光倒流，我还会为她做些什么呢？

在这个高考倒计时的阶段，若是能为孩子多解一分忧，多宽一分慰，多安一分心，多鼓一分劲，已是足矣。

此谓，心态决定一切。

我只是愧疚自己劝告孩子要奋发有为和珍惜时间的词语是多么的匮乏与苍白。

换到现在，她说"心情不好"，我会说，"纵浪大化中，不喜亦不惧"；她说"外面坚强，内心脆弱"，我会说"为草当作兰，为木当作松"；她说"被评为学习之星"，我会说"行到水穷处，坐看云起时"；她说"感时伤怀、愤世嫉俗"，我会说"及时当勉励，岁月不待人"又或是"但去莫复问，白云无尽时"……

如此，女儿是不是会更"粉"我呢？

还好，女儿不弃，一路同行。

还好，现在骋骋还愿意陪伴妹妹一起拿起《中华优秀传统文化——幼儿读本》，大声诵读：庭中有奇树，绿叶发华滋……

2022 年 5 月 25 日

65. 春暖花开，未来可期

2020 年 2 月 20 日

春暖花开，未来可期
——致高三在家备战的女儿

亲爱的骄骄：

给你写这封信的时候，我就坐在你的房间，你的床头，听着你埋头刷刷的写字声，我心安定。

这个春节有点静，这个假期有点长。原本早该返校的你们，被一场来势汹汹的病毒战役耽误了，你们只能改为各自在家备战。刚开始几天，你还会偶尔拿出手机了解疫情，赖在我们床上睡到大天亮，后来发现，这样除了浪费时间，扰乱心智没有任何好处。于是，你断然离开手机，设定闹钟，制定作息时间表，严格执行老师安排的任务计划，投入紧张的复习中。

每天早上我 7 点起来给你打卡报到时，你已早早地洗漱完毕，烧好开水，喝了咖啡，背了几十个单词了。你说，高中

> 你们既是这场战争的见证者、亲历者、参与者，更是中国、人类、自然的守护者。无数人在此刻守护着我们的安全，在有需要的时候，相信你们也将义无反顾地守护他人，责无旁贷。因为，这个世界是属于你们的！

三年来，第一次有了如此强烈的紧迫感，如此饱满的精神状态，如此高强度的学习，每天平均听课，考试，复习十几个小时以上，也不觉得有多累，仿佛瞌睡虫也不找你玩了。

所以，我觉得此时此刻，那些要你加油、努力、奋斗、珍惜的话，都不需要了。我每天挖空心思做些新菜，看着你吃得很欢乐的样子，我就很满足；看见你合理地安排着休息和锻炼，我就很开心；看见你晚上哼哼唧唧向我倾诉时，我就很感动；看见你为奶奶夹菜，照顾妹妹，和爸爸聊天，下厨炒菜时，我就很欣慰。因为，这才是真正陪伴和见证你成长的日子。我竟有点后悔初中就把你送出去求学了。

昨天半夜醒来，就再也睡不着，一直在想着要和你聊点什么。你总说我没有档期，时间都是妹妹的。偶尔陪你聊一会，你又埋怨我浪费了你的时间。那我们还是以信的形式聊吧。

记得给你写第一封信的时候，你才3岁半，还想着你能看懂也是几年后的事了，可转眼你就快18岁了。

总感觉，你们这一代与这个时代的命运紧密相连。仿佛天真将降大任于你们。你们出生的2002年是全国"非典"暴发年，你们高考的2020年又遭遇全国抗击病毒战争，在这不足120天的高考倒计时里，你们面临着前所未有、全方面的考验。你们既是这场战争的见证者、亲历者、参与者，更是中国、人类、自然的守护者。无数人在此刻守护着我们的安全，在有需要的时候，相信你们也将义无反顾地守护他人，责无旁贷。因为，这个世界是属于你们的！

你此刻所有的努力，就是对"守护"最好的诠释。

倾尽全力，无问西东。

可我真正想聊的是你迈进大学后的生活。各种新奇、精彩、诱惑会扑面而来，而你将如何不负韶华？

未来可期。我唯愿你能做一个对未来、对明天始终充满希望的人。无论你在哪个学校，学什么专业；无论你参加什么社团，热衷什么公益活动；

无论你喜欢什么，对什么感兴趣，趁年轻，抓住机会，勇敢地去尝试吧。不要害怕失败，也不要害怕做不好，因为，这是一个寻找方向的过程。

你不是总是迷茫自己能做什么吗？你不是总是焦虑社会复杂吗？你不是总是困惑有些事情想不明白吗？到了大学，多学多看多做多试，慢慢你就会发现自己喜欢什么，擅长什么了，那就是你前进的方向！正是因为你有着对未来的未知，你就有了无限的创造空间与可能！当然，前提是你必须获取足够多的知识，让自己早日明晰思辨。无须推荐，图书馆，应该是大学里最值得眷恋与期待的地方。

有梦可追。我唯愿你能做个以梦为马，不负韶华，奋勇前行，无所畏惧的人。如海子所说的那样，做远方的忠诚的儿子和物质的短暂情人。梦想，有时如满天的繁星，可望而不可即；有时如镜中花水中月，容易破碎；可梦想还会似海上灯塔，街头路灯，床头橘灯，无论大小都可以给人以温暖和方向。它让我们无论有多远，都能找到回家的路；无论有多苦，还有一丝温暖可期待可拥抱。

如果我们没有梦想，我们每天要如何醒来，如何面对自己那颗空落落的心，如何面对日新月异的世界？世界那么大，我想去看看！可我还想说，看看是不够的，你还可以改变世界！让世界因你而变得更美丽！爸爸妈妈永远都是你忠实的粉丝与支持者！

做更好的自己。其实，我最想告诉你的是无论什么时候，请你好好爱自己，做更好的自己，做你喜欢的那个自己。不是最好，是更好。当我们追梦累了的时候，当我们受到挫折的时候，请你不要忘记，爱自己。你可以让自己暂时停下来，歇一歇，捡起那些自己曾经心心念却又一直没有学的兴趣，插花、茶艺、古琴、国学、古风、舞蹈、瑜伽，让自己安静下来，好好倾听一下自己内心的声音，好好拥抱一下自己，告诉自己，骋骋同学，你，辛苦啦。

当然你也可以随时回家，回到爸爸妈妈温暖的怀抱，静静地讲故事。你爸爸的爱，虽然简单严厉却无比温暖宽厚，希望你能早点明白。我们一起听你讲，在某年某月的某一天，你与未来的他遇见的故事。爱情是个恒久的话题，有机会再单独与你讨论。

你，此刻所有的努力，是为了配得上自己的才情！

你，是独一无二的。

爸爸妈妈爱你，永远。

爱你的妈妈
2020 年 2 月 20 日

回过头来的思考

人一旦有了目标就有了前进的动力与方向。

每天十几个小时学习，还孜孜不倦。很难想象。当你真的懂得了沉浸式学习，你将会乐在其中。

很感谢当时的自己为孩子写了这样一封信，要知道家书抵万金，科技与信息时代已经让我们失去了写信、等信、盼信、复信的那份美好心境了。

木心老师的《从前慢》，从前的日色变得慢，车、马、邮件都慢……讲述的就是这样一种挂念而又企盼的心情。

话说骋骋当时看了也很感动，备受鼓舞。后来此信还被诵读协会的老师看中进行了朗诵，《中国校园文学》公众号也进行了转载。也算是应时应景吧。

一切终将过去。

所以，当我们遇到无法解决的困难时，放下焦虑，做好自己，仿佛就是最好的解决办法。

2022 年 5 月 25 日

66. 终于开学

2020年4月7日

为梦想而狂奔
—— 写给即将开学的高三党骋骋

亲爱的骋骋：

终于等到了4月7日开学的消息，差不多同时，高考也发出延期一个月的通告，喜忧参半。因为，毕竟时间不多了。而且还有未知的风险存在。千叮万嘱也无法表达此刻复杂的心情。

前几天你突然郑重其事地和我说："老妈，我想这三个月住托管处。""为什么？""之前，我觉得托管会让人觉得安乐，失去斗志，可现在不一样了，我每天需要5点多起床，还要大声诵读英语，还要晚睡，寝室会影响到别人。"其实，之前你多次向我抱怨寝室排队洗漱、用水，如厕等问题都不是很方便，也提出租房陪读等问题，而现实是我们没有办法陪读，租房也就没有意义。对于托管，我们也考虑再三，觉得还可以

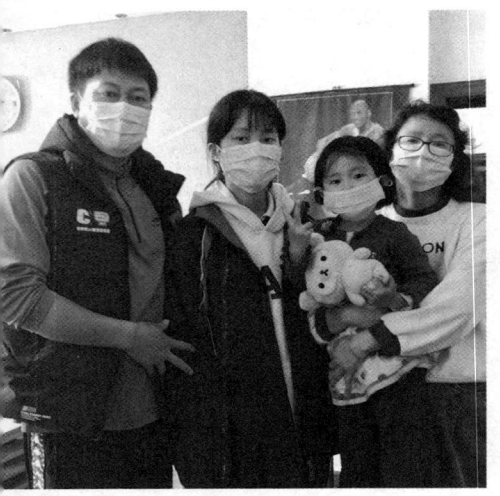

> 我们既要保持一颗积极进取、奋勇拼搏的心，一颗宠辱不惊、笑看风云的寻常心，更要有天生我材必有用、直挂云帆济沧海的乐观心，如此，你将立于不败之地！

坚持，并许诺将节约的房费作为你的小金库，大学自主开支。你欣然答应。

但无论怎么说，托管吃住学习的条件肯定是要比学校好些的。于是，我同意了。班主任老师很关心你，一再提醒我们必须保证环境的安全，并注意与同住同学的相互影响。我又反复和托管工作人员及你的同学进行了沟通与了解。

马上就要开学了，你每天哼哼唧唧，又是担心又是不舍。返校要带的东西与资料不少。你们是第一批开学返校的，学校压力与管理无疑是最大也最严格的，必须确保万无一失。

啰唆了这么久，我到底想和你聊点什么呢？曾老师让你不要打疲劳战，我也想和你说，学习固然重要，身体却最重要。所以无论什么时候一定照顾好自己，该休息时就好好休息，才能保持良好的精神状态笑到最后。

妈妈知道你心里一方面说自己有点 low（低端，不好），一方面也在不断暗下决心，发狠努力，朝着自己的目标迈进。不仅是你，我也总是揪心，万一没有达到和实现你心中的梦想，你会不会失落伤心，觉得自己努力白费，甚至丧失信心。

我想请你记住妈妈的话，高考只是我们人生中的一次阶段性考试而已，即使失败，我们还可以考研，还可以去你想去的地方。只要你有信心，只要你相信自己可以做到！所以，我们既要保持一颗积极进取、奋勇拼搏的心，一颗宠辱不惊、笑看风云的寻常心，又要有天生我材必有用、直挂云帆济沧海的乐观心，如此，你将立于不败之地！

我很感激这段时光与你的相守，即使你总在埋头苦读，即使你吃饭匆匆忙忙顾不上交流，即使你会讨厌妹妹的捣乱，即使你12点多了还不愿休息，但我们一家人实实在在在一起，比什么都重要。我看见你玩妹妹的手偶书，教妹妹读绘本、数数，笑得很开心；我看见你抢妹妹的鳕鱼火腿肠时，一脸的窃笑；我看见你在看妹妹的动画片《小猪佩奇》时，一脸的新奇；我看见你拉着我的手对妹妹说我也要妈妈陪时，一脸的委屈。这分明还是个没长大的孩子啊。

于是，我内疚自己还是忽略了你，不管是什么样的原因。但我想请你原谅妈妈，原谅妈妈的粗心大意，原谅妈妈的懒散随性。千言万语希望你返校后，安全第一，照顾好自己，为抵达自己的梦想一路狂奔！

永远爱你的妈妈
2020 年 4 月 5 日

附：

终于要开学了。但在这个非常时期，压力与危险并存，我实在无法用言语来表达目送孩子返校的父母的焦灼心情。

我只好一次又一次倾泻于纸上，信中。

昨天，我帮她收拾好大包小包的书和行李抵达久违的学校。学校严阵以待，宿舍不许家长进入，骋骋独自上上下下跑了无数趟，终于把行李搬到了托管处，累成一摊泥，细心的童妈已经把房间收拾得很干净，让人很放心。而我们又要匆匆忙忙赶回家，只把一团乱麻扔给了她，内疚不已。但我相信她一定会处理好这些琐碎事情。

我今天早上照例 6 点多起床，却发现骋骋的房间空空的，原来，已经不需要为她打卡和做早餐了。中午回家吃饭时，奶奶说今天感觉安静许多，是啊，每天骋骋在家时，家里总是在催迟迟不来上楼吃饭的她，妹妹也会站在楼梯口大喊，袁骋骋，姐姐，吃饭啦。

突然就想你了。

也许这剩下 90 多天的时光里，你都不能回家了，学业的压力我们也无法分担，甚至连生活上也没办法给予体贴的照顾，但，我们的心永远在一起。爸爸妈妈永远是你坚强的后盾。特别想念这段我们日夜相守的时光，也给了妹妹和你相伴成长的机会。我想说，你不是神兽，你是爸爸妈妈暖心的小棉袄，是我们永远的宝贝，是我们永远的骄傲！

2020 年 4 月 8 日

回过头来的思考

几个月的网课，其实现在看来，已经成为许多学校的常态。

但对于第一波吃螃蟹的他们而言，很有挑战。

而经历了封闭式的魔鬼训练后，他们心志得到了极大的锻炼，增益其所不能。

故，骋骋在高考最后的冲刺阶段，对时间管理、阶段目标、方向选择，有着前所未有的明确与笃定。

有女如斯，母复何求？

陪伴是最长情的告白。

还没来得及好好陪陪你，转眼间，你就长大了。

所以，我想给家长的建议是：好好陪伴好好爱。

能做同学，一起成长，那就最好。不行就做朋友，给予支持与陪伴。最不济是做保姆，长大了，是要被嫌弃的。

2022年5月25日

67. 情绪起伏

2020 年 5 月 10 日

昨天是母亲节，一大早就收到了骋骋的祝福，她祝我节日快乐，希望我永远保持一颗年轻的心！

没有什么比收到女儿祝福更暖心的事了。

这几年的母亲节，骋骋从来没有忘记，而且一次比一次用心，让我切实感受到她的长大。

她初中有一次是夜晚和寝室女生一起唱《世上只有妈妈好》这首歌给我们听；高中时特意去挑选罕见而又精致的花包装好送给我；还有挑一些小的饰品用漂亮的包装盒，写好卡片快递给我。实在是太幸福了吧。

这次又有什么惊喜呢？

我约了她在校门口见面，远远地看见了她。她向我招了招手。等我走近，她说："妈，我定了一大包甜品，给你吃。""哇，这么好，这个礼物有点特殊哦。""是啊，送花也没什么意思，不如

欲戴王冠，必承其重。重压之下更需要智慧、勇气与信心！

属于高考的时间不多了，可属于人生的时间才刚刚开始……

定点好吃的。"

嗯，不用尝，味道一定是甜甜的、暖暖的啦……

走向寝室时，我们边走边聊。

"最近怎么样？爱崽。"

"不怎么样。每天都会有一个时段，很烦，学不进去，然后更烦，就更学不了。"

"这有点恶性循环啊。"

"哎，你不应该好好安慰我一下吗？"

我怔了一下。说："学不进就先休息一下呗。"

"嗯，好吧，我知道你也没有什么好方法。"她一脸的失落。

这话不投机的感觉啊。也怪我不能感同身受。

前几天，她很开心地告诉我，语文开始开窍了，作文上了久违的50分，我由衷地为她感到高兴。月考成绩起起落落都是正常的，主科一直稳定，没有突破，副科还有较大提升空间，现在我只能选择相信她，相信她会通过自己的努力，创造自己的最佳成绩。

电话里刚准备表扬一下，她又不高兴了，觉得这次只是运气好而已。

我觉得她还不够自信，当然自信也是需要前提的。

昨天也是，甜品吃了，没聊几句，她就说要学习了，又抱怨我来了就让她有了懈怠，又浪费了许多时间。

我坐也不是，走也不是，只好安静地陪她坐了一会儿。

确实对于临考的孩子而言，时间太宝贵了。于是，我提出要走。

骋骋哼哼唧唧地说："就走啊。"

我说："你嫌弃我影响你呀。"

"你不准备再安慰我一下？好吧，算了，你走吧。"

好吧，我无语地走了。

我回来左思右想，觉得孩子确实在向我求安慰，而我没有get（领悟）

到她的点。所以，她又怨又不爽。于是，我在路上认真思考，写了一条短信发给她。

骋骋，考得好不是运气，因为我们没有这么厉害的好运气，这是你一点点努力促成的。当然，考得不好也并不是你不够努力，是努力的过程中还需要厚积薄发。爱崽，欲戴王冠，必承其重。重压之下更需要智慧、勇气与信心！

属于高考的时间不多了，可属于人生的时间才刚刚开始……

相信自己能行的！

永远爱你。

骋骋回复我：没事啦，我们现在这种状态别人不理解很正常。这些矛盾纠葛的心理也很正常。习惯就好。

我回了三个拥抱给她。

今天早晨我又给她发了一条短信：

骋骋，和你分享一下最近我的学习心得。2020年突然之间对国学、对优秀传统文化经典产生了浓厚兴趣，自己开始读《论语》，学心学，现在听《熊逸讲透资治通鉴》，我觉得越来越有意思。觉得学习只要开始了就不晚，重要的是你明白了自己的需要，想努力提升建设自己的心灵品质，这才是最重要的。自天子以至于庶人，壹是皆以修身为本。

所以，我觉得你现在所学的、所悟的、所努力的只是为了获取一次进入更高平台的学习机会，与更多有智慧的人同行，故结果你选择哪所学校不要紧，要紧的是有一颗时刻不忘学习、积极上进的心啊。

那才是你真正拥有的无尽宝藏！

回过头来的思考

我从2020年才开始发现优秀传统文化的魅力是不是有点太晚。

其实我从2018年跟着朋友一起朗诵四书，遗憾的是，坚持了一段时间又放下了。

即使如此，刚1岁半的然然，居然就可以跟着我《大学》接龙了。

但最好的事却没能坚持。无他。学习之志不坚不明必不远矣。

当然，学习不怕晚，只怕停。所幸，后面又遇老师重新捡拾起来。

而当我们真正做好自己，身教就是最好的教育。

所以，当我把最近我的学习体会和孩子交流后，孩子自然会感觉，哦，原来，学习是一辈子的事。

关于自信心，家长一定要从小培养，及时肯定孩子好的地方，越具体越好，越夸张越好。每天用放大镜来发现孩子的优点。那孩子一定是越肯定越优秀，越表扬越向前。

2022年5月26日

68. 强基计划

2020年6月7日

离 2020 年的高考还有 31 天。到底用"只有",还是用"还有"呢? 我也很矛盾。总之,若是没有特殊情况的影响,今天他们应该已经在考场了。所以,还是庆幸一下吧。

三年来,最特殊的一次家长会(不算疫情防控期间的视频会议),老师、家长、同学还是严阵以待,戴好口罩,测量体温,绿码提交后,分散各教室,参加会议。

年级组一如既往精心准备了汇报主题——云淡风轻,水到渠成。一看标题就知道是让我们做什么。其实就是什么也不要做,该干吗干吗,该吃啥吃啥,顺其自然,相信孩子,相信学校,相信老师,相信一切都是最好的安排。

说实话,我有点内疚了,最近忙着单位的事,每次陪骋骋都是来去匆匆,当然她也没给我多少交流的时间。而我的答非所问,或语不中的,自然就会被她嫌弃了,说我不关心她。其实,是她

这还有什么好担心的呢?
拥有持续学习能力的人,
到哪里都会是起点,到哪个学校都会是亮点。

的内心已经有了答案，而我没能好好倾听而已。

一模刚刚考完，我依稀记得的竟是去年他们高二部分学生参加高三一模考试的情形。时间过得真快。疫情防控期间特殊的网上成人礼，也是百日誓师，再到返校后的 60 多天，一晃，时间就只剩下了 31 天。

31 天，正好也就是今年高考延期的时间。我想这个 31 天是给孩子们最宝贵的礼物。因为，现在所破解的每一个难题，找出的错误，扫描到的死角，那都是命运赐给我们最好的机会，而且是独一无二的。我们还有什么好抱怨的呢？

前段时间骋骋一直纠结着强基计划到底选择哪里，报还是不报。

我说报了比不报好。当然，报也只是为自己冲一冲的希望。

但当我认真看完她的强基表时，我真心为她骄傲。

高中三年，活动多多，收获满满。

她担任雅礼中学第二十五期青年党校班长，先后任校团委组织部副部长、部长，积极组织暑假党校实践活动，采访老党员，在桂花坪金桂社区"我心中的梁家河"青年党校学习基地学习；被学校连续两年评为优秀团干、"团学之星"；在"青春心向党 建功新时代"纪念五四运动 100 周年主题团日活动中表现突出，被共青团长沙市教育局委员会、长沙市青年志愿者联合会授予"优秀志愿者"称号。

她先后参与雅礼中学 SKY 戏剧社小剧场、表演风采大赛、社团节年度大戏《油漆未干》，在小剧场表演中获"最具风采奖"；在第十六届"吟枫以丹·颂雅而蓝"社团文化节中表现突出，被团委社团部评为"特殊贡献奖"，被团委推荐参加学校"青春讲坛"学生干部培训，获结业证书。

作为雅礼中学小鱼治水公益活动的主要负责人，她多次参与策划募捐活动流程，核算筹集资金，制作财务报表，促使活动取得了较好的成效，被学校评为"诚信之星"。

她于 2019 年下学期被学校评为"学习之星"，在长沙市联考中，被评为"学习标兵"。在 2017 年全国中学生英语能力竞赛（NEPCS）中，荣获湖南省三等奖。

获奖的证书也是一沓沓的，我心甚慰。

这还有什么好担心的呢？拥有持续学习能力的人，到哪里都会是起点，到哪个学校都会是亮点。

老师对她的评语是：骋骋同学、积极向上、尊重师长、友爱同学、学习认真，热衷团委等公益工作，在各项社会实践活动中较好地锻炼了自己，综合素质也得到了较大的提升，有很好的创造力与组织力。在学习上你积极思考、乐于助人，善于总结，利用思维导图等科学方式，总结出适合自己的学习方法，坚实地迈出自己成长的步伐。希望你朝着自己的既定目标，奋勇拼搏、无畏前行。希望你再接再厉，在未来的学海里，不断增加学习的深度与广度，创造出属于自己的美好天地，为国家为人民做出自己新时代青年应有的贡献。

看着骋骋的稳步前进，老师也给出了翻天覆地变化的评语，我还有什么好说的呢？最关键的是她一直有着顽强的斗志与不服输的态度啊，这才是我最看好的啊。

路，需要自己去走；责任需要自己去承担；梦想需要自己的坚持与执着，在此刻，我们更需要的是相信自己，无畏前行。

冲刺吧，少年！

回过头来的思考

相信孩子，尊重孩子。这是我们当父母毕生要修炼的课程。

而孩子顽强的斗志与不服输的态度，绝对要比高考那个结果重要的多。因为他们会带着这份态度，一直向上向前向未来！

我从来不后悔孩子在其他社团或实践活动中浪费了时间，这是我们每个人或早或晚需要去认识社会而所做的功课。我们每个做父母的最重要的事是看到孩子的每一分努力，每一分收获，每一分成长，这才是我们需要长期关注的重点与核心。

2022 年 5 月 26 日

爱心送餐

2020 年 7 月 2 日

"老妈,这菜是你做的吗?"

"不是。"

"哼,我就知道。"

"哦,不好吃吗?我觉得还可以。妈妈今天太忙了,上午带然然他们在读书,吃了两口饭就过来了,下次一定做点好吃的给你。"

"没事,你也可以不带的。下次,下次,你看看还有多久嘛。那天晚上我不舒服,发了信息,你都不理我。"

"啊,我真不知道啊。"

这是 6 月 20 日去看她时的对话,看得出她有点生气了。

我返程上车后,立刻进行了深刻的反思,并向骋骋诚挚道歉:

爱崽对不起,妈妈最近确实疏忽你了,以致漏掉了你的重要信息。特别抱歉。

虽然你说你的水还在天上,还没下来,但三年的积累在那里,谁也不能拿走。只是你突然发现,原来学习还有更好的方式方法,还有更科学有效的思路,

5 天?我们还能做些什么呢?静静地期待,默默地祈祷,暗暗地祝福……当然还可以动手为我的爱崽做两个菜,为她鼓劲、加油!

你想努力去改进，发现自己空间还很大，但又发现时间不够了，所以，焦虑、忧郁、难过一起席卷而来，这我都可以理解。

可是你有没有想过，你现在的每一天已经是多出来的时间，如果每天还能解决一两个问题，还有可能提高几分，还能积累一些好的解题技巧，这有什么不好呢？

学习，贵在持之以恒。妈妈知道你现在心里苦，一个人选择了一条不同寻常的路，默默地在坚持着、努力着、拼搏着，妈妈由衷为你骄傲。

妈妈也相信你会得到你所应该得到的。

妈妈错了。爱崽，你对妈妈有任何意见，妈妈都希望你直截了当地说出来，因为，妈妈爱你，爸爸也是，他天天在家里念叨着你，头像也换成了你和他的照片。然然更是哭着喊着要来看姐姐，一家人都在默默地为你加油鼓劲。希望你能把心打开，笑看风云。

当即，我暗自做了个决定，决定亲自做菜，并安排专车去送。

到省城的拼车以前我经常坐，后来坐得少了，知道可以带货来往。

我头天晚上就把牛腩洗净焯水然后用煲老汤模式炖了一晚，早上再把土豆加进去用文火煨了1个小时，浓浓的肉香包裹着土豆块，闻着口水都要流出来了。鸡翅也是炸得香香的，骋骋喜欢吃。果然，中午送到时，她惊呆了，追问阿姨这菜怎么回事？

托管阿姨告诉她是我安排的，她边欢喜边狂吃，连连说，太豪华了，太好吃了，吃太撑了。

哈哈，我笑了。

同时，我又在欷歔孩子其实很容易满足。几道简单的菜就让她原谅了我这个不称职的妈妈。

第二次，我用筒子骨给她炖了萝卜汤，然后又炒了肉菜。

第三次，我做了黄瓜焖鳝鱼、蒸排骨、自制酸奶。她说鳝鱼汤太绝了，蒸排骨百吃不腻，酸奶也是爱了爱了。

等她上课后我帮她收拾整理了一下房间，想起自开学以来，床上用品还没换过呢，可她依然觉得非常惊喜。

第四次，我炖了个鸭子汤，结果餐盒没盖紧被打翻了，可怜我一番苦心。我心痛了一番后决定，明天亲自去送。

看手机时，猛然看到标语，离 2020 年高考还有 5 天！

5 天？我们还能做些什么呢？静静地期待，默默地祈祷，暗暗地祝福……

当然还可以动手为我的爱崽做两个菜，为她鼓劲、加油！

高考，我来啦！

骋骋，妈妈也来啦！

回过头来的思考

离开家的人，想念的永远是家的味道。离开妈妈的孩子，想念的一定是妈妈的味道。妈妈做的饭菜，妈妈洗的衣物，妈妈藏的零食，妈妈爱的抱抱……

而且一定是不管孩子长到多大。

国家生育政策放开后，许多家庭添了二娃，也多了大娃与二娃之间的矛盾纠纷。不是吵架就是争宠。家有二娃的更应该反思，老大、老二之间的平衡，反思对老大的忽视，对老二的偏袒。

记得有一次假期，骋骋陪着妹妹玩，然后不知道怎么回事，闹脾气。当时，我就假意批评姐姐，说姐姐不对，我以为骋骋不会吃醋，但实际上，她后来生气地说："你们为了哄然然，就说我不好。我哪里不对啦？明明是你们不对。"

我恍然大悟，马上承认错误。是是，是我们的不对。

什么问题都应该实事求是地表达，不合理的要求就应该直接拒绝，这是底线和原则。都说会哭的孩子有奶吃，所以越听话的娃越容易被忽视，而这份忽视也许不经意间会对孩子产生诸多心理问题。

为此，家有二娃、三娃的，应该加倍厚爱疼爱珍爱老大。

2022 年 5 月 26 日

70. 热闹都是妈妈们的

函妈说，我们的这些孩子，人民会因为他们更幸福，祖国会因为他们更富强！铿锵有力！威武！

2020 年 7 月 10 日

紧张、激动、刺激的高考终于结束了。

孩子们的考场，妈妈们的秀场。场外的妈妈们明显要比孩子们激动与热闹。

我是 6 日上午到的学校，5 日晚上还接到骋骋的信息：妈妈，你明天啥时候来啊？

我好柔弱。

想考完试就地睡觉。

我看得心里慌慌的，担心她哪里不舒服。

太累了吧，这两天调剂一下，把心里放松一下啊，不要给自己太大压力了。

然后，她电话也不接。

结果她带个小台灯跑到操场看书去了，脚还抽筋了。

6 日一早我匆匆准备了几个菜坐车到了托管处。我接到骋骋派给我的任务，把一些时政知识点从网上链接中复制精炼出来，准备突击一下。啥也不说了，抓紧做吧。

我整到中午 2 点多，实在受不了，睡了一下。3 点多孩子去看考场时我也没醒，后来终于给她整理完了打印出来。最后骋骋满怀歉意地说："妈妈，我根本没时间看，浪费了你的一番苦心。"

我笑了，说："算了。算你给我一个机会帮你呗。"

晚上吃完晚饭，正想着这个时间怎么打发，又不敢影响她的最后冲刺复习，我坐在客厅和一个高二小学妹聊了起来，没想到，聊得很投机，居然一直聊到 11 点半。骋骋出来两次，一次上厕所，一次洗澡。说："你们还在聊啊。"

小学妹一直在吐槽她的妈妈，不能好好地理解与尊重她，以至于放假 5 天，她根本不想回家的事。从小爷爷奶奶带大的她，幸亏得到爷爷的宠爱，让她拥有很好的品质与积极向上的能量，以至成为一个非常要强也非常自傲的孩子。爷爷走了，她很伤心，也很埋怨妈妈居然没让她见爷爷最后一面。

其实，我懂。她的傲气来自她的自我保护。

小学妹说："在我最需要你们的时候，你们不在我的身边爱我，保护我；现在我长大了，你们却要干涉我，管着我。我有多远一定会走多远的。"

可怜天下父母心，没有哪一个父母是不爱孩子的。但总是有一些父母不知道怎么爱孩子。给他钱，给他好吃好喝，就是爱？成绩好，表扬，炫耀，就是爱？天天念叨你要爱学习，要孝顺父母，就是爱？

肯定不是。

孩子是自由的个体，他不是我们的私有品啊。一定是越大越需要尊重、理解与信任的。

而且从小的陪伴更是无可替代。

错过了就是一辈子错过了。

如果不是我打断这个小学妹，估计她还有的说。

我走进房间，骋骋在哼哼唧唧要妈妈陪。我说："你这床上到处是书，我也挤不下啊。"更重要的是怕她睡不好。果然，和我聊了几分钟后，我还是爬到了上铺，只听见她辗转半天才睡着。我是大气和翻身都不敢。

第二天，骋骋的闹钟一早就响了。我也跟着起来了。骋骋说："你不用这么早起来啊。"我说在家里我也差不多6点多起来。

为了今天穿旗袍送考，我昨天还做了一些铺垫，怕她不高兴，觉得我们也太能作了。这本来也是。不过妈妈们只是觉得喜庆、高兴、热闹而已。当然也和妈妈们的爱美、爱秀、爱拍照密不可分。

8点，我们准时出门。一路上，骋骋走得很快。爸爸已经在校门口徘徊很久了。他看到我们，远远地招手，然后默默地走在后面偷拍我们的身影。到了校门口，看着她脚步轻盈地走进了学校，我们松了一口气，开始在门口拍照留念。爸爸还要赶回去工作，我则留下来等候。

本来以为会是难熬的，没想到遇见了骋骋初中同班的美妈们，于是校门口的欢聚就这样开始了。自己班的旗袍大军拍完后，我们又和轩妈们手执向日葵（一举夺魁）一起拍照，笑得无比开心。孩子们正在辛苦考试，而我们正热闹无比，更有意思的是，遇到无数媒体在进行采访，家长们兴奋不已，个个能说会道，张嘴就来。记得最深的是，我们班函妈说："我们的这些孩子，人民会因为他们更幸福，祖国会因为他们更富强！"铿锵有力！威武！

应该说第一天的上午，大家是最兴奋，也最热闹的。各大媒体包括《三湘都市报》《湖南都市报》及抖音几乎都立马上了头条，也看到了家长们激动的身影与美好的祝愿！

到了下考时间，我们站在门口翘首以盼，接到了却也不敢问，只知道作文有点出乎意料，齐桓公、管仲、鲍叔牙你喜欢哪个？喜欢哪个不要紧，要紧的是你得说出一番理由。反正不问就对了。

下午，我终于找到一个好地方好角度来观察候考的孩子们。班主任用心地用拍照、调侃等方式让他们放松心情，我看到骋骋一直坐在旁边，默默地抱着她的复习资料，最后一个离开，也许是觉得心里没底吧。

下午的数学大多是文科妈妈们比较担心的科目，我觉得还好。因为感觉孩子的数学一直比较稳定。当然考完之后并没有想象的那么好，她出来就说一个选择题做了12分钟，最后终于弄明白了却没有时间改了。后来才知道后面的大题也有一个没有做完。看来140分是完全没戏了，怪不得一直在叹气呢。

如果说第一天还寻寻常常的话，那么第二天就是波澜起伏了。因为第二天的文综直接考炸了一片人。骋骋出来就说："妈妈，强基我是不用报了，直接去师大可以了。"原因是地理考得特别难，也特别偏，如果第一问做不出，后来就是连锁反应，而且分值还特别高。没关系，你难，别人也都难哈。

最后一科英语开考前，妈妈们围在一起吐槽：这出的啥题啊，全是自然地理，只给一个剖面图去判断分析答题，抄题没文字啊。混都没办法混。别聊了，还是聊聊英语吧。英语是咱雅礼中学的强项，平均分接近140。骋骋最不爱听，别说了，那不属于我。因为，她英语很少上班平，每次被别人碾压，也是郁闷了。

几个妈妈们依然在校门口欢乐地聊天，聊着孩子们的梦想、志愿、专业、方向、目标……这都是妈妈们美好的愿望，希望都能梦想成真吧。

有的妈妈们很用心，对于志愿的填报、专业的选择早早地做了分析与判断，只等分数一出来就立马可以找准定位了。而对我而言，一切都是新奇的，总想着分数还是王道，没有分数说什么也是白搭啊。还好，骋骋对专业没有特别的要求，那就冲学校吧。

放考时间到了，天空下着毛毛细雨，预示一切风调雨顺吧。门口的家长们越聚越多，手执鲜花的二胎宝宝、妈妈们也都踮起脚尖来迎接自己的孩子。我想，呀，为什么没早点去准备这个小小的仪式呢。我一边懊恼，一边犹豫，想去又担心错过。后来遇见乐妈妈，我让她拦着骋骋，然后飞奔去给骋骋买花。

呵呵，我累得气喘吁吁，孩子却很淡然。买什么花呀，这不就是一次小小的考试吗？

哦。

原来，热闹都是妈妈们的。

对于孩子来说，此刻心里是空落落的。

一直涌满心头的真题错题都可以抛开了，却久久无法散去。

当天晚上，学校要求孩子们去估分，骋骋说不去！太痛苦，影响自己的心情。

果然回来，一片哀叹！

算了，考完了，一切随缘。重要的看明天，不是吗？

四级单词，搞起！

牛！

回过头来的思考

特别想说说这个2020年高考的作文题，全文录下来。

阅读下面的材料，根据要求写作。

春秋时期，齐国的公子纠与公子小白争夺君位，管仲和鲍叔分别辅佐他们。管仲带兵阻击小白，用箭射中他的衣带钩，小白装死逃脱。后来小白即位为君，史称齐桓公。鲍叔对桓公说，要想成就霸王之业，非管仲不可。于是桓公重用管仲，鲍叔甘居其下，终成一代霸业。后人称颂齐桓公九合诸侯、一匡天下，为"春秋五霸"之首。孔子说："桓公九合诸侯，不以兵车，管仲之力也。"司马迁说："天下不多（称赞）管仲之贤而多鲍叔能知人也。"

班级计划举行读书会，围绕上述材料展开讨论。齐桓公、管仲和鲍叔三人，你对哪个感触最深？请结合你的感受和思考写一篇发言稿。

要求：结合材料，选好角度，确定立意，明确文体，自拟标题；不要套作，不得抄袭；不得泄露个人信息；不少于800字。

由这个高考题可以看出，如果没有一定知识面与阅读量，也许这几个人都会弄不明白。其中包含了历史及对《论语》《史记》等原文的评价。如果你对原文不能理解，又如何去解读背后的内涵呢？

所以，阅读一定是语文得高分的基础，而学好四书绝对是秒杀作文的利器。

不知道骋骋选择的是谁，哪一个都不好写。最终语文并没有达到她理想的分数。但一切都无须追究了。

于我而言，选鲍叔牙可能简单点。

2022 年 5 月 26 日

要么孤独，要么平庸

2020 年 7 月 13 日

我周末到学校帮骋骋清理东西，看着一堆堆的资料，头皮发麻。骋骋一边分类一边说："这些是我的笔记，我的心血，我舍不得卖，一定要留着，留给然然也行；这些资料送给小学妹，这些资料送给预习的朋友，这些资料可以卖给小高一……"

呵呵，准备大干一场啊。

我说好。钱不重要，重要的是有自己的想法。

高考刚过，许多孩子手机、电脑都配上了，开始了放松与快乐地玩耍。可骋骋却早早地制订了一些简单的学习计划与目标。其实也就是阅读、英语与技能。我觉得真的很棒。昨天看到她的初中同学黄毛吊带自拍照，我被吓到了。我心说怎么，怎么就被压抑成这样了吗？一定以这种方式来释放，我不能接受。"我也觉得是。"骋骋说。

我说你对学习有什么好的分享吗？她一脸严肃地说，要么孤独，要么平庸。

要么孤独，要么平庸。这让我想起了老师的一句话。读书就是一个人的孤独，苦读，又或者享受孤独。因为，你正沉浸在与书中各灵魂人物事件的交流与纠葛之中，无暇顾及书外之人。

啊？就这一句话？是，大道至简。我明白她所说的，从 4 月 7 日复课后，她提出来要住托管处，要退寄宿，要开启自己孤独的学习之旅。内心也是纠结了许久，因为，和同学嬉笑聊天谈心的时间没有了，所有的困惑，所有的焦灼，所有的孤独，需要自己独自承担。所有的这一切当然是为了不再平庸。事实证明，她复课后所有的月考与模考，都在一次次刷新、创造自己最好的成绩。可见孤独后面是艰辛的努力。辛苦了，宝贝。

我问的是好的学习方法呢。学习方法就是先打基础，必须把基础打牢，而打牢就是通过大量的刷题，通过刷题后又找出自己的漏洞与不足，然后不断地总结与提炼，发现，哦，原来这个题可以这样来思考与解答。尤其是文科，政治、历史，要着重课本，就是每个章节都需要绘制思维导图，把内容脉络梳理清楚，然后再进一步地细化，细化，再细化。话虽这么说，可我自己却并没有做到啊。

语数外呢？貌似我忘记问了。但我知道，她语文貌似上了一个很有意思的网课，对她有了新的启发与感受，起码让她多了一点信心，虽然最终结果不一定尽如人意，但起码进考场的时候，她是自信满满的。数学当然还是得靠她的坚持，加上她自己的努力。英语当然单词是基础也是很重要的一个环节。我觉得她在英语上下的功夫还不少，但仍然与班平有差距，我总是自我安慰，你们班英语在罗妈的引领下太强悍了。

资料清理好了。不要的资料我帮她塞到了床底下，只能辛苦阿姨打扫了。

我们坐公共汽车来到五一广场，准备去太平西街逛逛，置办一点大学的行头，试衣服试得很辛苦，但也还算有收获，其实，她现在还不明白，年轻就是漂亮，简单就是漂亮，气质更是漂亮。

骋骋说想在这里再待两天，卖卖书，然后和朋友聚聚，我觉得可以。当然前提是要注意安全和保护自己。她爸焦虑症又犯了，开始啰唆着女孩要加强自我保护，要定规矩，要有原则和底线。

其实，骋骋是个听话的孩子。担心女儿会遇到这样那样的问题是每个父母在所难免的。重在沟通，重在尊重，重在理解，重在信任吧。

昨天我要走的时候,她明显不舍,想要我陪她。我说:"你玩两天,妈妈就来接你。想回随时回来,想找同学玩也可以随时再来。毕竟隔得不远。"

她幽幽地说了一句:"我身边的小学、初中、高中同学都在忙着谈恋爱。唉……"

哈哈,爱崽,越是这样,越要耐住寂寞,不要轻易被男孩子骗了。恋爱是美好的,情感是真挚的,可伤害也是会有的。一定要学会保护自己。

这个话题还是抽时间细细聊。

"我觉得我都没有男孩缘了。"

"怎么会?大学里排长队呢。但你的眼光要更挑剔一点,不要被爱情冲昏了头脑。能齐头并进的才是真正能长久的。"

"爱崽,开开心心放松一下吧。美好的大学生活正在前面等着你呢。"

回过头来的思考

要么孤独,要么平庸。这让我想起了老师的一句话:读书就是一个人的孤独,苦读,又或者享受孤独。因为,你正沉浸在与书中各灵魂人物事件的交流与纠葛之中,无暇顾及书外之人。

这种人,一定会幸福。

因为,内心的充实与安定。

所以,能够培育孩子爱上阅读,与书香为伴,那将是孩子一生的幸福。

至于爱情,当我们爱上了读书,也许一切都不那么重要了。

至于平庸,我们身边平庸的人,实在是太多了,以致我们忘记了什么是优秀。

2022 年 5 月 27 日

提前出分

2020 年 8 月 3 日

原本预计 25 日出成绩的，突然网上传出消息，23 日下午 3 点可查高考成绩。于是，大家纷纷问，是真的吗？直到官网给出了明确答复。又慌又乱的心顿时被揪得高高的。

我感觉自己一直还好。可骋骋一再说："妈妈，不要查，不要查。"

可，查不查，分已经在那里了啊。

大概 11 点多左右，各群里陆续传来消息说，可以查分了。估计是有人已经查到了。而且说是高分段特别多。我在外面急得打转转，因为我不知道她的准考证号码，而且昨天晚上做了一晚的梦，头晕。后来，班主任发信息说，还有没有报分数的抓紧啊。

这下没办法了，她只好把准考证发了给我。确实有点小激动。信息发过去，大约过了十几秒，短信过来了。感觉一下就定格了你 12 年的努力。

610 分。说实话，我看到这个分数

学习的能力与自信的态度是一个人制胜的法宝。所以，失利不可怕，但不能失去自己的信心与拼搏的勇气。

时有点小失落,因为按平时的成绩不应该这样。可这已经是结果了,而且也不错了。于是,我收起小失落开始安慰她。她害怕我气坏了,问:"老妈,你还好吗?"

我说:"好啊,挺不错了。有遗憾,但更应该乐观面对结果与现实。"

"高考只是一个新的起点而已。"

"是的,妈妈,你相信我,我一定会考研考回来的。"

学习的能力与自信的态度是一个人制胜的法宝。所以,失利不可怕,但不能失去自己的信心与拼搏的勇气。

分数出来后,输入大数据的管理,之前熟悉的学校都看不见了。看到的是这个分数段的另一批学校,然后再对照省排位,一一比较分析。

2020年湖南省高考报名人数共40.7万人,其中文科考生15.34万人,全省上600分以上的4013人。

我觉得已经非常不容易了。当然,她可以更好。但现在不是讨论这个结果的时候了,是应该讨论如何让这个结果发挥更好作用的时候。

我感觉这10天就是给家长的高考。每天从早到晚想的都是这个事,学校的竞争力、排位、专业排名、特色专业等,再结合自己的喜好,想学什么专业?汉语言?新闻与传媒?法学?再征求一些老师学长学姐的意见。今天说汉语言啥用也没有,毫无特长与优势;明天说新闻与传媒也只能当当小记者;后天又说法学太枯燥,需要长年的坚持与学习……

搞得都不知道听谁的,也不知道到底该选啥。那天单位也组织了一场志愿填报讲座,其实对城市、学校与专业的选择,老师也没有一个更好的建议,因为毕竟每个人的想法是不一样的。

还是听从自己的内心吧。

原本定下来去湖南师大,学校专业都不错,唯一的缺憾是湖南本地的孩子都不是特别待见。当然我也是这样认为的,趁年轻能走出去看看,长长见识总是好的。可分数是个硬伤,北上广非211的学校也不想去,于是退而求其次吧。

就在我们的志愿草稿已经填写完毕，神经正准备放松一下，骋骋却果断决定填报东北师范大学。我很惊讶，怎么一下就这么坚定了？

"其实，我从一开始就觉得自己喜欢这个学校，喜欢汉语言文学专业，只是你们说没有用。"

其实我也觉得汉语言好啊，里面的课程我尤其喜欢。什么美学啊，中外文学史啊。想起自己没能系统地学过汉语言，多么遗憾的一件事啊。

我期待她能如愿以偿。

只是，东北旮旯，娇弱的南方女娃能否适应得了？

她自己倒是说，妈妈，没事，我什么都能适应的。

行吧。自己的路自己决定去走。

志愿填完后，她又马不停蹄地去参加一个大学生的夏令营了，自己拼房拼餐，向学长学姐们求教，我觉得很不错。时代不同了，机会与挑战并存。只要肯努力，在哪里不能让自己的梦想闪闪发光呢？

回过头来的思考

结果重不重要？重要也不重要。重要的是对结果努力付出的过程，无比重要，无比可贵，也无比深刻。骋骋写的一篇小文《帘》就记录了她最后冲刺寻常一天的时光。从早晨 4 点开始一直到晚上 10 点，时间是怎样一点一滴消耗在课堂、书本、笔记、刷题上的。

惜去雪如花，今来花似雪。挺过这样煎熬的寒冬，必定迎来百花盛开的春天。

不重要的是，一切都已经成为过去，那只是人生一个小小的台阶而已。

孩子努力了，什么样的结果都是最好的结果。

因为，这绝不是学习的终点，而是新的起点。

2022 年 5 月 27 日

附：

帘

骋骋

当我听到轻飘飘的闹铃时，已是 4 点 34 分，比铃响的时间足足晚了 4 分钟。

我侧过身子，在床头的书堆里胡乱摸索，找着那小巧的保温杯，在完全坐起来之前，把里头过了夜的咖啡一饮而尽。我把一条腿搁下床，另一条腿只往前迈一小步，我便能精准地打开灯。本身并不明亮的白光也能让人清醒，我这才发现粗条纹的床单上表盘大的深棕色水渍，以及与南方夏天极为违和的凉风。

天当然还没亮，外头的工地上也没有声响。于是我关上窗，合上帘，慢慢走出房门，洗杯子、洗漱、扎头发，再回房——我不想打扰别人，或者说，我不想被发现。

4 点 45 分，我在床头那堆书里抽出印好的词汇资料，把草稿纸从地上捡起，把笔盖拔下，就当是简短的开工仪式。

5 点 30 分，果然还是会困，好在白纸已经被红的黑的笔迹占满。权当安慰似的，我又开始单曲循环 Starset（美国摇滚乐队）。也许有难言的原因，只有这首电音能让我保持清醒。

6 点 30 分，我放下笔，取下耳机，靠在椅背上。不知道几分钟过后，我拨开窗帘的一角，哦，天果然亮了，只是我没听到工地上的敲打金属声。我打开窗帘，打开窗，猛地想起昨夜看过的新闻，今日清晨 5 时左右可见某行星，名字记不太清，我知道已经错过了；何况，窗的四分之三是工地的绿布，只有四分之一的光亮。

7 点，托管阿姨来敲门，可以吃早饭了。我即刻坐到餐桌旁，往口中塞入面条。几筷子之后，我不得不放慢速度，精挑细选几根咽下。根据经验，吃多了这种含糖很高的食物我会很快睡着。没时间犹豫了，我收好包，在房门口停留，没有关上窗帘。

去学校的路不到十分钟，我却不太想遇到人。有的人不熟悉，并肩走总会尴尬。有的人太熟悉，扭扭捏捏反而耽误时间。好在这个时间总是能碰到，只有她会跟我一起边走边背书，尽管她走路没有我快，但两个人也足以对抗汹涌的人流。其实，能碰到人说说话，我会很开心。

7点35分，早自习，嘈杂、闷热。我握笔的手总是悬空，眼皮也跳得厉害。拍脸也没用，这种群体性的学习氛围会让我无措而低效。接着是数学课，写题。数学课，讲题。英语课，写题，讲题，写题。

10点15分，是大课间，有拖堂，5分钟前我就攥紧几张地理试卷，可待我到办公室时，已经看不见老师在那儿了。我没劲儿了，悠悠走进教室，随即收到今日份与班主任的交流本——"可看《星星之火，可以燎原》。"不错，虽然我的毛选还没到手，但这句话也比"继续努力""相信自己"强不少。

接着是历史课，我选择站在教室后，背对讲台，铁柜也能勉强当桌子。我总是低着头，我喜欢直接干，不爱听老师打趣儿，虽然我明白那意味着什么。

12点03分，马上要放学了。我把摊开的书本全部合上，径直走回座位，开始收包。其实只需要一套数学卷子，但重一点的书包能给我更多的安全感。

12点05分，我向戛然而止的老师点头致意，随即第一个冲出了教室。下楼右转便是地下车库，从这儿可以在5分钟内回托管处。跑下了两个长坡，我放慢了脚步，气喘得厉害时发现还没摘口罩。于是我急切地上楼梯，来到车库外的林荫道。

我摘下口罩。这儿很难不让人驻足，尽管只有几棵已逾百年的樟树，一排老百叶窗式水泥围栏，被扫到一侧的黄绿树叶，还有零落一地的阳光。我喜欢叶子，抬头能看到它们被光勾勒出的轮廓，低头能看到不同深浅的叶影在摇曳着。这儿很安静，鱼贯而出的学生正拥挤在车库对面，永远热闹的工地也由铁门隔开。这种静也自然不同于我的小房间，至少我能感受到我不再是一个人。

12点12分，回到托管处，又晚了2分钟。我依旧只盛手心大的饭，而贪心地多夹菜。本想回房间，却克制不住地站立在房门口——电视上在播很火的推理节目，我很胆小，但这些综艺总比扣几十分的卷子有意思。

12点20分，才陆续有同学回来吃饭。这时我会想起r，想起我告诉她为什么中午不能和她一起顶着太阳走出校门，而选择一个人穿过又闷又臭的车库。因为走车库会很快，能让我更快回托管处吃完饭，能让我空出一整个中午写一张完整的数学卷，能让我少花心思在林荫道上，能让我更适应一个人。想起她会怨我，我才轻轻放下碗筷，回到房间。

12点25分，我关上窗，拉上帘。室内空气闷得上头，空调的作用显得微乎其微。时间算得刚刚好。我取下手表，放在面前，深呼吸，计时开始。

13点05分，果然还是没能按时写完小题。

13点30分，还没写到压轴题。

13点55分，还是写不完两小时的卷子。但没办法，我停止计时，扯开窗帘，虽然阳光照不进来；再把笔一丢，我直接趴在了卷子上，顿时感到无比惬意。随即我想：要不要把窗帘拉上？还是算了吧，太黑容易醒不来。不到10分钟，不知道算是自然醒或是惊醒，我突地直起身子，脑子里还回荡着"抛物线E的方程式……"，我把卷子夹着笔给合上，掰开书包拉链，把卷子塞进这黑洞后又忍不住抹平褶皱的纸缘，接着背包，戴口罩，攥紧"小爱老师"，出门。

14点10分，踩点进教室。这是最热的时间，他们会绕班一圈分享冰饮料，会躲着班主任用小电扇，悄悄挤在空调面前接受洗礼，也会在座位上再埋下头小憩一会儿。我也会这样，但我也会逼着自己拿"小爱"多记几个单词，把作业多写几个字，虽然会感觉无济于事。

14点20分，开始上课了。下午的课会更快，也会更困一些。还好有最可爱的体育课，即便有时我也忍不住会带题目下楼。今天的太阳很耀眼，但我们有云。十几个人自觉走到排球场上，这里最接近红砖白瓦的教学楼，但也最安静，多半因为文科班女生大多不大喜欢这项运动，除了我们班。没球到手的时候，t跟我开玩笑说："现在除了周末和体育课，根本听不到你声音啊。""啊，没那么夸张吧？"这是我的本能反应，但我知道我被这句话击中了。

18点05分，放学了。我竟有些舍不得离开。我一本本把书放进包里，尽管我不戴眼镜，我还是走近白板看作业清单，再走回座位，再上前看几眼，再回到座位。终于确认所需已经完备之后，我又看向了几近空空的教室，写满了各式大学名字的后侧黑板，角落里的排球和天气预报，还有不太整齐的桌椅和文具。

一个人总归是自在的。我这样安慰自己，然后拖沓着脚步走向车库。下楼时，很慢；在车库里，很慢；在林荫道，很慢。我好像走不动了，眼前是人来人往，耳畔是工地和操场上混杂的人声。我克制不住地想多在外面的世界多待一会儿。

18点42分，我终于把饭吃完，很满足。但我对面前成堆的错题纸条和书本提不起兴趣。"看海看多了想看人，看人看多了想看海。"这是村上说的。我忍不住翻看最近的短信，Z在凌晨告诉我说作业写不完了，老妈说准备给我寄点吃的，还有C刚刚说不想学了，在想前男友，怎么办……

19点整，是晚自习的铃声，工地上已经有了外放的视频背景音，天空尚有特别好看的蓝调子。我掐着窗帘的一角，轻轻把它拉上。写题，整理计划，做错题。忽地看到笔杆的影子，一时间竟分不清这里是灯光还是阳光。

22点整，洗澡、穿好校服、洗漱、泡咖啡。没写完的作业还摊在桌上，但我计划在22点半前睡觉。

22点26分，我终于躺下了。记得老师说睡前可以回忆一日所学，我刚想到早读背了多少单词，又想起空调还没关，我很怕在高考前感冒。与惰性纠缠了一会儿，我撑起身子找到了遥控器。我坐在床沿上，把窗帘拉开，把窗打开，再顺利地躺下，翻过身把空调被抱在胸前。

22点30分，只有风声。

当我一口气看完这篇文字后,既感慨又骄傲。我感慨的是,孩子十几年的苦读,尤其是高三最后时刻的每一天,是如此平凡而又细碎。孩子的内心一方面在承受着冲刺的压力,一方面还要隐忍着青春的孤独。

青春的色彩本应该是五彩缤纷,轻舞飞扬的,可压头的学习,让她没有时间去关注外面的世界,甚至季节的变化,更不用说花草的绽放了。

我骄傲的是,孩子对文字、对细节、对情感的表达都胜我一筹。而她的文学生涯才刚刚开始。

所有的经历过后都是财富,都是痛并快乐。

相信此刻的她深有感触。所以加倍珍惜今日所得。

感谢,一切最好的安排。

感恩,曾历经的磨砺与苦难。

再出发

73.

2020年8月25日

骈骈，当你看到这本书的时候，你应该已经满18岁了。而且不出意料，你应该也可以查到自己学校的录取情况了。相信一切都能如你所愿，因为，都是你自己选择并确定的。所以说，无论是哪一所学校，都是你能接受并愿意去挑战的。一切都是最好的安排。

再过十几天，你又将为自己的梦想再次远行并出发了，可妈妈感觉还有许多话没有和你说。

一是安全。出门在外，最重要的当然是安全。先不说财产安全吧，因为钱财都是身外之物，与生命相比，不足一提，所以重要的是我们自身的安全。相对而言，学校是安全的。可我们成人了，总会有走向社会的这一天，在接触社会的时候，一定要做好自我保护。如，和值得信任的同学一起外出，并及时告知其他好友自己的行踪；不随意晚归，晚归尽量和同学同行；不要做任何

有些路，必须自己去走。人总要学着自己长大。就像海马爸爸对不肯游走的小海马说的，孩子，我真的很爱你，可是你现在必须自己去生活了。

伤害自己或有可能伤害自己身体的事；遇到任何事情，任何伤害，请第一时间告诉爸爸和妈妈，爸爸妈妈永远无条件爱你……

二是学业。在哪里跌倒在哪里爬起。自己的路需要自己去走，自己的人生需要自己去描绘，自己的命运由自己来决定，不要想太多的未来、职业等，明天尚不可知，又何必杞人忧天？你要做的就是把握现在，把自己该学的、想学的、可学的一并学下来，沉醉于学海，遨游图书馆，你会对自己有更多的惊喜发现。妈妈永远支持你自己的选择与决定。

三是恋爱。大学是个适合谈恋爱的地方，问题是你得遇见那个适合谈恋爱的人。不需要刻意去寻找，有着共同兴趣与爱好的你们，或许会在某次活动中邂逅。如果没有遇见，那是因为，他在前面的某个拐角等你。你是聪慧的人，你喜欢的那个他应该也是理性好学之人。真正聪明的女孩，想要赢得男孩的心，需要做的就是不断用知识用能力修炼、滋养自己，让自己足够优秀，而绝不是依附与讨好。你只需要做好自己，做那个自己喜欢的自己，足矣。那是因为，你是一个拥有爱的能力的人，你能好好爱自己，照顾好自己，自然就会有能力去爱身边的人。

爱是一把双刃剑，甜蜜而又伤人。我希望你在这个过程中，能够减少让自己受伤害的机会。珍爱自己的一切。当你做出一些选择与决定时，你要确定你自己不会后悔。但一旦你发现自己的选择与决定是错误时，我又希望你能坦然放下。

因为，人生不如意之事十之八九，但还有一二可期可待。

总之，无论你走到哪里，我都希望你能健康、快乐、自由、积极、向上、向善。

身体发肤受之父母，也请你好好爱惜。加强锻炼，挺直腰杆，让自己变得更加自信阳光。18岁，一个女孩最美好的年华哦。年轻就是漂亮，根本不需要依靠那些外在的东西。当然，你可以更美。希望你们像习近平总书记说的那样，只争朝夕，不负韶华！

世界是你们的，也是我们的，但归根结底是你们的。

我希望四年以后的你，面对自己的梦想，无限靠近，无畏前行！

注：

这篇文字本想作为成长手记的后记，也是她新征程的开始。后来将其收录于第四卷。

很幸运，骋骋很快从高考失利中走了出来，认真谨慎地填写了她的志愿，在耐心的等待中，她终于被东北师大汉语言文学专业录取了。

你说："妈，我准备隐藏身份，暗自努力。"

我说："你啥身份？"一头雾水。

"雅礼学生啊，沦落至此。"

我笑了，这算啥身份，英雄不问出处。

"妈，我在思考准备怎么成为学霸了。"

呵呵，好好规划，好好安排，好好珍惜，比什么都好。

朋友说，随你性啊，读师范，喜欢汉语言。我是喜欢，但她也是反复斟酌后，才确定自己的喜好与方向的。我看了汉语言文学开设的课程，影视文学、美学原理、古代文论、中国古代、当代、现当代文学，外国文学……想着应该挺美好的，起码可以沉浸在文学的海洋里。

以后就算不当老师吧，也是生活里运用得最广泛的。更重要的是她自己喜欢，足矣。

再过几天，孩子又要背起行囊远行了。同事说，真狠心啊，送那么远。确实有点远，飞机直飞三个半小时才能到，下飞机还得有一个多小时的车程才能抵达。还有，冬天零下十几度的酷冷与常年的干燥能受得了吗？从一开始填志愿，我是直接跳过这个学校的，因为太远，可绕了一圈回来，反复比较，还是确定了这里。也许，命运从这一刻开始，就发生了不一样的转折了。

毕竟，走出湖南，按原来的说法，也算"出湖"了，你遇到的人，你遇见的事，你经历的东西，都需要你自己去面对和处理了。当然，你什么时候都可以选择求助我们。

　　年轻的时候，如果我们都不敢去闯荡与经历，那什么时候再去呢？所以，我是全力支持她的远行。有些路，必须自己去走。人总要学着自己长大。就像海马爸爸对不肯游走的小海马说的，"孩子，我真的很爱你，可是你现在必须自己去生活了。"

　　"妈妈，我不怕苦，再远的地方我也愿意去。"

　　"嗯，妈妈相信你。相信你经历了初高中的独立生活，一定会适应得很好，也一定会为了自己的梦想而努力奋斗！"

　　　挥一挥衣袖，送你登上求学的新征程
　　　也许会带不走云彩，挥不去乡愁
　　　可，
　　　再远，心是最近的地方
　　　再冷，心是最暖的地方
　　　再苦，心是最甜的地方
　　　别忘了，家里的门永远敞开着
　　　爸爸，妈妈，妹妹，随时迎接着
　　　你的归来

爱上阅读是孩子一生的财富

—— 致知行读书会的大小朋友们

机缘巧合，得大家信任，借游学活动和读书会的伙伴们一起分享陪伴孩子健康成长的话题。

1. 金字塔尖上都是别人家的孩子

上次征询了一些家长对孩子成长过程中的问题与困惑，大多数，如何作文，专注力的培养，以及好习惯的养成。针对这些问题，我先向大家提出了一个问题，你想要把孩子培养成什么样的人？又或者说你给孩子定了一个什么样的远大目标？清华北大？ 985，211？这算不算是成功？我庆幸，家长中有的回答是，我希望他能健康快乐地成长；我希望他能做最好的自己……无疑这是孩子的幸运。

因为，孩子的身心健康才是一切成人成才的前提。但是，你说出来的和你心中所想的、所做的，能否一致呢？能否知行合一呢？

但我想说，如果你真的能做到知行合一，能爱他所是，非爱你所想，孩子一定会还你一个意外的惊喜。

清华北大是金字塔尖上别人家的孩子。

认清了这一点，我们就不会带着这样的高压前行。但这并不是说不要有高的目标与追求，而是应该按照孩子的成长方式或因材施教的方法，不急不躁地陪伴孩子长大，也不是一味地学这学那，东奔西跑在不同的培训班路上。要知道，孩子的时间精力也是有限的，他被其他的辅导课程与兴趣班占据了时间，也就少了许多亲子陪伴的美好时光。当然也包括我们知行读书会一起快乐读书健康运动的时光。

　　有的家长要说了，现在不比我们，竞争的时代，没有综合能力怎么可以？无一技傍身怎么行走江湖？这让我想起了前不久看到的段子，说什么是内卷，内卷就是葵花宝典，你一个人学了是武功盖世，举世无双，可现在大家都知道葵花宝典了，人人都去学了，也就不足为奇了。便宜了那些培训机构。更重要的是，学宝典前还需要以孩子的快乐童年为代价，所以值不值只有自己知道。

　　我家老大小学基本是玩，那时也没有遇见这么好的知行读书会，但闲暇时带她参加了敬老院包饺子、探望寄养儿童、捐书助学等公益活动，让孩子学会与人为善、孝敬感恩、助人为乐等品德。把"爱上阅读是孩子一生的财富"当作我陪伴孩子的一个准则，培养激发孩子的阅读与创作兴趣。为孩子整理相关的习作，包括口述的童话故事，后来陆续发表在《小学生阅读报》《小学生阅读与写作》等报纸杂志上，成为班上的阅读写作小明星。初中没有操心过她的语文，中考靠语文千分之一考进省重点高中；高中没有陪读，没有补课，没有租房，依靠自己的努力顺利完成高考。

　　虽然高考只考了610分小有失利，但并不妨碍她求学上进，在大一第一个学期结束时，英语四级超过200分顺利通过，学业考了年级第一，参加几轮辩论赛获最佳辩手，成为入党积极分子，还是学校报刊深度主题部的记者。其实这些和我的基因没有关系，因为我从小到大都不会写作，读书基本垫底，我是从大学以后才慢慢开始学习写作的。但和我的培养重心有关系，那就是阅读的好习惯；和我培养孩子的心态与目标有关系，那就是陪孩子一起健康快乐成长。

　　说了这么多，我其实只想说一句话，少给孩子报几个培训班，多去图书馆，多留出点时间陪孩子一起读书、运动，多参加一些户外实践活动，让孩子多一份快乐，多一份感受，多一份积累，如此，写作、专注力、好习惯等问题迎刃而解啊。

　　最近大明的变化，可以很好地给我们借鉴学习。大明爸爸保留了一个运动项目，同时为他取消一切培训班，安心扎实推进指读、摆读、阅读，同时坚持假期每天两个小时的书店阅读，孩子由原来的好动、急躁变得安静下来，气质眼神都发生了巨大的改变。

这就是读书的魅力，这就是读书可以改变气质。

2. 适当的爱才是最好的爱

所有的望子成龙、望女成凤都无可非议。

前几天有个家长和我说，为什么现在的孩子"质量"不如我们从前了，打不得骂不得，甚至说都说不得。尤其是在孩子中考、高考的非常时期，家长步步惊心。真正的不敢高声语，恐惊读书人。有一次，他家老大因为弟弟把自己的东西破坏了，要打自己的弟弟，而他当时也很生气，很严肃地说："你敢。你试试看。"结果女儿满身怨气转身走进房间，几个星期不喊爸爸。我回答说，在国家生育政策没有放开之前，我们的万千宠爱集孩子于一身，我们五六个人所有的爱与期盼都围绕在她一个人的身上。她被我们捧上了云端。生了二胎后，发生了一些改变，关注重心有所偏移，而我们可能都没有注意到，老大变得敏感而沉默了，因为，凭什么你一来就夺走了我大部分的爱。这其实都是我们用无微不至的爱宠出来的啊。我们又怎么能在问题出现时责怪孩子呢？

这是多娃家庭普遍存在的一个问题。

要想改变，父母一定要用言行告诉他，什么是爱，什么是分享，什么是亲人，什么是血脉相连……

回过头来，有没有发现二娃普遍比大娃聪慧活泼。这也是因为一胎照书养，战战兢兢，如履薄冰，寄予厚望，一步也不敢走错；二胎做猪养，衣服玩具都是老大剩下的，在沙堆里玩得灰头灰脸也放任不管，当然这是玩笑话，但另一方面也是反映家长的心态。想想我们自己，兄妹三四个，父母忙于生计，哪里有空整天围着你一个人团团转？韩愈写给水部张十八员外约他去踏春的诗，为什么叫张十八，因为家中排行十八，你看，若是家里有一二十个孩子，父母能供你吃穿就不得了，哪还管得了你生气还是高兴啊？摔了跤爬起来继续玩，打了架自己舔伤口。哪会在意多一个弟弟或妹妹和自己争宠的事呀？这些便是父母无心忽略的好处了。

所以，爱是需要尺度的，适当的爱才是最好的爱。无论孩子处于哪一个阶段，父母都该有自己的生活，该做什么就做什么，不要把所有的爱和关注焦点都放在孩子身上，那种过度的聚焦一不小心就会灼伤孩子。这也是许多压力下的孩子不愿意和父母交流的原因，因为他们害怕辜负。

3. 学东西最大的作用是安慰家长

有没有发现，女人和孩子的钱是最好赚的。女人爱美，所以卖衣服和化妆品就足矣。而孩子从出生吃穿用度还不说，广告轰炸，2—8 岁学什么……

看到别的孩子英语、识字、唐诗都好厉害，迫不及待也让孩子学起来。这些都正常。

不上不行，别人都在上啊；我只是给他培养点兴趣爱好，熏陶一下；孩子自己要去学，我也没有办法……

说来说去，不多学点什么，家长心难安。

事实上孩子大一点他会对自己的兴趣爱好有更明确的选择，而且会学得更快。比如，6 岁之前学钢琴苦的是家长，那还不得你跟着学，学好了才能教他督促他。事实上有多少家庭里的钢琴是蒙着灰的呢。就算过了 12 级却不愿意再去碰钢琴，那又有什么价值和意义呢？乐器不走专业什么时候学都不晚。再比如学英语，母语重要还是英语重要？母语用得多还是英语用得多呢？现在一部手机加翻译软件 APP 就可以让你潇洒走世界了。如果只是为了追求一个考试时的分数，完全没有必要在 6 岁孩子完全掌握母语前开始学习英语，因为会在一定程度上影响以后对母语的深度思考与学习。这是儿童心理专家得出的结论，并非我的观点。

总之，我的建议是，尊重孩子的选择，选择 1—2 样他的兴趣爱好（含读书会）就可以了。尽量选择互补型，孩子喜动就选择静，一手好字在大小考试过程中永远不会吃亏。孩子喜静就应选择动,胆小的多参加团体活动。

爱上阅读,是孩子一生的财富。取之不尽,用之不竭。学习是马拉松,考验的是孩子的学习能力与持久力。学有余力,才能持久。过度开发,涸泽而渔。

绍南文化,一直倡导读经教育,意思是在孩子13岁之前,熟读《论语》《老子》和《唐诗三百首》,因为这些经典积累会陪伴孩子一生的成长,并润泽身心。庆幸的是,我们读书会也一直走在国学践行的路上。

4. 好习惯助你轻松遛娃

有几个关键的好习惯是我带大娃的时候总结出来的,现在和大家一起分享,尤其是低年级的小朋友。

一是早睡早起。早睡,家长可以多争取一点自我时间,同时孩子足够的睡眠可以保障他一天饱满的学习精神。早起,可以通过诵读、听读一些方法让孩子潜移默化扩大学习范畴,同时从容吃完早餐保证营养。二是回家做作业。不管是半托还是直接回家,规定好和激励孩子及时完成作业后就可以有更多自主游戏的时间。孩子自己可以读题后可省去爸妈陪做作业的狂躁。三是睡前阅读。自主阅读或亲子共读不可或缺。并且加入今天在校情况的交流分享,及时了解孩子的情绪和动态。日积月累,爱上阅读后,一本书就可以让孩子安静下来,妈妈们不就解放了嘛。

还有三句话分享给大家,从上学的第一天起我们要告诉孩子,学习是你自己的事。知书才能达礼,知识就是力量,拥有知识才能有更好地选择,才能更好地了解世界,才能做一个对国家、对社会有用的人。绝不是笔墨伺候为我们读书,也绝不是只要求读书啥事可以不做。告诉我们自己,学习是一辈子的事。不要急于求成,不要急功近利。只要孩子肯努力,什么时候都不晚。现在我们焦虑急躁的家长太多了。恨不得孩子什么都学,什么都会。其实,我们应该要思考如何培养孩子的学习兴趣与学习能力。但不是过度挖掘孩子的学习潜力。榜样的力量是无穷的。所以还有一句话是学习与成长不是孩子一个人的事。孩子学习的时候我们总不能看电视、刷抖音、打麻将吧。可以拿本书把自己伪装起来哈，也许装着装着也就成了真的啦。而愿意陪孩子一起成长的父母，才是真正优秀的父母。

只是，我们不要忘了，爱玩是孩子的天性。若是一路压着孩子的天性学了18年，倾尽全力考进名校后，你还能管得住他吗？有许多孩子上了大学后就沉迷游戏，失去了上进心，甚至挂科。那是因为，孩子已经厌倦了学习。

我也只是一个普通的母亲，培养出来的也只是寻常的孩子。但我的孩子健康快乐，积极向上，与人为善，孝敬长辈，关爱妹妹……

我觉得心满意足。

如果你也想要一个这样的孩子，我们一起努力。

耕读园的幸福生活
—— 做一个读书明理的君子

老师说，给我 5 个月，送你一个读书宝宝。这句话，是真的。

回顾从辛丑年国庆到壬寅年春暖花开的 5 个月，一路走来的心路历程，一路收获的春色满园，润物无声成孩子们的自主阅读，家长们的以美其身。真可谓，惊喜连连，收获多多。

5 个月之后，我们继续在路上，读书、锻炼和承担责任，做一个读书明理的君子。

相聚

晴耕雨读。

第一次遇见这四字，我正在乌镇老街独自漫步。穿过一古旧小屋，抬眼望去，"晴耕雨读"映入眼帘，瞬间烙进心底。

喜欢，从来不需任何理由，只为多看了一眼。

再次与"耕读"相逢，是 2021 年国际劳动节。

夏日的初热袭来，我带着读书会的小伙伴们，到郊外耕读园开展活动。孩子们读完书后，一起炒菜、摆筷、洗碗，一起种西红柿。那一次，好像有点明白何为耕读。晴时种地，雨时读书，是这样？

本以为，读书会一直这样天真而热闹地往前走，却不知早已带着家长和孩子们进入一个误区。严重一点，应该是误人误己。

从 2019 年 5 月到 2021 年，来来往往有几十组家庭，坚持下来的也有二十来组家庭。这期间，多数孩子会背 70 多首古诗，40 多篇小古文，貌似字也识了不少。自己觉得已经很好，很了不起，很得意，很嘚瑟，也很满足。

当然，这一切是在遇见老师之前。

一次偶然的机会，因美篇《给我五个月，送你一个读书宝宝》的诱惑，一群功利的家长，齐齐地聚集在耕读园。

关于我们的幸福生活，就从这个晴耕雨读的荷塘耕读园开始。

蜕变

冲着捷径、功利而来耕读园，可是，面对不解释、不指导，只是一遍又一遍机械地傻读那一首首古诗，还美其名曰"大声、指读、看字"，充满了无限困惑。

这傻读，还整整两天，口干舌燥，天昏地暗。几十岁的人了，哪个这样连续两天，一头雾水地傻读过呀？

大眼瞪小眼，几乎达成共识：就这，还用到这来，在家也可以呀。

更没想到的是，此刻已山雨欲来。结束集中学习的第二天，等待家长们的是微信群里的狂风暴雨。针对家长们的焦虑与功利，老师毫不留情地痛骂，补充说明是连续不断地骂。一剑直指，十剑穿心呀。难堪，还真不仅是难堪，几十岁的人了，何曾被人这样骂过呀？

谁知，耕读园的幸福生活，正是从这样的狂风暴雨、疾风骤雨开始的。学习方式也因时因势，变化为短期线下集中读书，长期线上微信交流。

细细想来，万事的确开头难。帛书《老子》开示：图难乎其易也，为大乎其细也。天下难事作于易，天下大事作于细。

阵痛、蜕变，从这样近乎机械的傻读开始。

奇怪的是，我们这些家长，挨了无数次的骂，居然大多数都坚持着。遗憾的是，第二次集中学习时，便流失了好几组家庭，他们也因此错过了万紫千红的春天。

现在，终于明白老师反复强调的，人误地一时，地误人一年。耽误孩子半年，也许真的就耽误了孩子太多太多。因为耕读园的孩子们：苟日新，日日新，又日新。

回头看，奇迹真的就在这多坚持了一下。毕竟无限风光在险峰：夫夷以近，则游者众；险以远，则至者少。

记得那是第三次集中学习时，老师带着大家共读一本书《曾国藩家训》。我对第一封家训，更是推崇备至。无他，金句频出也。

"凡人多望子孙为大官，余不愿为大官，但愿为读书明理之君子。

读书写字不可间断，早晨要早起。

凡仕宦之家，由俭入奢易，由奢返俭难。

凡富贵功名，皆有命定，半由人力，半由天事。"

半月后，家长们很嘚瑟，张口就能来几句了。

其实，推动家长们读书，才是老师真正的目的，只不过是以孩子们自主阅读为诱饵罢了。现在看来，老师特别狡猾。

与此同时，孩子们也在一天天变化中。老师说，孩子的进步会推动家长的改变，而家长的改变会更好地促进孩子的进步。

对于前期一轮又一轮，少量重复地念诵古诗文，宋之朱熹在《读书要三到》中早已说明。老师之所以不解释，不说明，只是读，只是读，正是为了让我们这些不读书的人，悟道：多诵数遍，便自然上口，久远不忘。

不解释也是因为，"读书百遍，其义自见"。谓读得熟，则不待解说，自晓其义也。读你千遍也不厌倦，读你千遍后会恍然大悟。原来，真意早已蕴藏其中。

中国人传统的读书真相便是这样：读书百遍，其义自见。只是这份珍贵的传统与理念，断崖、断层久矣。

更令人意想不到的是，正是耕读园里集中读书与平时的早读晚读，教会我们严格遵守"少量重复"的原则，严格遵守"大声、指读、看字"的法则，通过一遍一遍地指读，一首一首地摆读，孩子们居然突破了识字关，不到5个月，真的就能自主阅读。

果然，5个月如约送来了一个个读书宝宝。神奇，颠覆，佩服！

只是，这一最初的功利目标，对我们来说已经不重要了。因为，读书已经是孩子们习以为常、稀松平常的事情。

少成若天性，习惯如自然。甚好。

当然，奇迹的出现，是在痛定思痛之后，大家霸蛮坚持、使劲鼓劲，老师鞭策鼓励、指点迷津，终于有所思有所悟，为美其身而读书。

正是这样的一日复一日，有了我们的故事与传奇。

还记得，棒棒五十天突破自由阅读的奇迹；

还记得，霖霖爸爸对早期教育狂风般的不解与思考；

还记得，墨墨妈妈每天不仅记录孩子读书时的视频，还坚持拍摄自己每天念诵家训时视频，以至手腕得了腱鞘炎；

还记得，娜娜妈妈坐在高压氧舱里手写日记的情形；

还记得，熙熙妈第四次集中学习时，因孩子还没上路，自己不管不顾地读，是否有效，茫然不知，而心生的退意；

还记得，康康外婆因日记记录的苍白与笔拙，不知道坚持的价值与意义；

还记得，童童妈妈一边奶娃，一边带童童读书的艰难与矛盾；

还记得，朵朵妈妈因焦虑朵朵的落后而少有笑脸的眉头；

还记得，然然因自己前期的缺席与博爱，让她缺乏安全感，不管不顾地依赖与纠缠，不读不读就是不读，倍感焦虑。

不怕！有老师在。

老师量身定制的不断指点修正，拨云见日，让大家目标日渐清晰。阵痛、蜕变，只有纯粹地为自己读书，才不会焦虑，孩子才会成长得更好。

更关键的是，孩子用他们的行动、流畅的阅读、自信的表达、快乐的分享告诉了我们，一切值得。

孔子说，欲立立人，欲达达人。孟子说，行有不得，反求诸己。以仁存心，以理存心。这是曾国藩告诉孩子的，什么是"恕"。

同理，自己做不到的，为什么要求孩子做到呢？所谓，活成期待孩子成为的样子，是也。

为什么做不到？怎么不反思自己的言行？

为什么要如此苛刻孩子？欲知，他们早已是别人家的孩子了呀。

可以说，短短的 5 个月，带给我们最大的收获，不是孩子会自己读书了，而是家长们翻天覆地的改变，真正乐意拿起纸质书阅读，引经据典亦如同家常。这便是属于我们的财富，且是终身的财富。

之前，我们戏言老师买一送一，其实不是。老师的真正目的是这样：通过读书，改变家长的习惯，颠覆家长的观念，改善家庭的氛围，提升家庭的格局。此举，又暗合《中华人民共和国家庭教育促进法》，善莫大焉。

但这也是错过耕读园的家长，无法体悟与收获的。

可以这么说，对于耕读园的我们，老师运用帛书《老子》中的大智慧，无为而治。道可道也，非恒道也；名可名也，非恒名也。真正的道，需要我们自己去自悟、去践行。

常言道，经师易得，人师难求。

愿意这样理解，教大家学知识的人，易遇，让大家懂得做人或懂得亲子教育的人，难觅。

正是这样的老师，在每一个阶段，都会采用不同的方式来鞭策我们。如第一阶段，真的无他，只是一轮又一轮"大声、指读、看字"地傻读，近乎机械地少量重复。老师骂得多，表扬少，因功利观念还没改变，不骂则不听话照做，不骂则不知道自己有多浅薄与无知。

第二阶段，老师一改风格，鼓励多，批评少。常言翻过崇山峻岭就是一马平川啊。让我们充满信心地向前，继续向前。一天一首的摆读量，让孩子在短期内提升识字量。

到了第三阶段，老师更是告诉我们曙光在前、春色满园，则要把锻炼、责任提上日程，要把方向与焦点放到家长自己身上，包括视频与日记。

可以说，老师心机不可不深，步步为营，其实早就成竹在胸。

于是，家长们继续听话照做，与孩子成了快乐的同学。

于是，家长们每天包里扛着书。也不得不佩服老师，先期念诵《曾国藩家训》，现在开发周边。张宏杰老师的《曾国藩传》《曾国藩的正面与侧面》（三册）依次看完，看完还得有笔记，有体会，有探讨，这样的知己说与知己听，想想都很惬意。

欲知，没有老师的运筹帷幄，怎会有家长们的乐此不疲，孩子们的蒸蒸日上。

从此以后，带着有志、有识、有恒的心态，走在学而时习之，不亦说乎的路上，窃喜！

幸福

选择耕读园，不一定就选择了幸福的生活。因为，这个由内到外，由身心到行动，由孩子到家长的暴风雨般的蜕变，艰难而痛苦。

然而，不选择耕读园，那就无法拥有和体会我们现在的幸福生活。

比如，每天，孩子们早起晨读，家长读《曾国藩家训》，琅琅书声，相映生辉；晚上，一起讨论绘本里的故事、人物，一起动手做个小手工，找找其中的规律。这时，孩子会时不时地给你一些惊喜。

比如，读绘本《公园是什么颜色的》，一只小蜗牛春天出去采草莓，回来却已是夏天，它又出去采蘑菇，结果回来……然然同学一下就猜到了是秋天啦，后面一定还有冬天。往后一翻，果然。

比如，然然拿起之前扔在一旁的《花婆婆》，饶有兴趣地告诉你，这本书，我可以自己一个人读完哦。她读完后惊奇地发现，里面绝大部分字，真的认识并熟练地读出来，她读完后还会告诉你：我以后也要做一件让世界变得更美丽的事。不美吗？不香吗？

更为重要的"比如"在后面，所谓好戏一定在后头。

一次，读书时然然说，读书是系好人生的第一粒扣子。我很惊讶，问她在哪里看到的。她说在路上。

又一次，然然睡觉前会嘚瑟一下在路上或耕读园课堂上看到的金句。对此，我真是有惊讶与惊喜之感。

没想到，对于然然同学偶然吐出的两句话，老师的评价极高，因为读书明理由此而来。格局高远、境界辽阔，也正是我们对读书修身的无限期待。

为此，将老师点评全文附下：

表扬一下然然。

——然然睡觉前和我说了一句，书中不一定有黄金屋，但一定有更好的自己、更多的选择。

——这是在耕读园或是某个地方看到的，关键是她自己看到并读出来的。这种感觉就像把这句话归为自己的发明与创造，这也必将成为激励她不断向前的金句。

这才是真正读书明理的开始。

其实，然然之伟大早已显现，群主那时还没有意识到。那天的日记是这样的：

——读书时她对我说，读书是系好人生的第一粒扣子。我很惊讶，问她是在哪里看到的。她说在路上。也许她说的不完全正确，可她一定要把这句话写下来，写在本子上后，又认认真真地读了几遍，很是得意。

两件事情放在一起，才显出其伟大。

正如群主所言，这才是真正的读书明理。

多数家长满足的是，孩子能够读书、锻炼，能够读更多的书。但是读书不代表明理呀，那么多读书人，真正悟道者并不多呀。

所以，然然才是方向，才是我们努力的方向。

我看完老师的点评真是又喜又愧。喜的是孩子的境界与格局，必将远超于时过未学的我们，愧的是没有老师敏锐的感悟与觉悟。

回过头看，这只不过是耕读园的小确幸、小幸福而已。

真正的幸福在于，我们的孩子拥有一批志同道合的发小，一个无比幸福的读书能量场；我们的家长拥有一群发奋图强、知耻后勇的妈妈，还有榜样外婆。在这里，每个家长、每个孩子都是我们学习的榜样。

有时，给孩子看棒棒读书的视频，会激发出无穷的斗志。有时说娜娜为了摆读诗歌读了100遍，而然然立马拿起书读上102遍；有时说霖霖每天晨读完成了第二本，孩子马上说要读完两本。

自朵朵成为耕读园跳绳第一人后，棒棒、霖霖也陆续学会，并从一个到连续几十个。

插班进来的甜甜、涵涵妈妈，更是喜出望外，涵涵由之前的娇宠哭闹到独立自主完成吃饭，甜甜也完成了全部新学内容的背诵。

这就是团队的力量，这就是两小无猜的力量，这才是耕读园里家长和宝宝们最大的幸福资源。

明天

耕读园的明天，会怎样？

老师已展示，以四书、老庄为基础，加上《诗经》《楚辞》、唐诗宋词、古文名篇等等。没有比这更美好的明天了。

可以预见，孩子们将在原典的滋养中，茁壮成读书明理的君子，而我们在优秀传统文化的熏陶中，会遇见更好的自己。

注：

特意在附录中加入这篇文字，有点小私心，就有如电影最后的一个彩蛋，一个伏笔，一个引子，让人浮想联翩。而我也准备为耕读园的孩子写下另一本教育笔记《0—6岁读书宝宝养成记》，期待否？

还要特意说明的是，文中的老师名周波，自称周庶人，一位真正的读书人。他以书香民族、书香中国为己任，不仅自己博览群书，诵背四书及传统文化经典，并以一己之力，推而广之，读书明理之君子当以读书为第一要务，第二为锻炼，第三为承担责任。前面"回过头来的思考"提及的老师也是同一人。

人到中年，遇此人师，是孩子的幸运，更是我们的幸福！

2022年6月30日

一部叙说爱传递爱的个人化史诗
——读郭淑珍著《开在心上的一朵花》

这应该是我第三次读《开在心上的一朵花》完整的书稿了。每次读，总是归结为一个字：爱。以往读爱，多少浮光掠影地感受着爱的花好月圆。当想对这部纪实性作品谈自己的体会时，才感觉自己以往对爱的体验、理解是多么肤浅甚至无知。

舐犊之情，动物皆有。但父母对子女毕其终生的爱，唯灵长动物之人类才有。而为人父母者，能把这种爱记录下来，作为给子女的成年礼物，如《开在心上的一朵花》者则少之又少，非有深爱者、非有文字能力者、非有坚强毅力者莫能成之。

作者是位公务员，是位社区志愿者，又是年龄相差15岁的两位孩子的母亲，同时又喜欢读书写作，出版有诗歌集《穿过山野的风》（合著）、散文集《三月花事，四月天》，非坚毅者难以以大宝骋骋为题材述成了《开在心上的一朵花》，更莫说还准备以二娃然然为题材继续写"爱"的文字。而坚毅者必定有其动力，那就是她自己非凡的爱。

《开在心上的一朵花》正文四卷，卷名分别为"妈妈，不要走""妈妈，吃饭了""妈妈，我知道了"和"妈妈，放心吧"，它们虽分别是孩子在0—6岁、6—12岁、12—15岁和15—18岁期间口号语的记录，却是一首成长的叙事诗，是一部爱与被爱的个人化史记。从卷一到卷四，共73章，共出现549个"爱"字，仅有第3卷之33、38、45章和第4卷之53、61、66章等6篇不直接说"爱"，可以说《开在心上的一朵花》是一部关于爱的个人化诗史。

每一卷或者每个成长阶段，"爱"是不同。孩子处于婴幼儿时期，因为是父母"爱情"的结晶，因而是"亲爱"的、"可爱"的，处于"被爱"的地位且无爱的能力，而父母是爱的主要施与者。当跃入儿童期，"越来越可爱的"孩子在"爱心"的熏染下渐渐有了爱的能力，开始"爱吃"特定的食品、会审视自己的形象而"爱美"，并"爱上"了书香、阅读、写作以及叛逆，有了孩子自己的"爱好"，标志着由爱的完全被动者跨入爱的初级主动者。进入少年期，已初步有爱的能力的孩子与爱心满满的父母就相互成为"亲爱的"一对，"爱崽"的眼中有了"可爱"的更博大的世界——在爱上书的同时，也爱手机，且布偶、新被子也是"可爱"——孩子有了自己的"喜爱"。走向青年期，孩子的"喜爱"做一件事、"热爱"生活、"爱好"手机上的一款游戏，并有自己的"恋爱"以及"爱情"，主动性增加的爱走向了孩子自己的偏爱，与父母的爱渐趋于旗鼓相当，向平等的地位发展。在父母的爱护下、宠爱下，孩子的爱成熟了，不仅能够与父母家人也与天下人"相亲相爱"，这就是父母的爱心上盛开出一朵人间最美丽的花。

《开在心上的一朵花》之"后记"给孩子最温馨与最美好的祝福："你是一个拥有爱的能力的人，你能好好爱自己，照顾好自己，自然就会有能力去爱身边的人。"孩子已经完全懂得了自己的"爱"，已经成长了，已经开始传递自己所理解的"爱"。

《开在心上的一朵花》对爱的诠释、演绎贯穿着一个中心点："所有爱的目的是让大家聚拢，唯有父母对孩子的爱是分离。"古希腊恩培多克勒（公元前493—前435年）的哲学主张"爱"与"恨"是驱动世界的原始力量，"爱"使宇宙的物之间、人之间趋于结合，使人物生成，而"恨"则让它们以及他们相互分离，让人物毁灭。而作者以"唯有父母对孩子的爱是分离"，以反例证伪了恩培多克勒的宇宙观，这无疑是作者独立体验"爱"、思考"爱"、书写"爱"的成果之一。

这其实也是亲子教育真正的目的与意义。让孩子在父母独特的爱与守护中，学会爱，感受爱，传递爱。作者这份独特的爱的细枝末节，也值得每个正值此年龄阶段的家长参考学习。

读《开在心上的一朵花》,让笔者存一遗憾,就是未见作者深入讨论或者追究求索"爱"的起源或者由来、爱的内容本质以及社会对爱的共识。好在作者和她的小女儿然然都参加"知行读书会",会继续研究探讨"爱",传递"爱"。

郭友钊(博士,自然资源部首席科学传播专家,中国作家协会会员)
2022 年 7 月 10 日于见山阁

原来最好的学习是在家里
—— 读郭淑珍著《开在心上的一朵花》

淑珍是我相识了十多年的好朋友、好闺蜜，因为我们都喜爱文学，初见聊的话题就比较投机。虽不在一个单位，但现在有网络，我们之间见字如面一般。这么多年我一直关注着她的朋友圈，时不时能看到她分享的育儿经验，从中我也感悟颇深。她一直热爱写作，工作之余总有妙文发表。没想到这么快，一本新著《开在心上的一朵花》马上又要与读者见面了。她嘱我写个书评，我感到诚惶诚恐，这不是班门弄斧吗？后来，我通篇看过书的内容后被吸引了，忍不住又开始第二次阅读，于是就有了下面的文字。

如果有一个好地方学习，能让孩子成才，相信一定有家长愿意倾其所有为孩子报名。

书中的主人公骋骋从小就在这个好地方学习，这个地方就是她"家"，而这个学习的良师益友是她的妈妈。看完淑珍为孩子量身定制的成长手记——这个陪伴学习的"教学大纲"，她用一个个故事告诉我们，如何让孩子从小养成好习惯？当孩子学习出现状况怎么办？怎么和孩子轻松交流与沟通？怎样保持好心态？还有很多你育儿中的问题会在书中找到对应的场景和答案。相信读者读完后，定会像我一样有种茅塞顿开之感。

作为同为妈妈的我来说，我经常会跟家人朋友们说，我们都说不要让孩子输在起跑线上。其实，孩子们的起跑线并不是各种兴趣班、辅导班，而是父母——父母的眼界和水平，才是孩子真正的起跑线。淑珍无疑就是这样一位智慧妈妈的典范，她在伴随孩子成长的道路中，让我感受到，她给孩子营造的最好的"学区房"是孩子的书房；给孩子最好的辅导功课不是手把手地教,而是面对面地讨论交流;给骋骋最大"富"养来自精神层面的鼓励与支持。

　　书中所让我感受到的教育,不是居高临下,也不是对孩子的单向教育。而是几代人一起面对人生的所有问题。你未来要怎么做?如何面对?淑珍的答案是我陪你一起成长!在与女儿发生冲突时,她也能充满歉意地向孩子道歉:"对不起,妈妈也是第一次做母亲。"《请回答1988》里有一句话脍炙人口:"听说神无法无处不在,所以创造了妈妈……妈妈是最有力量的名字。"一个家族的荣耀,一半功劳归功于在外打拼的人,另一半归于在家照顾老小的妈妈们。她们做着最不起眼的活,却发挥着最强大的后勤保障作用。如果说"一个成功的男人背后都有一个伟大的女人",那么一个家族兴旺的背后,肯定也有一个伟大的妈妈。一个好妈妈,能旺三代人。令我们羡慕的是,骋骋拥有一个这样的好妈妈。我想作为孩子视角而言,他们要的从不是完美型的父母,而是能理解她、体谅她、陪伴她一起成长、有血有肉的父亲母亲。

　　我在看书过程中,发觉淑珍会站在平等尊重孩子的视角,经常会提问孩子,对于一些事的见解,这是在教孩子要有独立思考的能力。

　　人与人之间最大的差距是什么呢?是思维的差距。

　　学习,不仅是学知识,还有思想和方法。古人云,要"知其然知其所以然",也说明了思考的重要性,也正是因为学会了独立思考,孩子才发现原来学习并没有那么难,充满了探索的乐趣。可以说,对事物有感兴趣思考的能力是学习一切知识的基础。

　　如果把人比作计算机,那么身体和大脑都只是硬件系统,存在脑袋里的思维系统是软件操作系统,养育孩子身体的同时,更加需要注重对孩子思维系统的培养。如果父母在孩子幼年对其思维有系统的训练,那么孩子思维框架就会早早地搭建好,当孩子在面对生活中的事物时就会有逻辑清晰的认知,自然就会更好地面对问题和解决问题,甚至会主动发现问题。

　　所以,教育不仅是知识的灌输,而且是启发与领悟。

书中也不止一次提到了孩子人生道路中所遇到的各种各样的考试,我想说:"考试永远只是过程,而绝非终点。人生如同射箭,如果你找不到人生的目标,那每一次努力就是无意义的拉弓。"梦想,是一切努力的方向。在学生时代,相信每个人都思考过这一个问题,读书到底是为了什么?它枯燥而漫长,甚至看不到希望。对于大多数孩子而言,他们只知道读书是为了考一所好大学,有一份好工作,这是老师家长从小的教育,就像很多现在的小学生说的"考清华、北大、211/985,妈妈说的"。盲目地学习是应试教育的悲哀,把考试当成人生最重要的事情,更是一种悲哀。学习,是为了以后可以去做自己喜欢的事情。同样,学习是人一辈子的事。

　　教育的目的在于唤醒而不是塑造——知识绝非他人所能传授,而是让孩子在思考和实践的过程中逐渐自我启发、自我领悟。这些不是通过考试以及考试成绩能换来的。书中让我们感受到教育的价值在于唤醒孩子心中的潜能,帮助他们探索自己的兴趣所在,寻找到自己人生的目标,而非仅仅是通过一次考试、获得一次高分。

　　最后,给大家极力推荐,淑珍在每章节的最后写的,"回过头来的思考",反思如同照镜子一样,照镜可以正衣冠,反思可以明得失。常言道:知己知彼,百战不殆。教育孩子也是同理,要想把孩子教育好,首先要看清孩子,看清自己!家庭教育的实质其实是家长的自我学习和自我成长,我们只有不断开阔视野、提升格局,才能把孩子带入一个更加广阔的天地,才能和孩子一起,看见更加遥远的未来。不用担心,只要是好的开始一切都不晚,在重建亲子关系上,我们也该从淑珍那里学会,家长应该关注三件事:阅读、交友、互动;家长也该放手三件事:生活琐事、兴趣爱好、陪写作业。

冰儿(文创公司)
2022 年 7 月 20 日

《开在心上的一朵花》读后感

看青山的《开在心上的一朵花》，仿佛听得见岁月潺潺流动的清澈回响。她用轻灵流畅的笔触，记录了一个生命的萌发与蓬勃成长，在她的笔下，生命本身是如此美好、如此动人。

青山自己爱读书，也致力于引导孩子爱上阅读，甚至组织"亲子读书会"，引导身边的爸爸妈妈们一起陪伴孩子品读经典。书中有一句话，特别打动我——"让读书成为家族的基因"。一个家族，如果能笃定地热爱读书，孩子们的教养基本上不需要太费心力了。诚如青山所言："爱上阅读，爱上书香，爱上写作，这是一个人一生的幸运与幸福。不管遇到什么，永远不会感觉孤单。"

青山记录了女儿小时候的一件小事，说的是妈妈对渐渐长大的女儿说："妈妈要交代你两件事。第一件，你现在越长越大了，也越来越漂亮了，以后喜欢你的男孩子或你喜欢的男孩子也会越来越多，这是一件非常正常的事。如果有，你可以告诉妈妈，妈妈帮你想想办法，出出点子。还有就是长大了，更要学会保护自己。遇上坏人时，要大声呼救，要往人多的地方跑，随时随地找电话打给爸妈，遇到什么人欺负你，回家一定要告诉妈妈。"

骋骋听得一身发抖："妈妈，我怕。"有点矫枉过正了哈。"怕什么，光天化日之下，还怕坏人？"骋骋又问："妈妈，你今天为什么和我说这个啊，是不是你觉得自己老了，我长大了？"我一愣，说："是啊。"

结果，骋骋一转背，大声哭了起来："我没有长大，我没有长大，妈妈不老，妈妈永远都不老。"

这一段朴实无华的文字，让我感动到眼泪掉下来。源于相同的经历，也源于相同的情义。儿子小的时候，也含悲带泪地说过类似的话："你难道忘记我说过的话了吗？！——我不准你老！我不准你死！"

孩子们的那一份纯真，那一份对父母最真挚的爱，也是让我们历经人生风雨而初心不改的动力之源。

我用了很长的时间慢慢品读《开在心上的一朵花》，因为随手翻开任何一页，随处都可以细细品读、会心一笑。仿佛在悠长岁月里，陪着骋骋一同穿越了独属于她的人生之旅，在清澈的岁月之河中，见证了这一份深切的母女情，见证了所有的美好与喜悦。骋骋在父母给予的充足的爱的养料里，知道自己要什么，知道自己要成为怎样的一个人。有着这样笃定的底气，她一定可以尽情挥洒，绘制出最美好的人生蓝图！

衷心的祝福！

毕亚炜　　国家二级心理咨询师；国际心理剧、社会计量、团体心理治疗考试委员会（ABEPSGP）认证心理剧导演、训练师

见证小马驹的成长
—— 读郭淑珍著《开在心上的一朵花》

我用两天读完了《开在心上的一朵花》。有感，女儿有如此妈妈何其有幸，有如此父亲何其有幸（父亲虽若隐若现，但在必要的关口很man（有男人的气魄），很cool（酷）。更羡慕的是妈妈有如此女儿，何其有幸！

我仿佛看见一个场景：一匹小马驹初来这个世界，脚步踉跄，躲在妈妈的肚子下面，惊惊慌慌，妈妈带她学站，学走，学跑步。她绊倒，又爬起，慢慢地，她可以陪妈妈在草地上徜徉了，会打个滚儿逗妈妈开心了，也会调皮跑开去很远，让妈妈担心一下，然后跑回再亲昵地和妈妈耳鬓厮磨。小马驹长高长壮了，漂亮骄傲又自信，她觉得自己浑身是劲，看见奔腾的马群，就跃跃欲试，而且马群中有匹骏马特别牵动她的心，妈妈说，去吧，勇敢地去闯一闯，受伤就到妈妈这儿来，她加入奔跑的人生洪流，真的受伤了，会回首看看妈妈的方向，忧伤一下，又坚定看向前方，撒腿跑下去……

骋骋小时候特别黏妈妈，恨不得像个膏药贴在妈妈的身上，胆子小，走路也走得惊心动魄，颤颤巍巍，像个小脚老太太，妈妈生怕她摔着，磕着！她7岁的时候到我这个乡下阿姨家来玩，居然流连不愿回家。我女儿大她两岁，是个疯丫头，带着她跑田埂、爬山、爬树，她开心得不得了。

真的很感动骋骋写的文章，那么清新，那么细腻，这么小，已是满腹才情，不知为什么，我会流泪，可能共情了。感谢她那么热爱文学，在这片文学的辽阔天地,在这片广袤无垠的草原上,小马驹,你可以任意驰骋!你开心,你忧郁,你孤独,都是可以倾泻的美。

同学,20年你培养了一个"温柔又坚定"的姑娘,你以衣食之暖供养,以精神之泉滋润,终于让她成为春之竹,夏之荷,秋之菊,冬之梅,不负你谆谆之心!

—— 银子(作者同学)

★《开在心上的一朵花》,青山老师记录大女成长的心血大作,洋洋洒洒,20余万字。很荣幸,一年前,因"近水楼台"我几乎成为最早的品读者。读完心情澎湃激荡了好几天,仿佛跟着她笔下的文字与骋骋一起经历了一次成长。而且这对于家有两个男娃的我,是很奇妙的体验。唯独敬佩于青山一路以来的用心陪伴、细腻记录、真情流露。

当然,佩服和羡慕的还有她行云流水的创作才情、精巧艺术的拍摄灵感、动静皆自如的青春姿态、能量满满的大爱奉献,以及智慧清秀的大女骋骋、冰雪聪明的小女然然、热爱篮球事业相敬如宾举案齐眉的夫君袁教练……

可以说,青山老师独立自信的笃定坚持,为我们周边所有妈妈们树立了一个好楷模,为所有现代女性也彰显了好榜样。平凡如我,也每每想借力这股良师益友般的榜样力量,修己育娃,读书明理,成长上路……

也可以想象,这朵开在心间的花,只是青山的又一个新起点。她的写作之路,远不止如此,《青山拾零》《读书宝宝养成记》……更多的作品必定会源源不断出炉,成就名副其实、知行合一的青山作家大咖,我深深期待并祝福!

我见青山多妩媚,料青山见我应如是。

——魏少玲(知行读书会发起人)

★此书堪称遛娃宝典,尤其第四卷,点点滴滴都是情,情到深入最感人。某些细节比《少年派》更生动,由此可见,作者是一位好女人,好母亲。

——辛荣祯(塔城作家协会副秘书长)

★拜读青山老师亲子教育著作《开在心上的一朵花》,书中内容就像磁石一样深深地把我吸引。母爱真的好伟大，书中的一个个片段，一段段场景让我为之感动不已。

此书以手记形式记录孩子成长点滴是母爱表达的独特方法。确实，爱有很多种表达方式，可是日复一日地记录、时时刻刻的陪伴，碎片化的细节，再用18年如一日的情感酝酿，发酵成幸福的模样。

从书中更加能看出青山老师对孩子的生活观察非常用心、细致，并对孩子的成长进行多种细节的肯定与激励，这种陪伴成长方法是细致、聪慧、科学的，值得我们年轻父母认真学习和效仿。

—— 周毅波（知行读书会同行者）

★阅读了作者这本《开在心上的一朵花》亲子手记，我从中看到了静水流深的伟大母爱，也看到了好的亲子教育对于孩子成长的重要意义，启示着我在生活当中以更加科学、理性的教育来助力孩子的成长，让家庭成为孩子温馨的港湾，用爱与陪伴灌溉出美丽的花朵。

—— 雪（资深评论家）

师友夹持成就此书（后记）

◎郭淑珍

感谢师友夹持成就了这本育儿手记。

记得断断续续记录的时候，孩子会问："妈妈，你怎么好久没有更新我的成长日记了？"老师会问："你那个成长日记还在写吗？"朋友会问："你的成长日记写得很不错，一定要坚持啊。"

以往过年时，我会收到远在海南黄世英老师的电话，问：小郭，你要坚持创作啊，你现在正是出成果的时候，什么都可以写，先出个五本书再说吧。乍一听，自己都觉得不可思议，但这句话就仿佛是一个魔咒，烙在了我的心底，深夜时奔涌不息，促使我一步步地向着这个目标奋进。

2020年我把书稿发给世英老师看时，世英老师专程打来电话说，这是一本很有价值的书，就叫育儿手记，或新手妈妈必读书本，并叮嘱一定要找个好出版社好好宣传推广。也正是老师的话给了我莫大的鼓励与信心，让我决心将书推出。

友钊主席更是不厌其烦地多次电话、微信、书面指导，肯定了这本书的价值与意义，同时具体地指导构架、内容以及细节的完善，最后还以"爱"的名义赐予我书评，全文对"爱"字进行细致的统计，这一点，是我在写的过程中丝毫没有注意的。然而，老师却看到了文字表面与背后隐藏的爱。与其说是我在书写爱，传递爱，不如说我在学习爱，学会爱。

还有江西的龙回仁老师，书稿发给他后，为了帮我完善书中的内容与表现手法，自己从网上购买大批同类书籍进行认真研究，做事细致，由此可见一斑。朋友就是朋友，哪怕多年不见，联系不多，但关键时候，绝对为你两肋插刀。这一点，也让我非常感动。

马丽华老师在日理万机的情况下，硬是前后将书看了大半年为我赋序，她不仅是我学习心理咨询的老师，更是我人生的导师，感谢这么多年，她一直见证和陪伴我和孩子的成长，一直陪伴我们前行。

国防科大的朱亚宗教授更是在素未谋面的情况下，热心为我作序，洋洋洒洒近五千字，居然是一个字一个字手写出来，怎能不让我泪目？同时，教授对早期教育的认真研究与深度思考，从原文引用的备注说明可以看出，教授对科学的严谨态度，令人顿生敬意。在家校相融和无价回馈这个部分，教授大量引用我的原文，用心之极，情之深重，使我感动之至。

聂鑫森老师更是在天气炎热、身体欠佳的情况下，亲自为拙作题写书名，呼我为女史，令我感激涕零又惭愧不已。

同时我读书会的小伙伴，同事朋友也为此书提出诸多修改意见以及读书感受，促使此书日渐完善。

书稿整理修改完善前后花费两年时间，依然存在着诸多不足，甚至还存在较大的缺陷，如骋骋3岁半前的记录几乎为空白，如父母给予我的教育也是缺失性的断层等。李曼姐姐特意提醒要出精品，要认真校对；艳阳同学在历史大剧创作关键时期，为我细心把关，扫描出诸多问题，还联合塔城作家协会副秘书长辛荣祯为我全文梳理校对；封面及排版设计得到冰儿和葳葳的精心指导，出版策划得到隐园文化及设计师的大力支持，以及修修为全文细心的校正。

可以说没有师友的支持，没有师友的陪伴与鼓励，也就没有此书的诞生。

唯有感谢、感动、感恩。

整理草稿的过程，逐步完善的过程，又是一次陪伴孩子成长的过程。

成长路上没有对错，有时我们家长自己还是没长大的孩子。然若心存一颗与孩子一起成长的心，如此不至偏离太远，相反成就自己。从这一点而言，我们更多地应该感谢自己的孩子。

两个孩子都是上天派来助我成长的。如果说，第一个陪伴孩子成长的过程并不是那么完美，那第二个就是给了我重来一次的机会，这个机会不仅是家长的蜕变与成长，而且是一种超脱与升华。

期待与你同行。

感谢有你同行。

2020 年 8 月 25 日第一稿完
2021 年 7 月 28 日第二稿完
2022 年 7 月 15 日第三稿定稿